教师这种职业，

肩负着整整一代人成长的重任，

更肩负着为人类的未来铺平道路的重任。

了解应对教学问题的心理学机制

以及相应有效的处理方式，

定能帮助教师更好地完成这一使命。

教师 挑战

[美]鲁道夫 · 德雷克斯—著 玉冰—译

PSYCHOLOGY
IN THE
CLASSROOM

時代文藝出版社
SHIDAI WENYI CHUBANSHE

图书在版编目（CIP）数据

教师：挑战 /（美）鲁道夫 · 德雷克斯著；玉冰译．
-- 长春：时代文艺出版社，2023.1
ISBN 978-7-5387-7110-7

Ⅰ．①教… Ⅱ．①鲁… ②玉… Ⅲ．①教育心理学－
通俗读物 Ⅳ．① G44-49

中国国家版本馆 CIP 数据核字（2023）第 002539 号

教师　挑战

JIAOSHI　TIAOZHAN

[美] 鲁道夫 · 德雷克斯　著　　玉冰　译

出 品 人：吴　刚
责任编辑：杜佳钰
监　　制：黄　利　万　夏
特约编辑：张久越　胡　杨
营销支持：曹莉丽
装帧设计：紫图装帧

出版发行：时代文艺出版社
地　　址：长春市福祉大路5788号　龙腾国际大厦A座15层　（130118）
电　　话：0431-81629751（总编办）　　0431-81629758（发行部）
官方微博：weibo.com / tlapress
开　　本：787mm × 1092mm　1 / 32
字　　数：270千字
印　　张：13.5
印　　刷：艺堂印刷（天津）有限公司
版　　次：2023年1月第1版
印　　次：2023年1月第1次印刷
定　　价：79.90元

前 言

Preface

有许多孩子，包括各个年龄段的，他们仅仅依靠目前学校教师提供的帮助和指导，远远满足不了需要。如今，每所学校都已经有了咨询辅导员，与教师、家长合作，共同帮助孩子克服在社会交往和学业进步方面的障碍。于是，一门新的医学专科出现了，叫作“儿童精神病学”。

这门专科基于一个我们无法认同的假设，即需要帮助的孩子患有“情绪上的疾病”。这些“患病”孩子当中，极少有人是真的患病，其中绝大多数只是被误导了而已。谁是最有资格帮助他们的人呢？是老师、家长、辅导员、精神科医生、社工，还是其他成年朋友或亲戚？会是他们当中的谁呢？根据我们的经验，他们当中的任何一个都足以有效地影响并帮助孩子调整好自己。

未能调整好自己的孩子，不但自我认知和生活目标都秉持着错误的观念，还会用不被社会认可的方式来寻找自己在生活中的位置。只要有人能赢得孩子的信任，能理解他，向他展示更恰当的行为方式，就能引导这个孩子重新起航。

老师比其他人更具优势，因为他可以和全班同学一起努力，用集体的力量帮助每个孩子更好地调整、改进自我。然而，由于我们的老师不知道怎么借用集体的力量，所以面对越来越难以管教的孩子，他们觉得无计可施。他们被卡在了一个转折点上，既受到过去权威式教育理念的束缚，又面临着本就相互矛盾的新观念。如果他们能熟悉心理学常识，了解群体间互动的力量，他们就能对每个孩子产生更加有力且有效的影响，帮助孩子预防以及纠正不良行为。

学会使用心理学的方法促进学生重新调整，这并不能使教师成为心理治疗师；学会利用集体的力量和团体讨论的方式来帮助孩子们改正缺点，也不会使他成为团体治疗师。然而，很多学生却可以在这些课堂活动的帮助下，不必再接受精神病专科的治疗。

目前还没有专门针对教师的、适用于课堂教学的心理学培训机构。出于这个原因，我专门为热爱教育事业的教师开设了课程，让他们因此有了独特的体验。本书的目的就是再现教师培训课上的内容。

书中第一部分介绍了心理学应用于课堂教学技巧的基础理论。关于“人”的概念是任何教育哲学的基础。我们的教育哲学，以人类平等原则的民主思想为根基，以阿尔弗雷德·阿德勒心理学中社会目的论的理论依据为工具。在这个理论框架内，“人”被看作是社会意义上的存在，他的行为是有目的的，指向他心中追求的目标，而他本身更是一个有独特个性的、独立自主的个体。我们以目的分析为导向，关注孩子的行为目的，在必要时纠正孩子的行为目的，并作为帮助孩子改进的方式。

书中第二部分提供了一些课堂实际教学中的实例报告，其中包括如何帮助问题学生的事例分析。大多数报告来自印第安纳州立大学加里分校联校系统的中小学的教师，他们都是我在加里分校开设的教师讲堂中的受训学员。还有少数报告来自西北大学教育学院的学生，这些事例中的许多内容反映了学生们在前期教育上的缺陷。我们之所以采纳这些事例，主要是为了让读者能更清楚地看到正确方式与无效方式之间的区别。

我非常感谢以下各位老师的合作，他们明知道这些反映了实际教育环境的报告很可能会遭受非议，但仍然愿意将其公布出来，以便其他人可以从他们的经历和体验中受益。他们是：

詹姆斯·安德森（James E. Anderson）、多丽丝·贝尔（Doris Bell）、多兹·博斯（Doris Boese）、阿尔茜娅·布拉赫（Althea Brach）、哈里特·科恩（Harriet Cohen）、伯尼斯·柯林斯（Bernice Collins）、梅布尔·考克斯（Mabel B. Cox）、爱奥娜·克里斯曼（Iona Crisman）、卡尔·德克尔（Carl L. Durkel）、约翰·法利（John Farley）、伯纳德·法克斯（Bernard Fax）、伊芙琳·弗格森（Evelyn Ferguson）、伊内兹·福克斯（Inex Fox）、菲利斯·弗兰兹曼（Phyllis Franzman）、露丝·戈肖恩（Ruth Goshorn）、安·格拉辛（Ann Gracin）、约瑟夫·贾科（Joseph Jaco）、约翰·詹科斯（John Jancose）、琼·詹达（Joan Janda）、阿里娜·约翰逊（Arena Johnson）、玛丽·约翰逊（Mary Johnson）、伊芙琳·约瑟夫（Evelyn Joseph）、琼·金瑟（June Kinser）、索尼娅·莱斯科（Sonia Leskow）、马里昂·利

维（Marion Levy）、费雯·麦克雷（Vivien McCray）、露丝·马丁代尔（Ruth Martindale）、马克斯·梅森（Max A. Mason）、埃莉诺·莫尼克斯（Elinor Monnix）、多丽丝·诺顿（Doris Neuton）、玛丽·佩肯帕夫（Mary F. Peckenpaugh）、安·罗兰（Ann Roland）、尼尔·罗兰（Neal Roland）、海伦·斯科特（Helen Scott）、格拉迪斯·史密斯（Gladys Smith）、苏菲·索勒斯（Sophie Sollers）、安娜·梅·托马斯（Anna May Thomas）、露丝·汤普森（Ruth Thompson）、多丽丝·特拉维斯（Doris S. Travis）、露丝·万利夫（Ruth VanLiew）、艾尔西·温特（Elsie Wendt）、多萝茜·韦布洛（Dorothy Werblow）、霍华德·威廉姆斯（Howard Williams）、乔治·伍德（George T. Wood）。

我还要特别感谢穆里尔·里德夫人和弗雷德里克·里德先生（Muriel & Frederick Reed），感谢他们的辛勤劳动，他们不仅从教育者的角度对本书的素材进行评估，而且在选择和分析事例及演示方面也给予了极具价值的宝贵意见。

我也由衷感谢牙买加的几位亲爱的朋友，哈特蒙特市的哈罗德·惠勒（Harold Wheeler）夫妇以及帕拉戴斯的理查德·坦普尔（Richard Temple）夫妇，感谢他们为本书的素材汇编和整合提供了非常专业新颖的灵感。

此外，我还由衷感谢伯尼斯·格伦瓦尔德（Bernice Grunwald）夫人对修订版所付出的心血。

鲁道夫·德雷克斯

导 言

Introduction

在我们日常与孩子的相处中，在愉快的或不愉快的接触中，在相互满足或彼此对抗的体验中，我们通过孩子的言谈举止、显露出的性格与特征、表现出的能力，感受他的个性。但是，这些印象不足以使我们针对他行为背后的心理机制，或者影响他的人格发展的过往因素得出直接的结论。相反，我们与他的密切接触，使我们几乎不可能去思考他潜意识中的动机、影响他成长的相关因素。若是我们一边跟孩子打交道一边思考这些问题，会限制我们的行动，扰乱我们的认知。

无论是我们喜欢孩子还是生他的气，我们都更容易冲动行事，并不会进行更多的思考和分析。我们与孩子接触得越多，就越容易缺乏客观思考的能力和意愿。我们与孩子的相处中，很多时候彼此间都会有这种直接的、冲动的、情绪化的本能反应，有双方个性的契合与冲突，也有不假思索的草率行为。

这种行为在生活中家长和老师都很常见，如果我们对孩子感到满意，并且和孩子相处得很好，那就没必要破坏我们之间自然且率真的关系。然而，当我们遇到困难时，当我们的关系变得不愉快时，当我们面对想要改变的缺陷或错误时，那么遵从我们的自然反应和本能的冲动不仅是徒劳的，而且是危险的。

这样做可能会强化孩子的错误态度和目的，还会强化过去破坏性的影响，并使缺陷和错误延续下去，而我们本能的反应却满足了孩子有意识或无意识的目的。

此外，这种本能的冲动还会阻碍我们理解孩子为何会如此行事。在愤怒的那一瞬间，我们不会想去理解什么。必须改变完全不同的心情之后，我们才会愿意进行这样的思考。也就是说，必须先消除心中的气愤、恼怒、厌恶或类似的敌对情绪。唯有这样，我们才有可能进行思考，得出理性的结论，找出建设性的解决方案。

除非我们能理解孩子的个性，了解对他造成干扰的因素，否则任何想纠正孩子的行为或个性的努力都不会取得多大成功。而这样的了解与理解，不但需要我们调整好自己的情绪，理清自己的思绪，还需要具备充足的知识。只有做好了这样的准备，我们才能理解孩子的行为，明白我们在孩子当下的困境中所能担当的角色。

这里所说的必要的心理知识，指的是对孩子基本需求的认知，对影响他发展的各种因素的了解，以及客观地辨识孩子当前行为的目的与动机正确方法的掌握。

若想要了解孩子的基本需求，必须从三个不同层面来考虑。首先，他是一个具有生物机制和要求的生理机体；其次，他是一个需要遵循心理机制的心理实体；最后，也是最重要的，他是一个想要在社会群体中找到归属感并进行活动的社会一员。只有当他有机会在这三个层面上都充分发挥作用时，他的基本需求才能得到满足，不论孩子的年龄多大，都是如此。

要了解一个孩子的发展，不仅要了解他受过哪些生理的、心理的、社会的激励与挫折，而且——也是更重要的——要了解他对这些刺激的反应。他现有的状态，是他逐渐发展至今的、符合逻辑的结果，是他的过去与未来之间的纽带，是他不断发展的当前阶段。

没有人会对这样的说法提出异议。然而，在建立教育基础的具体原则时，我们会不断地遇到争议和困惑，因为针对影响孩子人格成长因素的科学研究至今尚未能得出明确的结论。究竟何为孩子的基本需求？哪些因素影响他的发展？涉及哪些心理机制？目前为止我们还没有得到公认的结论。当代知识界的这种不幸现状，对心理学原理在教育领域的应用及有效性产生了相当不利的影响。

一些教育工作者为了绕开理论上的困惑，也为了避开相互矛盾的具体建议，他们只好把注意力集中在一些无可争议的事实上。然而，这缩小了他们所能掌握的信息范围和意义。还有一些研究者，不去分析能影响儿童发育的各种因素，只满足于针对大部分孩子在不同年龄段的不同发育特征进行观察并做出描述。他们不去寻找孩子身上更深层次的推动力，只是试图依靠大量的数据，将单个孩子与数据所得平均值汇总出的“标准”进行比较。

过分强调确定性，只接受已经被证明的或者普遍公认的观念，阻碍了我们对孩子重要心理背景的理解。现阶段，科学尚在进步，要拿出让每个研究人员都能认可的、更深层次的心理机制的定论，这是不可能的。但是，即便没有这么一个能广为接受的定论，却也不应该延迟甚至阻碍科学研究的继续进步。我们需要的是开拓者的勇敢精神。一些尚未被普遍接受或统计证明的观察结果，可以被当作是研究工作中的假设条件，并通过我们自己的体验来检验它们的有效性。由此，每一个教育者都可以成为一名实验者。

我们正经历着一场教育领域的革命。在全国所有的学校系统中，不同的观念、不同的做法，正以不同的速度和不同的深度，不断而迅速地变换着。这些变化反映出了民主变革及其在人际关系和社会环境方面的深远影响。随着男权至上、白人霸权、资本凌驾于劳动力之上等观念的瓦解，传统上成年人相对于孩子的优越地位也正在迅速消失。民主化的进程也意味着平等化的进程。因此，在我国日益增长的民主氛围中，再把孩子视为低人一等的存在已经是行不通的了。无论父母还是老师都不能再“驱使”孩子温顺或者循规蹈矩，用外部力量向孩子施压已然失效，我们必须激发孩子的内在动力。

既然传统方式已经失效，那就必须找出在民主环境中能够产生效果的新举措。教师们意识到了这一需求，但不幸的是，他们在摸索何为有效的、民主的做法时，经常会感到十分茫然。许多人误以为“民主”就是“不再专制”，他们没有意识到，不再使用专制式的做法，并不能使教师变得民主，只能造成课堂上的“无序”状态。民主必须是自由与秩序结合——没有自由只讲秩序是专制，没有秩序只讲自由是无序状态。

在由专制向民主的过渡时期，教育在政策上的混乱无可避免。教师面临着来自多方的压力。一方是正在争取独立自主并日益反叛的新一代，他们已经向整个成人世界宣战；另一方是社区内所有想要遏制民主进步的力量，他们认为这样的新一代必将给社会带来危害，并严厉谴责教师管教不当。夹在反叛的孩子们、学校以及心乱如麻的家长等多方的不同诉求之间，同时还要暴露在并不总是善意的公众监督之下，教师的处境岌岌可危。他们必须尽一切努力摆脱这种困境。

本书向教师提供可以用来提高教学成果的知识，指出可以走向摆脱困境的道路。书中讲述的是教师在面对需要帮助的孩子时的具体经验，是从心理学角度进行观察和实践的。教师这种职业，肩负着整整一代人成长的重任，更肩负着为人类的未来铺平道路的重任。了解应对教学问题的心理学机制以及相应有效的处理方式，定能帮助教师更好地完成这一使命。

Contents **目 录**

Chapter

1

教师的角色

无论老师是否愿意，

无论他是否已经意识到，

他早已陷入学生

与他的权力之争中无法脱身。

我们的学校正展开着一场场权力之争。

过去，教师的角色任务就是“教书”，传授孩子们应该学习的知识。如果孩子不肯吸收，学习的过程也就无法进行下去。不过，外界的压力可以督促孩子用心学习。在专制社会，这种做法的确曾带来过很好的效果，因此，大多数进入学校的孩子，都能学到一些知识，能有所进步。

而今，这些做法已经无法起到预期的作用了。学校开始培养出越来越多的“白丁”，因为学生们根本就不肯学习。为了达到教学目的，教师还需要懂得课堂知识之外的知识。过去，教学材料几乎一直是以同样的方式呈现给学生的，孩子也是被逼着学习的。然而到了今天，要不要学习成了孩子自己决定的事情。逼着他们学习，用心良苦，不但不会有好结果，反而会增加他们对学习的抗拒。

人们已经意识到这种普遍现象，并且正在努力地纠正。教学方法上的改进已经取得了一些进展，但还远远不能达到令人满意的效果。学生对所学内容突然有所领悟的愉快体验，在现在的课堂上已经很难见到。我们对学习过程的认知显然尚且不足，不过，有迹象表明，学习理论即将发生重大突破。与孩子上学之前吸收知识缓慢相反，他们入学后能轻轻松松地吸收知识，这一新的认知很可能极大地促进教育理论上的新突破。我们目前的做法浪费了孩子幼儿期巨大的学习潜力，因此，有必要对教学方式进行革命性的改变，并且有可能在不久的将来就开始实行。[1]

毫无疑问，好的教学方法的确能增强教师传授知识的能力。但是，没有任何技术手段可以帮助孩子克服对学习的抗拒心理，除非教师能理解孩子的心理动机，并且知道在必要时如何改变他的心理动机。任何一位教师都可以通过学习心理学和群体心理学来获得这些能力。不过，有些人也不需要学，他们有一种所谓“天生”的能力，只凭自己的直觉和同理心，就能知道孩子需要什么、想要得到什么。然而，我们不能只依靠有这种天生能力的教师，毕竟这样的人实在太少了。所有的教师都应该掌握一些基本的心理学知识，而这意味着我们需要增加教师专业本科生和研究生的学习内容。

我们经常能听到针对上述建议的反对意见。他们认为，教师的工作已经不堪重负，我们怎么能再要求他们承担额外的责任呢？毕竟，养育孩子是家长的责任，让孩子有努力学习的动力、有得体的良好行为，都是家长的职责。可是，站在老师面前的孩子，是因为不同家庭教育而各有优缺点的孩子，他们在早期成长阶段已经形成了各自固定的行为模式。老师是否有能

---

1 我们目前的课程形式很可能也需要修改。卡尔顿·沃什伯恩（Carlton Washburn）所著的《活生生的教育哲学》（*A Living Philosophy of Education*）［纽约，约翰时代出版社（John Day），1949。］一书中，认为在教学中减少“朽木不可雕”者的最佳做法之一，是对所有课程内容严格考核，以检验孩子吸收了多少有价值的内容，激发他们对成就感的热情追求，从而促使学生主动学习。

力消除孩子在家庭和社区中已经受到的、并且还在继续受到的不利影响因素呢？根据我们的经验，答案是肯定的。

作为一名教师，如果没有时间去理解孩子，去改变孩子的错误行为、目的，那么他必定要在一个个令她头疼的孩子身上花更多的时间，而且他不一定有能力从根本上影响那些孩子。如果他经过培训，已经掌握了相关的知识与技能，那么她不但能缓解孩子的抗拒心理，还可以从根本上消除孩子身上来自校外的有害影响因素。

我们不能责怪老师教不好学生，因为他本就不曾获得合适的知识和工具。他作为一个老师其实已经很优秀了，只要孩子肯学习，愿意好好表现，他就能教好他们。但是，一旦孩子不肯合作，他就不知道该怎么办了。除此之外，他还面临着许多不知道该如何应对的压力和要求。接下来我们将探讨老师面临的五个主要方面的冲突——与孩子、家长、校长、社区以及与自身的冲突。

与孩子的冲突

大多数教师都热爱自己的工作，愿意付出心血激励学生学习。当他接到教学任务时，心中都会制定出一个明确的目标。过去，进入学校的孩子都知道他们“必须”好好学习。今天“必须”二字对他们还管用吗？可以肯定地说，不管用了。孩子们从过去对权威的顺从，到如今日益加剧的反抗和自主，这是一个渐进的发展过程，而且与民主的进程有关。

我们的孩子为什么要上学？绝大多数人都是因为那是法律上的规定，还有些人是因为自己的朋友在那里。如今，越来越多的孩子上学的目的似乎只有一个：让老师的日子尽可能地不好过。对这些孩子来说，这是一场挑战老师权威的游戏。也有些孩子的确是去学习的，但是他的目标却并不正确。他只想要出人头地，可以有资格看不起那些不如他成功的人；或者只是为了取得好成绩，上大学，以便能赚更多的钱。也有些孩子是真心喜欢学习，为了快乐而学习，这种情况在低年级的孩子中较为常见，但是到了五年级前后，第一个抗拒学习的高峰期就来了，尤其是那些学习成绩不够好的学生。孩子们对学习不再是真正感兴趣，学习的目的只是为了考试及格而已。之后，对学习的抗拒情绪会一再增加，直至最终辍学。他们如今已经学会了如何不学习的技巧。

无论老师是否愿意，无论他是否已经意识到，他早已陷入学生与他的权力之争中无法脱身。我们的学校正展开着一场场权力之争。

两代人之间的战争，与我们的文明一样久远。但是，由于社会一向维护成年人的权力，年轻一代对年长一代控制的反抗，便一直在暗中进行。随着民主意识的日益进步，随着人人平等信念的延伸，权威者对位卑者的控制权在不断地缩减，每个人都在争取自己做主的权力，都不愿再对专制统治者卑躬屈膝。二战之后，以前所有被迫屈居人下的群体都开始要求平等待遇，包括女性、有色人种、劳动人民以及儿童。如今，冲突已经公开化，只要我们还没学会如何平等相处，冲突就会变得越来越激烈。目前只有少数教育工作者意识到，这是我们与孩子打交道时往往会陷入困境的原因所在。

维内肯，德国教育家，威克斯多夫“免费学校社区”的创始人，早在1910年就已经指出，我们的校园生活经常陷入战火中，教师和学生分裂成两大武装阵营，相互敌对，尽管在敌对程度上各个学校会有所不同。[1]这不仅仅是发生在德国的事情，美国也不例外。1950年，玛丽亚·蒙台梭利在去世前不久，向成年人和孩子们提出了感人肺腑的恳求，希望双方能就此休战。她看到教育领域已经处在一种战争状态中，那是强者与弱者之间的战争。[2]教师变成迫害孩子的人，尽管这种迫害是无意识的行为。这种冲突也不仅局限于校园内，而是无处不在，甚至是在家庭中。

科瓦拉希亚斯谈到孩子有“犯规的惯性”。这个惯性的一方面是孩子早上不肯起床，晚上不肯睡觉，是从不愿收拾和爱护自己的东西，是与兄弟姐妹没完没了地打架，是太贪吃或者不

---

1 古斯塔夫·维内肯（Gustav Wyneken），《学校与青少年文化》（*Schule und Jugenkultur*），德国耶拿，迪德里希出版社（Diederich），1920。

2 玛丽亚·蒙台梭利，文章《教育中的休战》（*Disarmament in Education*），《蒙台梭利》杂志（Montessori Magazine），第4卷，第9—12页，1950。

肯吃，是不肯洗澡，不爱写作业，等等。[1] 换句话说，这些是美国孩子的“惯有”行为。而惯性的另一方面则是青少年犯罪，是他与整个社会的公然开战。这“犯规的惯性”与“青少年犯罪”的区别，只不过是抗拒程度的深浅不同，后者更加激烈。

老师在课堂上遭到抗拒，他无法实现最善意的目标，也破坏了他进入教师行业时崇高的理想，他觉得自己已经竭尽全力，却遭受挫败。与孩子的冲突可能从一年级就开始了，甚至是幼儿园。如果老师遇到一个不能安静地坐着或者集中注意力的孩子，那便意味着冲突已经开始。(其实不该说孩子“不能”安静地坐着，老师其实知道，他只是“不肯”安静坐好或用心学习。)

教育工作者很少有人接受过理解孩子不当行为背后动机的培训，由于解释孩子的行为是每个人的天性，所以，用贴标签来解释孩子的行为便成了相当普遍的做法。于是，我们给孩子贴上各种标签，幼稚、懒惰、消极怠工、喜欢做白日梦、只有三分钟热度，等等。然而，这些标签并没有解释孩子的行为，只是描述而已。

最近的研究成果，又为老师增添一些可以帮助他理解“问题孩子”的“解释”。首先是对低智商的担忧。智商测试仍然是评估孩子能力的最常见的方式。常规智商测试表面上提供了一

---

1 威廉·科瓦拉希亚斯（W. C. Kvaraceous），《违法行为》（*Delinquent Behavior*），华盛顿特区，全国教育协会（National Education Association），1959。

些貌似重要的信息，实际上是有害无益的事情。假如测出一个孩子的智商数太低，可能人人都不会再对那个孩子抱有太大的期望，结果只会加强孩子的挫折感。假如测出一个孩子的智商数很高，一旦这个孩子不肯发挥他应有的能力好好学习，老师就会灰心丧气。实际上，我们目前的测试方法，很难衡量孩子的真实能力，包括创造力和自由发挥能力，甚至无法对孩子的智商水平做出准确的评估。只有真正地理解这种测试的局限性，并能明智地加以采用，智商测试才会起到有益的作用。

还有一些研究结果为老师无法教好某些孩子提供了一定的“安慰”。比如，有研究表明，男孩子比女孩子发育慢一些，因此到了六岁，男孩子还没到识字启蒙时期。于是，有人开始考虑将男孩儿的阅读启蒙推迟到八岁。实际上，在欧美文化之外的一些文化中，男孩儿基本在四岁开始接受启蒙，但我们对此的解释是他们并不知道男孩儿的发育比女孩儿慢！然而，现在我们已经发现，孩子识字启蒙的最佳年龄，很可能是在两岁半到三岁之间。

有些一年级老师成功地教会了全班学生识字，可有些老师却没这么幸运，于是，“阅读障碍症”的说法，尤其是“左脑为主”和“右脑为主”对学习能力的影响，也给老师带来些许安慰。如果孩子过于好动而且控制不住自己，那么可以将这种行为解释为“多动症”，有轻度脑损伤，老师对此无能为力就成了理所当然的事情。

最近，我们又发现了一种新解释，因为从小的“文化剥夺”[1]，大量贫民子弟患上了“学习障碍症”。不过，一旦老师们学会了如何理解孩子的心理动机、个人逻辑、行为目的，以及如何改变它们，这些诊断孩子是否有学习障碍症的做法能否继续下去，就非常值得怀疑了。如此一来，老师就不再因为孩子的抗拒而感到沮丧，反而会发现自己有能力给孩子带来正面的影响，不论孩子是否有学习障碍症，老师都有能力帮他克服。

老师在与学生打交道时经常会遇到进退两难的困境：他对学生应该多严格？应该多宽容？我们会在两者之间不停地左右摇摆，并认为这样可以找到最为恰当的折中办法。然而，这并不能真正地解决问题。正确答案在于民主，一个建立在相互尊重基础上的民主式课堂，既不需要在严格和宽容之间不断左右摇摆，也不需要寻找折中办法。关键在于，老师要学会如何配合孩子的需要。这样，孩子们就不会把老师当作斗智斗勇的对象了。

目前，教师的做法仍倾向于遵循旧有的专制原则，也就是说，用“分而治之”的方式操纵学生。他们跟听话的学生一起打击不听话的学生，跟“好”学生一起打击“坏”学生，于是师生之间的对抗一步步地扩大。而“好学生”与课堂上某些“不良因素”的冲突，也导致学生之间越来越多的仇恨与敌意。

许多教师担心的是，如果他们不强制学生听话，课堂就会

---

1 “文化剥夺”已经成了专用词，特指因为家境贫寒，孩子从小没有受过良好的教育熏陶，上学后是落后生的现象。——译注

陷入无序状态。但是，强迫孩子顺从的做法是行不通的，老师越是尽心竭力，就越会制造出更多的抗拒。孩子们不会因为被羞辱、被压制就甘愿合作，相反，他们只会变得更叛逆，更充满敌意。不知不觉中，老师不再一心为学生着想，而是要一心捍卫自己的权力和权威。他内心充满沮丧、恼怒乃至怨恨，不再是学生的指引者和教育者，而是变成了一个“角斗士”，为他的权力、地位、脸面、优越感而战。这种情况下，他已经认不清自己，也认不清眼前的局面，更不可能明白正是自己的不当行为导致了学生的糟糕行为。

与家长的冲突

每个老师，尤其是低年级小学生的老师，会尽量跟每个学生家长都见见面[1]。如果孩子表现良好，这样的会谈自然是愉快的；如果孩子表现不好，老师与家长之间可能会出现对抗战。一方面，老师可能会责怪家长，要求他们多多管教孩子，促使孩子在学业上或行为上做出改进。他还经常要求家长承担起帮助孩子学习的任务，尤其是督促孩子完成家庭作业。而这样要求的结果，不但会大大加剧学生家庭内部的矛盾，还会加剧孩

1　这就是“家长会”。和中国的全班家长跟老师一同见面的“开大会”不同，在美国是老师要分别跟每个孩子的家长“开小会”，一对一地沟通。所以，在“家长会”期间（通常是一星期），老师要天天加班加点，迎接一个个家长的“车轮战”，非常辛苦。——译注

子对学习的反感。毕竟，父母若是真的知道如何用有效的方法给孩子造成有益的影响，他们就不至于陷入如今的困境中了。父母通常是最不适合承担改造学生这一重任的人，他们的做法往往会使状况更加糟糕。

另一方面，家长则认为是老师不称职。他们认为老师该知道如何教好孩子，最重要的是，他们指望老师能够利用自己的影响力，让孩子取得好成绩。他们还期望老师能够知道该如何应对孩子的不当行为。

在这里，我们看到了相互踢皮球的老把戏。有一条在父母身上常见的普遍规则是：母亲越是不知道该如何应对孩子，她就越是“知道”父亲应该怎么应对孩子。这条规则同样适用于老师和家长之间。如果老师在教导学生上能够卓有成效，他就不需要抱怨父母没能好好配合她的工作了。可是，他又能指望得到些什么配合呢？

很不幸的是，老师固然可以对父母提出要求，但他却无法告诉他们该如何成功地完成他交代的任务。除非老师已经接受过有关家庭教育体系的培训，否则他无法向家长提出真正可行的建议。一旦老师懂得父母有效影响孩子的方法，他将是最适合把家庭教育知识传授给家长的人。文化已然变迁，传统的育儿方式已然过时，家长需要掌握在民主环境中养育孩子的有效方法。帮助父母完成这项艰巨的任务，没有谁能比老师更为合适，因为他已经熟悉了用新的、有效的方式来影响孩子[1]。

我们不难理解，老师为何经常抱怨家长不肯合作。我们也不难想象，老师越是希望家长能好好地配合他的工作，家长越不愿意与他有更多的接触。最容易让家长对老师产生反感的事，是老师频频给家长递字条，美其名曰“爱心条”，“乔尼没有把作业带回来。”“乔尼不肯安安静静地坐着上课。”“乔尼总是在那里做白日梦。”“乔尼又和其他孩子打架了。”等等。

老师向家长递字条的做法，早已司空见惯。为什么要这么做？如果您问老师，他会告诉您，因为父母想要得到这些信息。但是，老师做的都是家长想要的吗？当然不是。于是，他又会说，这些是父母应该知道的事情。为什么呢？老师真的希望家长能促使孩子做出改变吗？如果老师诚恳地扪心自问，他其实明白，这些字条并不能给学生带来任何改变，毕竟他之前早已不知递过多少次字条了。那她又为什么要递字条呢？在我们与老师的讨论中，这一点已经得到了非常明确的答案。老师觉得在课堂上有些孩子让他倍感挫折，因此要给他们在家里制造点儿麻烦。这点儿小心思倒是达到目的了，但这么做完全无益于改善他和家长的关系，尽管父母会在老师的逼迫下不得不教训一下自家孩子。

---

1 参见鲁道夫·德雷克斯（Rudolf Dreikurs）和薇姬·索尔兹（Vicki Soltz）合著的《孩子：挑战》（*Children*：*The Challenge*），纽约，杜尔、斯隆和皮尔斯出版社（Duell，Sloan & Pearce），1965。

与校长的关系

校长除了行政方面的工作之外，还必须监督课程安排和教学进展。对老师来说，校长还有一个更重要的作用，就是帮老师处理令他头疼的学生。每当他觉得实在应付不了时，他就会把学生送到校长那里去。但是，校长又会怎么做呢？

以目前的状况而言，大多数校长能起到的作用实在令人担忧。因为没有接受过儿童心理学方面的训练，也不熟悉有效影响学生的恰当方式，校长大多会用传统方式来维持纪律，也就是责骂、说教、威胁以及惩罚。这样的校长，看上去很像是最后的独裁者，他有权利也有责任发号施令，执行规则。许多校长也认为自己担当的角色就是这样的“最后独裁者”，而且确信不听话的孩子就该挨顿板子。

毫无疑问，这种激进的方法有时会产生不错的效果，至少在表面上如此。孩子果然改进了，乖了一小段时间，但这种教育方法的危害性却往往无人留意。很显然，所谓的改进仅仅是表面上的效果，否则的话，类似的挑战就不会一再重复了。更糟糕的是，这种权力的展示只会强化孩子已经得出的结论，即权力和力量才是人生中最为重要的东西。见识了强大的力量之后，孩子就会用自己的力量跟老师对战，而且卓有成效，直到老师满心绝望地再次把他送到校长那里去。

很明显，校长也需要参加驻校心理辅导员接受过的那种培训，才能在理解孩子、纠正孩子行为方面起到应有的作用。过去，有人认为这种事情属于驻校心理师和辅导员的职责。孩子出问题时，就请他们出面去帮助那个问题孩子，也帮助老师懂得那个孩子需要他怎么做。但在我看来，校长和教务长比辅导员更需要培训。如果校长、教务长能充分地掌握引导孩子的有效方法，他们就能给老师也掌握这些方法提供最有力的支持。这样一来，每当老师奈何不了学生时，他无须害怕上司会给他差评，而是可以坦然地期待上司给他几条真正有用的、好的建议。

校长常常会被夹在老师和孩子中间，虽然他自己可能还没能清楚地意识到这一点，但他此时的处境，类似于一位因孩子行为不当、被老师揪住告状而倍感苦恼的母亲。这时，母亲要么跟孩子站在一边共同对抗老师，要么站在老师这一边共同对抗孩子。不论站在哪一边，他的影响都只会使情况更加糟糕。校长也是如此，他会倾向于支持其中一方，尽管他的态度可能更含蓄、更隐晦。他也可能会做出类似父母在和孩子吵架时常常会做的事情，也就是当法官，找出谁对谁错，好像这样就能让事情得到圆满解决。然而，任何一场类似的战争，往往双方都是有道理的，也都是有错处的，想要找出究竟谁对谁错并不能消弭双方之间的战火。

这就让我们回到了校长最关键的职责上。他会营造出整个校园的氛围：让学校充满祥和或者冲突。正如老师需要全班同学同心协力，校长也需要全体教职员工目标一致、齐心协力。不光老师需要掌握利用集体力量的技巧，校长也同样需要掌握这些知识。他需要与教职员工定期会谈，否则就很难对他们有效地施加影响。在教导不愿学习的孩子、满心敌意的叛逆少年时，老师肩负重担，他需要来自上司的理解和支援，而不是横加指责。

如果没了支援，老师独自一人承担起教学和纪律两方面的任务，遇到困难时，老师往往会害怕遭到校长和教务长的批评。另一方面，他也会希望校长做到他做不到的事情。假如校长解决不了老师与学生和家长的冲突，老师可能对校长感到失望和不满。于是，在老师与学生、家长的矛盾中，校长成了所有人都会瞄准的靶心。虽然他会尽最大的努力解决这些矛盾，但由于他缺乏应有的培训，结果往往只能使事态得到暂时的缓和，而冲突各方之间的矛盾会变得越来越深，彼此之间的对抗和不信任也越来越深。结果，校长也不禁对令他陷入困境的老师和家长心生怨恨，更别提从他们身上汲取到鼓舞的力量了。

与社区的矛盾

大多数情况下，社区各方的期望与教师的教育目标并不冲突。然而，在不少社区里，尤其是在种族繁多或是家境条件差异很大的社区中，老师很少会被社区各方视为朋友，相反，他往往被看作是爱挑剔、耍威风的掌权者。这里我们再次看到与课堂上类似的情形。老师本身是优秀的，但不断遭遇抗拒和敌意，往往会变得很无助，甚至是愤怒。对学校能够取得的成果，社区各方可能抱有并不现实的过高期望，如果学校想要实施新的观念和教育方法，也往往会遭到社区各方的反对。

学校的权利与义务，社区的权利与义务，这两方之间存在一种特殊的不平衡。按照法律规定，父母有义务送孩子上学。但如果一个学生令学校无可奈何，学校就会自行开除他。那么，父母是否有权利要求学校为那个孩子提供必要的教育呢？以目前的情形来看，即使家长有权利要求学校这么做，学校也很可能会让他们失望。因为不论是学校老师，还是学生家长，都缺乏应有的培训，不知道如何有效地应对陷入困境的孩子。我们还看到，仅仅指责校方或者社区孰对孰错是没有任何意义的，双方必须在相互尊重的基础上，找到既能统一认识又能协调利益的方法。可是，各方都不知道这种技巧，都还没学会如何通过协商而不是对抗来解决矛盾。

通过学生家长的种种反应和行动，老师也感受到来自社区的压力。面对这些压力，老师在什么情况下应该屈从，什么情况下要坚持，这是非常难以抉择的事情。最重要的是，老师如何才能在不触发更多的对抗、不让情势更加恶化的前提下，坚持自己的立场。而这些，同样取决于老师的态度：他能够化解压力，还是感到愤怒；他是得意于自己的高高在上，还是觉得遭到了别人的轻视；他是只想随波逐流，还是愿意担当起领导者的责任。他能做出多大的成就，关键在于他怎么看待自己。

与自己的斗争

摆在老师面前的，是事业之路上的障碍。他的权威常常受到学生的威胁，让他觉得有必要严加捍卫。殊不知，在我们这个年代，越是想捍卫自己的权威，就越是会成为众矢之的。每当他没有办法“驱使”孩子好好学习或者好好表现时，他就会深感愧疚，觉得每个孩子在学业上或行为上的失败都是他的责任。他千方百计想要激励孩子迎头赶上，但他能找得到的有效方法却寥寥无几。更糟糕的是，虽然他缺乏的只是知识，但他认为自己缺乏的是能力，他注定失败。

对失败的恐惧是他事业上的另一个障碍。当今社会处处充满焦虑，最主要的特征就是人人都担心自己还不够好，害怕自己不如他人。这种一切以成败论英雄，优胜劣汰的衡量标准，在当代的教育体系中根深蒂固。老师几乎是不得不把优劣的“尺子”强加到学生的头上，他自己又怎么能从中解脱出来呢？

如果他想要自由自在地发挥所有的能力，他就必须首先从这把“尺子”的禁锢中解脱出来。若一味追求完美，就不可能充分发挥人的主观能动性和创造力，否则就会出错。如果老师的日常工作之一就是必须紧盯着每一个瑕疵，他又怎么可能鼓起敢于不完美的勇气呢？

如果不允许老师犯错误，那么他就不能随机应变，而这种能力是与孩子打交道时必不可少的能力之一，毕竟孩子天生就富有创造力，特别善于自由发挥，包括拿自己无尽的创造力来对付老师。老师也经常任自己成为孩子的攻击目标，而孩子也的确有本事让他一败涂地。

只要他很在意自己作为一名老师是否已经足够好，他就会变得非常脆弱。实际上他本可以成为一名很出色的好老师，能引导学生与他合作、好好学习、服从纪律。然而，如果他在一番努力之后倍感挫折，发现自己不能成为一名好老师，他就有可能会成为一名糟糕的老师，跟学生对抗，向学生施暴。此时唯一的解决办法是开除那个学生，或将他调换到另一个班级去。这种前后判若两人的现象，我们在老师身上常常看得到。这是老师自己心气儿太高的结果。大多数老师会心气儿太高，不能容忍有天赋却不好好发挥能力的孩子，认为人人都应该全力以赴。

出于这个原因，老师很难做到对每个孩子都不偏不倚。然而，要对孩子的行为做出正确的分析和理解，需要有局外人的心态。若是老师任由自己陷入愤怒、烦恼或挫败等情绪中，作为教育者难免会冲动行事，而且开启防御心态，以守护自我为中心，而不再以教导孩子为中心。

类似的矛盾与冲突也会出现在与其他教师、校长、家长或社区人员的关系中。如果老师把自己定位为权威人物，认为别人都应该听从他的指令，那么，但凡有人对他提出批评，都可能被他看作是不可容忍的事情，是对他个人的侮辱。人与人之间出现矛盾是不可避免的，但是，一旦矛盾牵扯到个人价值、名声和地位，那就注定无法妥善解决。若是这时他能不把心思全放在捍卫自身利益之上，而是能以学生的需要为核心，那么他是可以从自我恐惧中解脱出来的。如果他能放下恐惧，不论发生什么都从容以对，那他就不再囿于自我防卫，可以专注他完成自己的工作。要做到这一步，对老师来说确实是一项艰巨的任务。然而，一旦他能从内心解放自己，他就能把这种精神传递给学生，也传授给他们一种健康的生活哲学理念。

Chapter

2

理解孩子

青少年的叛逆，

是对父母权威的藐视，

其实这种叛逆早在童年时期

就已经开始出现，

只不过是在青春期达到顶峰。

理解孩子

若要理解孩子，并能引导他改进不足之处，需要老师首先具备有关人格发展的基础知识。根据对人类天性的不同理解，尤其是针对孩子是怎么成长的，怎么发展到现状的不同认知，老师对待孩子的方式也会各有不同。

成为群体中的一员，是每个人最基本的愿望。人是一种社会存在，只有在群体中才能充分地发挥作用。只要这个群体能让他有归属感（belonging），他就可以全身心地投入其中，顺应整个形势的需要。他的归属感程度，用阿德勒的话来说，取决于他的社会兴趣（social interest）的发展。人天生就具备作为一个社会个体所必需的各种潜能，可以激发出相当深厚的社会情感（social feeling）。[1] 若得到了充分激发，不仅意味着他知道自己是群体中的一员，还意味着他有能力在群体中发挥建设性的作用。这就是所谓“正常状态”的基础，也是人与人合作和实

1　belonging，social interest，social feeling，都是阿德勒心理学中的常用词汇。这里的“社会”，可以是整个国家，甚至整个人类，也可以是一个班级、一个家庭，甚至仅仅是孩子与母亲之间的“小社会”。其核心观点是人人都需要有归属感，也就是来自所属群体的认可、接纳和欣赏。而社会兴趣和社会情感，都是追求归属感的动力。——译注

现自我的基础。若是社会兴趣未能得到充分培养，则人的社会功能也会大打折扣。

环境因素及创造力

孩子在成长过程中会受到两种刺激。一种来自他自己体内，通过生理机能和遗传因素传递给他，这是他的内部环境；另一种来自他生活的环境和周围的人，这是他的外部环境，首先就是他的母亲。

关于内部环境因素和外部环境因素的讨论，常常会涉及一个问题，即在塑造人格的过程当中，二者中的哪一个起着更为重要的作用。人们在讨论中往往忽略了一个核心点，即人不仅仅是只知道对刺激做出被动反应的生物体，更是会主动解决内部环境与外部环境冲突的积极参与者。

个体的行为和发展，并非直接受内部或外部环境的影响，而是受该个体对这些环境如何感知和评价的影响。在他能有意识思考之前，或者能用语言表达之前，孩子就已经有能力针对他所经历的事情，从自己的角度，做出（也许是很模糊的）解释，并且得出结论，这些结论就是他行动的基础。孩子不仅会做出反应，更会采取行动。他与生俱来的东西固然重要，但远不如后来怎么运用它们更为重要。

他解释的角度总会带着价值观的色彩——他的愿望、要求，他对自己与他人关系的评价。例如，一个天生跛足的宝宝不会简单地认为自己有先天缺陷，尽管生理刺激会把他的缺陷反馈给他。他的缺陷也不会机械性地“引发”他后续的成长与发展。

他有可能认为自己的缺陷让他低人一等，妨碍了群体对他的接纳，也妨碍了他对群体的全心投入。但也有可能他把缺陷看作一种财富，使他有权享有别人没有的特权。假如他认为自己因天生缺陷而低人一等，接下来他又可能有几种不同的态度。是他采取的不同态度，而不是跛足缺陷本身，决定他最终得到什么结果。这取决于他对自身情况的评估，也取决于他有多大的勇气。他会选择找回内心的平衡，追求过度补偿，也会绝望放弃，任自己永远沉溺在不幸中。[1]

任何孩子在遇到困难时，都可能会采取这三种应对方式中之一。因遭遇困难而感受到的挫败、怨恨和灰心的情绪，并非来自孩子的外部环境，而是来自他对自己有多大应对能力所做出的评估。他对自己能力的评价不但是主观的，而且可能是错误的。因此，孩子过去的体验不应被看作他会选择如何应对的决定性因素，那些体验只是他曾面对过的挑战。

生活方式的形成

孩子会根据他对内部环境和外部环境的体验做出的解释，

1　参见我的文章《残疾人的社会心理动力》（*The Socio-psychological Dynamics of Physical Disability*），《社会问题杂志》（*Journal of Social Issiues*），第 4 卷，第 4 期，1948。

得出如何才能在社会生活中生存下去的结论。他看待生活的心态，会构成他的生活方式或生活模式，这就是形成每个人独有个性的关键所在。这是他所有个性的统一体，他的每个行为、每种心态都是他生活方式的一个侧面，都是他根据自己和自身能力的系统性评估得出来的。一般来说，在生活方式形成的过程中，只要是让他受到威胁或感到失望的事情，往往会起到十分重要的作用。

孩子形成一种生活方式，包括他为了让自己免遭痛苦而建立的、能实现他假想的安全目标的行动计划。比如，家里新添了一个弟弟，作为哥哥的他感到自己的家庭地位受到了威胁，那么他可能会认为人生的主要目标是守护自己已有的地位。这时，只有当他觉得自己时时处处都能处于优先于弟弟的位置时，他才会有安全感。而从弟弟的角度来看，身为家中最小的孩子，也许感受到自己的弱小，弟弟通过让比他大也比他强壮的家人来为他服务这一办法，成功弥补了他在家中的弱势地位，那他可能就会认为，在他今后的人生中，获取他人的支援、帮助和保护就是非常重要的事情。

然而，一个感到被人忽视、没人理会的孩子，则可能得出另一种不同的结论，认为唯有让别人替他感到难过，才会觉得自己是属于群体中的一员。又比如，一个有“受害者情结”的孩子，他站在道德制高点上获得优越感，以此来满足自己，觉得自己强于那些在身体和社会能力方面比他更强的人，这就成了他的基本指导原则。再比如，因为幼年时期的印象，一个孩子可能认为取悦他人是能被别人接纳的唯一途径，而另一个孩子则可能觉得与人抗争才是他能为自己争得一席之地的唯一手段。

自出生以来，孩子生活的第一个群体就是他的家人，他会努力参与到群体生活中去。而他在这个过程中的一切行为，都会以其他家庭成员做出的榜样为指导，以自己与他们交往的体验为指导。这些因素对他的影响都是随时变化着的，而不是机械的、死板的。人与人之间关系的建立，以双方的互动为基础，而这种互动很大程度上是在无意识的情况下完成的。任何两个人之间建立起来的关系，都是双方相互回应之后的结果。早在孩子还是婴儿时，就能与不同的人选择不同的互动方式。[1]

人的意识与语言的表述相关联，因此它在人类行为动机中的重要性常常被人们高估。过去所谓的教育，大多数是针对道德、语言和逻辑层面进行的，是以培养孩子的良知为核心而展开的。虽然让孩子接受社会习俗，明辨善恶、是非的确至关重要，但是教育仅仅做到这一步是不够的。人的行为不只源于理性的思考，还会源于他最基本的生活态度，而这种态度有一部分隐藏在潜意识中，因此觉察不到。这些潜意识中的自我认知，有可能会妨碍他顺应社会。他对自己在群体中的位置可能会产生错误的认知，对他获取自己想要的位置的途径产生错误的想

1　比如，选择对母亲撒泼，对父亲乖顺，对哥哥骄横，等等。——译注

法，而这些错误观念又会造成错误的行为方式。

孩子最初尝试与他人打交道，是通过反复地试错来往前推进的。凡是他发现有效的方式，他以后还会重复使用。刚开始时，每当遇到问题，孩子都会这般去做尝试，想办法解决。因此，在他后来与父亲、母亲、最喜欢的姑姑以及哥哥、姐姐、弟弟、妹妹打交道时，他的表现或行为都会各不相同。

随着年龄的不断增长，他逐渐把这个群体看作是一个整体，他开始寻找总的指导原则，制定惯常的行动模式。一般来说，到了四五岁的时候，他已经将他对群体生活的主观印象融入了对社会生活的整体构想。他的生活方式便从此确立。他不再用试错进行探索，而是根据已经确立的前提采取行动。此后，每当有了新的体验时，他都会将其融入已经形成的认知中。由此，他便形成了个人偏见的基础，并带着他的偏见看待任何新出现的情况。

出于这个原因，若想要在这个时期之后改变孩子的性格，就会变得困难，以后还会更加困难。因为随着孩子的智力发展，哪怕有明显证据表明他的判断出错，他也可能会继续维持带有偏见的基本假设，换句话说，他已经学会了做合理化的解释，即便他对事情的解读是错误的，他也会给出自认为正确的逻辑。

这样的基本假设，要从孩子身上辨识出来并不困难，因为与成年人相比，孩子总是把态度写在脸上。想要辨识出成年人的基本生活方式，则需要更深入的心理分析，因为成年人已经学会了隐藏自己的真实心态。不过，不论是成年人还是孩子，都往往意识不到自己已经形成了什么样的基本观念。他看不到自己对事情的误读，因为一旦他意识到错误，他就无法继续维持下去，而坚守错误观念对于维护他的安全感来说却又是必要的。

自卑感的动力

让自己被群体接受，并能参与到群体活动中去，这是每个人最基本的愿望，因此，对任何一个孩子来说，和成年人一样，最令他痛苦的事情就是觉得自己低人一等。遇到任何困难、悲剧、痛苦，都不算最难以忍受的事情，唯独发觉自己的地位比群体中其他人更低，这才最难以忍受，唯有在这种情况下，一个人对群体的归属感才会受损。找不到归属感，对任何人来说都是最大的痛苦。低人一等的感觉，反过来又会抑制社会兴趣的培养。

不幸的是，我们总是不肯让孩子感觉到他已经足够好了。我们担心这样做会妨碍他继续进步。有两种方法可以刺激孩子的成长：一种是力求让孩子提升自己的优越位置；另一种是让孩子通过做贡献、扩宽眼界、探索新发现而获得成长，即融入群体中去，而不是站在群体的最高处。[1]这两种方式都可以促使

1 出自莉迪亚·西歇尔（Lydia Sicher）的文章《自由教育》（*Education for Freedom*），见《美国个体心理学杂志》（*American Journal of Individual Psychology*），1955。

孩子取得进步，但是要在高度上取得成功，代价太高了。不论外部世界提供了多少成就、权力、爱或其他东西，都很难让孩子获得安全感；不论他已经掌握了多少东西都不足以让他感到安全，而且已经得到了的还可能随时失去。我们当前使用的育儿方式，给孩子带来的是一系列的令他沮丧的体验，更剥夺了孩子充分感受自身力量的机会。然而，唯有让孩子感受自身的力量，才是让他获得安全感的根基所在，他才会相信自己有能力应对任何可能发生的事情。

对自卑感影响的研究，受“自卑感”这个词的语义的限制。觉得自己低人一等，和实际上是否真的低人一等，往往不是一回事。有些的确在某些方面处于劣势的人，并不会觉得自己不如别人，因此也就不会有自卑感。反之，许多觉得自己不如别人而感到自卑的人，却没有客观的实际理由来证明自以为的不足或者劣势，因为他很可能是一个已经有相当地位或成就的人。除了实际的劣势和自卑感之外，我们还必须认识到自卑的另一种表现形式，即所谓的“自卑情结”。这个术语，指的是以真实或假想的自卑为借口，来获得别人向他提供特殊服务或照顾的目的，这实际上是一种常见的以逃避为目的的精神病症。

弄清楚自卑感和自卑情结的不同是具有实际意义的，因为这两者的心理背景是不同的。一个感到自卑或者觉得自己不如别人的人，无论是有意识的还是无意识的，都能引发他想要得到补偿的努力，因此都有可能促使他培养出积极的品质，促进他取得一定的成就。自卑情结却并不会出现这种情况，反而会阻碍他的进步。无论他的自卑情结是仅限于社会生活的某个领域，还是涵盖了所有社会活动，它表达的都是他已经绝望的结论。

自卑感通常以含蓄的方式示人，然而，自卑情结却是全方位、毫无保留地公开展示。有自卑情结的人“知道”他不好，没有能力做某事，哪怕客观证据与他宣称的并不相符。适应不良、功能障碍或不当行为虽然偶尔也是自卑情结的一种表现形式，但这种表现的背后通常能追溯到孩子往往并不自知的自卑感。

每个孩子在面对社会群体时都会有自卑感，他们在“巨人国”般的成人世界中长大，十分痛苦地意识到自己的弱小与卑微。而我们现行的教育方式，不但完全没有设法减轻孩子的自卑，反而使之不断加重。孩子越来越不确定他的社会地位，这不仅是他与周围成年人比较的结果，更多的是他通过与兄弟姐妹以及其他孩子、由他自己或者别人发起的在能力和成就上的相互攀比的结果。

社会地位上的自卑感，会对孩子与他人的关系造成不良影响，并促使他为此采取寻求补偿的行为。参与群体生活的基本动力被提升自身地位的愿望所牵制。当然，想要自我提升的愿望，也是他追求归属感的表现之一。只不过在他看来，他是否能赢得群体的认可，似乎首先在于他是否能弥补自卑感。如果他觉得这一目标不可能实现，他便会觉得除了完全退出参与之外，别无他法。

由此我们可以看到，不管什么原因，孩子体验到自卑感时，他有可能做出两种不同的反应，要么试图去寻求弥补，要么让自己逃避。他寻求弥补的方式可以是直接的，也可以是间接的；他既可能通过有正面价值的方式，也可能用阿德勒所说的“在生活中毫无价值”的方式。至于孩子会怎么选择，完全没有规律可循。

孩子的自卑感，是他形成能力与性格特征的极为重要的推动因素。想要理解孩子为何会选择某种生活方式，我们需要从两个方面去了解孩子，一是他在自身环境中（也就是他的身体构造或可能的生理缺陷）遇到的机会和困难；二是他在外部环境中遇到的障碍和优势，而后者尤为重要。

家庭氛围

孩子首次体验并认识到社会生活中的常规习俗和价值观，是父母营造的家庭氛围。之后，他对社会生活的态度，取决于他对家庭生活所反映出来的社会环境的态度。社区中的经济、种族、民族、宗教等方面的因素，经由父母影响，以及通过父母怎么对待彼此，怎么对待孩子，传递给他。父母的所作所为，不仅让孩子看到社会不同阶层的不同行为规范，他们与其他人的关系还为孩子树立了榜样。

父母的关系会直接影响家庭中所有人际关系的模式。如果他们彼此争斗，这种竞争精神就会成为所有家庭成员关系的特征。比如说，在我们的观察中，本应出现在同卵双胞胎身上的、发展相似性格的自然倾向，在父母不断竞争、不断挑战对方优势地位的影响下，双胞胎之间也会出现竞争的现象。反过来，若父母是合作的、友好的，孩子彼此之间相处，或者以后与家庭以外的人打交道时，也可能会形成合作与友好的关系。无论父母营造的家庭氛围是规则秩序的，还是杂乱无章的，是相互合作的，还是彼此敌对的，都会被孩子当作是社会生活的常态标准。

然而，这并不意味着家庭模式决定了孩子的行为模式，相反，它有可能促使孩子表现出完全不同的行为模式。尽管如此，同一个家庭的孩子，大体上有些相似的行为倾向，会展现出这个家庭特有的价值观和道德观，这些观念在父母双方都明确接纳并维护的情况下更为明显。因此，我们可以这么说，兄弟姐妹性格特征的相似性，体现了一个家庭独有的氛围；而兄弟姐妹在性格上的差异，则反映了每个孩子在家庭中各自占据的特殊位置。

家庭星座[1]

孩子个性的发展，很大程度上取决于他在家庭中的位置和

---

1 此处指家庭地位和家庭成员之间的位置关系。——译注

价值。最初在与家庭成员建立关系的过程中，孩子会努力在家庭中谋求一席之地，为此他与不同的人的相处方式会各不相同。孩子的出生顺序，让他对自己在家庭中的位置有着不同的视角。作为家中独生子、老大、老小或中间的孩子，这样的定位，既可以是他们发挥影响力的机会，也可以是他们面对独特的挑战的机会。

此外，孩子在家庭中的地位，还会受其他因素的影响。比如，一群女孩儿中唯一的男孩儿，一群男孩儿中唯一的女孩儿，一个体弱多病的孩子，哥哥或姐姐已经夭折之后才出生的孩子，等等。还有，与全家地位非常特殊的某个人长得很像，或者他身上具有被家人认为很正面的或负面的生理特征，也会对他造成一定的影响。父母对某个孩子的格外偏爱或者关心，都会带来类似的效果。

在竞争激烈的社会中，每个孩子都渴望在群体中找到属于自己的位置，他们首先必须面对的，就是兄弟姐妹的激烈挑战。几乎所有第一个孩子和第二个孩子之间都少不了这种挑战。作为家中的老大，在老二降临时，他的感受像是自己被从王座上撵下了台，不得不把母亲的部分时间和疼爱拱手让给新来的家伙。老大固然竭力想要保住自己的优势，而作为“入侵者”的老二，又不断地挑战老大在地位上和年龄上的优势。

孩子之间的竞争，不同于“手足相争”，尽管这两者常常同时出现。所谓“手足相争”意味着孩子之间的公开斗争，双方只是为了眼前的既得利益而战。然而，他们针对家庭地位与优势的竞争，却是可以暗中进行的，不一定会有公开的怨恨、嫉妒与对抗。这种优势竞争，对每个孩子都有更深层次的影响，导致同一家庭中的孩子往往培养出相反的性格、能力、兴趣和气质，因为每个孩子都会在另一个孩子失败的地方寻求自己成功的机会。这就解释了为什么在大多数家庭中，老大和老二几乎总是完全不同的人。[1]

这样的竞争，不仅仅局限在老大和老二之间。夹在中间的孩子，会觉得自己的地位岌岌可危。他既没有身为老大的优势，又没有身为老小的特权，因此常常感到父母待自己格外不公平。他在跟另外两个孩子的竞争中，既有可能是失败者，也有可能是胜利者。

家中的老小——在某些方面跟独生子女类似——会因为他最弱、最小的自卑感而想方设法寻求弥补。他可能会充分利用自己的弱小和无能，让家人为他提供服务；他也可能会用扮可爱来谋求家人的特别关注；他还可能会用聪慧和成就给自己增添光环。无论他选择了什么样的补偿，都反映出他靠依赖别人来获取自己的价值、地位和重要性这一特点。同样，所有得到任何特殊待遇或特殊权利的孩子，都必须承受来自兄弟姐妹的竞争压力，并与试图挑战他特权的人展开竞争，从中发展出自

---

1 因优势竞争而形成相反的性格或能力，举例来说，老大数学好，老二就语文好；老大身体特棒，老二就病病恹恹；老大特会来事儿，老二就木讷孤僻，等等。——译注

己的个性。

虽然孩子们已经就每个人采用哪种方式寻求自己的位置达成了默契，可是父母却不知道孩子们各自的选择，因此常常在无意中强化了每个孩子的计划。结果，他们让“好孩子”变得更好，让“坏孩子”变得更糟。比如，老大可能从小被父母宠溺，是他们最喜爱的孩子，于是老二只好自己去摸爬滚打。接下来，老大会朝什么方向发展，主要取决于弟弟妹妹朝什么方向发展，而非取决于他的父母怎么做。如果老二能完全靠自己发展出自己的强项，获得独立的能力，成功地走入社会，那么，不论父母有多么溺爱和偏袒老大，都不能阻止老大因为老二的锐意进取而变得萎靡不振。反过来，在父母的辅助之下，老大果然变得更加出色，那么老二可能因此一事无成。这是孩子们在彼此的互动中做出的决定。父母可以向孩子施加建设性的正面影响，但需要他们不让自己卷入孩子们潜意识中的决定，更不要去强化这种决定。[1]

因此，孩子的个性特征，体现出他们各自对家庭内部权力分配的不同回应。家庭中每个成员之间的关系，几乎仅凭孩子们在人格上的相同与不同就能大概描述出来，要么是联盟关系，要么是竞争关系。在性格、兴趣、成就上相差最远的两个孩子是竞争对手的关系，最相似的两个孩子是盟友关系。对每个孩

1 上面的描述，都是一般家庭中的常见现象。但是，如果父母营造的是合作友好的家庭氛围，孩子不必如此竞争，也就不必一定是一个出色、一个颓废。——译注

子的个性发展影响最大的人，是他的主要竞争对手，也就是跟他最不同的那个人。

因此，每个孩子的问题，其实都是家庭关系中不可分割的一部分，不可以作为一个孤立的问题来理解或者解决。当“问题孩子”做出了一定的改进时，他的竞争对手，也就是另一个“好孩子”，却变得不那么好了，开始出现问题。因为他们的行为是相互关联、彼此呼应的。孩子的“适应不良”[1]并不是由父母造成的，他们只是强化了孩子的错误行为目的，加剧了孩子的不当行为。

教导孩子的方法

家庭氛围通常是孩子成长过程中持续不断的影响因素，因此他的生活方式也会朝一定的方向持续发展。尽管每个家庭用来教导孩子的方法也是家庭氛围的一部分，而且符合他们在宗教、民族、种族或文化方面的传统规范，但是具体做法因每个孩子而异，甚至经常因为新出现的情况而异。因此，孩子的态度和行为目的常常会有所不同。他的行为无论是好是坏，只是他针对父母的行为而做出的、合乎他的逻辑的反应。反过来，

1　“适应不良”，是阿德勒心理学的常见专用术语。举例说明：小宝在家里备受宠爱，从来不用遵守任何规矩，等他进了幼儿园，注定会是个不懂得守规矩的小捣蛋，而他的这种“不良行为”就是“适应不良”的一种具体表现。——译注

父母的行为又是由他的行为引起的。父母在行动时往往意识不到孩子行为背后的意图，不知不觉地就成了孩子挑衅行为的受害者。

由于现代社会的结构已经变化，孩子的教育变成一个难题。因为民主意识的发展，要解决冲突必然需要新的方式。以前的社会模式建立在“统治与服从”关系的基础之上，统治方通过贿赂与威胁、奖励和惩罚来维持对服从方的控制。然而，在新的民主环境中，再用这些做法来教导孩子已然行不通了，因为在人人平等的新环境下，每个人都有为自己的事情做主的自由。然而，虽然平等已成为现实，可我们却苦于不知道该如何与人平等[1]相处，过去的传统也并无可借鉴之处。

在平等关系中，必须要尊重对方和自己。今天，我们在教育孩子方面所犯下的错误，要么是我们冒犯了成人的自尊，要么是我们忽略了对孩子的尊重。父母任由孩子肆无忌惮地“表

---

1 “平等”一词虽然已被广泛使用，但人们对这个词的理解却非常有限。既然每个人在性格、能力、禀赋各方面如此各不相同，人与人之间又怎么做到平等呢？平等指的应该是每个人在权利和价值上的平等。[在其他语言中，这两者各有不同的术语来表达，例如德语中的 Gleichwertigkeit（价值平等）和 Gleichberechtigung（权利平等）。] 民主，意味着在这两个方面的平等，唯独不是指机会上的平等，而且从来不曾有过、也不可能有机会上的平等，那只是拒绝承认每个人基本权利的“伪民主”倾向者的托词。
无论在种族、性别、贫富、年龄、教育程度或任何其他个人特征以及品性方面有什么样的个体差异，每个人都应该拥有平等的权利，可以决定自己的事情。平等已经不再是理想或者未来的希望，它已经切实存在现实中。平等观念促使以前所有被统治的群体，包括女性、有色人种、儿童和穷人，都要求得到平等对待。正是对这种诉求的漠视，造成了美国社会目前的动荡局面。

达自我”，不但损害了自己的尊严，也宠坏了孩子。

由于父母对民主和自由观念的错误理解，任由孩子扰乱家庭秩序，将自己的意志强加到家长的身上。无原则地宠溺孩子是当代父母最常犯的错误，其中包括各种不明智的做法。比如，对孩子的过度保护、纵容、过度关心、溺爱，等等。当这些方法不能激发孩子正确的行为时，父母往往会退回到以前的教育原则，以侮辱和惩罚为手段，结果是损害了孩子的尊严。这些老方法，包括各种形式的过度管理、责骂、唠叨、道德说教、体罚和责打。

显然，这些方法不会引导孩子尊重秩序。而更少被看到和认可的，是这些做法通常会给孩子带来相似的、负面的心理影响。不论是溺爱还是压制，都同样会让孩子对自己丧失信心。我们很容易理解，羞辱孩子会伤害他的自信心，但是家长很少能意识到，一味地溺爱孩子也会导致同样的结果。溺爱孩子，实际上是剥夺了孩子成长所必须感受的自身力量和能力的机会。因此，父母和老师都会经常看到，那些备受宠爱的孩子往往对自己的能力、智力没有多少信心，更没有多少责任心，这正是过度保护和过度纵容的必然结果。其实，许多成年人认识不到，孩子在面对困难时是有能力照顾好自己的，可是，正是因为他们对孩子没有信心，也增加了孩子的自我怀疑。

孩子不良行为的四种目的

孩子的每一次行动都有一定的目的，最根本的目的就是在群体中保有一席之地。一个孩子之所以能行为端正、适应力良好，是因为他已经通过顺应群体需要、做出有益贡献这条途径，找到了获得群体和社会认可的方法。

但是，即使是行为不良、不肯顺应群体需要的孩子也仍然相信，他的行为会给他带来向往的社会地位。于是，他可能会试图吸引别人的关注，或者试图证明自己的力量和权力。他也可能会寻求报复，或者展示自己的缺陷，以谋求别人的特殊照顾或者宽容。无论他选择哪一种错误的目的，他的行为都是基于错误的信念，即以为只有这样他才能在群体中彰显自己的价值。他的行为目的有时会因情势而变化，比如，这一刻他的行为是为了吸引别人的关注，另一刻他是为了显示自己的力量，或者是寻求报复。他既可能以不同的行为模式达到相同的行为目的，也可能以相同的行为模式达到不同的行为目的。虽然他的行为目的和行为模式在不停地变化着，但是，我们还是可以通过他的行为对对方造成的影响以及对方做出的反应，辨识出他的行为目的。

在几乎所有十岁以下的孩子身上，我们都可以观察到带有这四种目的的恼人行为。常常有人指责我们，不该把孩子的每一种不良行为随意地归类到这四种目的类型中。但是，这四种行为目的不是我们发明的，只是我们的观察结果而已。如果有人可以展示孩子不良行为的其他目的，我们很乐意将其加入进来。

许多家长和老师很难相信，孩子的这些恼人行为是专门针对他们的。这是孩子试图找到自己地位的一种方式，这个年龄段的孩子，对自己地位的感受，取决于他从成年人那里得到的回应。这四种行为目的，我们也能在青少年甚至成年人的行为中看到，只不过对他们来说不仅限于这四种目的了。青少年还可以通过更多破坏性的方式来寻找自己的位置，包括吸烟、性行为、英雄主义行为以及找刺激行为。每个人都认为提高自身地位和自身价值是至关重要的事情，但是，一个可悲的事实是，与取得真正有价值的成就相比，毫无价值乃至破坏性的手段更容易达到目的。

第一种目的：吸引关注。在大多数幼儿身上，我们不难看到吸引关注的行为。这种行为之所以是最普遍的，原因在于社会现行的教育模式。孩子年幼时，他几乎没有机会通过有益的贡献来确立自己在家庭中的地位。只要有机会为家庭和家人做任何事，都由他的父母以及哥哥姐姐们做了，他只能用寻求关注这一种途径来证明他还是家庭群体的一员。

不能通过建设性的贡献来证明自己的价值，他只好通过索要礼物、爱意或至少是关注，来寻求他想要的证据。由于索要来的这些东西并不能增加他的独立性与自信心，所以他经常需要新“证据”来证明他没有被忘掉或被拒绝。

开始时，他可能先用社会认可的、令家人愉快的方式来获取他想要的结果，当他无法再用这样的方式时，比如，家里添了个弟弟或妹妹抢了他风头时，当长辈们要求他应该有长大了的样子、不要再扮“幼稚”时，他就会尝试他能想象得到的其他方式来吸引家人关注他或为他服务。只要能让他达到这一核心目的，他不在乎自己要遭受痛苦，比如遭受屈辱、惩罚，甚至挨打。对他来说，与其被人忽视，他宁愿挨顿责骂，甚至责打。

第二种目的：权力之争。成年人越想要控制孩子，就越会陷入与孩子的权力之争中。成年人争夺权力和优势地位，孩子则要证明他可以做自己想要做的事，可以不做应该做的事。不论是父母还是老师，最终都不可能是获胜的一方。大多数情况下，孩子往往会直接胜出，当然，这无非是因为孩子在较量中“不择手段”，不必顾虑责任感或者道德感。也有少数父母能够获得胜利并制服孩子，但是，这只会让孩子更加坚信力量与权力的可贵，更加坚定他要反击的信念，下一次他会用更加有力的手段与父母对抗。

第三种目的：报复。父母与孩子争夺权力和优势地位的较量，到了一定程度，父母会想尽一切办法只希望制服他。此时，双方的对抗程度已经非常激烈，以致每一方唯一的念头是：要报复回来，以弥补自己受伤的感觉。这时，孩子已经不再只想要得到关注甚至是权力了，他已经清楚地感觉到自己遭受排斥、不被喜爱，他看到群体中唯一属于他的地位，只剩下让人憎恨了。以“报复”为目的的孩子，非常清楚“敌人”的软肋在哪里，知道怎么出手打击能给对方造成最大的伤害。被对方斥为“恶毒”，对他来说就是胜利。既然这是他能获得的唯一胜利，那么他也就一心追求了。

第四种目的：颓废无能。一个消极的孩子，或者对抗意志已经被彻底打倒了的孩子，可能会变得非常气馁，以致什么事情他都看不到任何意义。他认为自己面对的只能是彻底的失败，因此再也不打算做任何尝试了。他用真实的或假想的自卑感把自己包裹起来，用无能作为保护盾，这样别人就不会再对他有任何要求和期待了。他选择逃避，不再参与群体，不再想做任何贡献，好让自己避免遭到更多羞辱和难堪。

在追求上述一个或者多个行为目的的过程中，比如他想要吸引关注时，他的行为可能是积极的，也可能是消极的；他采用的方式可能是建设性的，也可能是破坏性的。只有当孩子感到自己被接纳时，他才会使用建设性的方法，孩子的敌意总是通过破坏性的行为进行表达。另一方面，孩子的回应是积极的还是消极的，取决于他有多少自信和勇气。这种积极的或消极的基本模式，是他早在婴儿期就已经建立起来的模式之一，一旦形成便很难改变。它反映了婴儿最初对自己的评估，也许是基于出生前的经历或者最早期的训练，也许是他的先天倾向。后来遭遇的沮丧可能会使孩子的对抗程度和叛逆程度有所下降，但他最初消极或者积极的模式会基本保持不变。

上述因素合到一起，就形成了以下四种行为模式：

- 积极—建设性

- 积极—破坏性
- 消极—建设性
- 消极—破坏性

我们用经常发生在小学生身上的几种典型行为，作为这四种基本模式的范例。积极且建设性的行为反映了那种一心想成为班级第一的勃勃雄心，通过在课堂上积极配合老师，让自己成为“老师的宠儿”。积极且破坏性的孩子是班里的“大王”“小恶霸”，或者目无尊长、浑身是刺的小叛逆。消极且建设性的孩子是班上的开心果，靠自己的可爱就能赢得特别的关注和青睐，不必付出什么努力。消极且破坏性的孩子是班上懒惰、顽固的孩子。

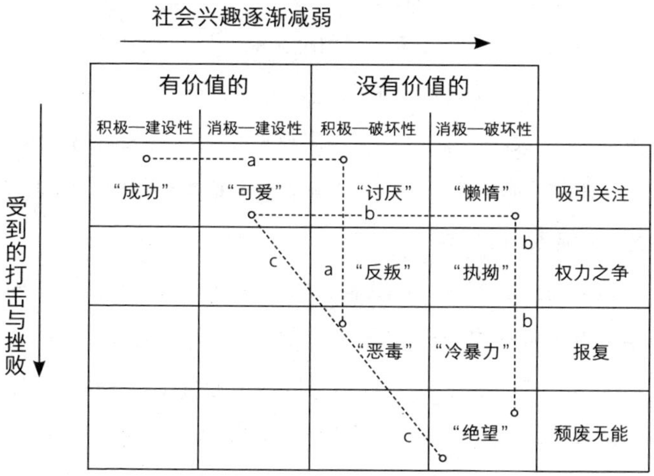

如上图所示，吸引关注（第一种目的）是唯一的四种行为

模式都能实现的错误行为目的。权力之争（第二种目的）或报复（第三种目的）主要通过积极以及消极且破坏性的模式来达到目的（虽然孩子可能会通过善行来获得权力或达到报复目的，但极为少见）。颓废无能（第四种目的）自然而然只有消极且破坏性这一种模式了。

最常见的恶化顺序，是从积极—建设性的“吸引关注”，到积极—破坏性的“吸引关注”，到积极—破坏性的“权力之争”，再到积极—破坏性的“报复”（即 a 线）。另一条常见的恶化顺序，是从消极—建设性的“吸引关注”，到消极—破坏性的“吸引关注”，再到“颓废无能”（即 b 线）。大多数情况下，这种恶化程度的进展，主要是通过消极的权力争夺，只有少数是通过消极的报复形式（我们称之为“冷暴力”）。有时候，消极—建设性的行为，可能直接转向“颓废无能”（第四种目的）的公开展示（即 c 线）。孩子行为的改进，并不会遵循相应的路线。即使孩子总是以最令人痛心的行为来寻求报复，一旦他确信他还是被人喜欢的、有价值的，往往能重新充分调整好自己，由适应不良变回适应良好。

孩子的生活方式和这四种行为目的之间的关系，可以通过最常见的两种人格模式来理解。假如有个孩子被家里新添的弟弟给撵下了“王座”，他可能认为只有当老大才能守住他在家庭中的位置，所以他不得不拼命地捍卫相对于“新来者”的优势。他的做法，可能先是以积极—建设性的“吸引关注”来树立他的优秀形象。如果这条路被堵住了，他可能会通过积极—破坏性的手段，比如粗暴、装傻、扮小丑等行为来吸引关注。若还行不通，他可能就要展示他的破坏力了：若是当坏孩子，他可能是最坏的那一个；如果他转入报复模式，他会是最恶毒的那一个，而且他很可能会成功。

另一种人格模式是，身为独生子、老小或体弱多病的孩子，他可能认为自己唯一能在家庭群体中找到属于他的位置的途径，是让大家为他服务，来感受自己的存在价值。他可能先采用消极—建设性的途径，比如扮可爱、撒娇等。如果这些方法失败了，他可能会转用破坏性的手段来获得关注和服务。消极—破坏性的行为能让他感受到自己的力量，因为他能强迫别人来关注他、哄劝他。报复性的冷暴力，或者表现出彻底的颓废、无能、病弱，同样能逼迫家人为他服务。

总而言之，孩子的生活方式的根源就是这四种行为目的。

童年的三个阶段

在走向成年的路途中，每个孩子都会经历许多个成长阶段，儿童发展心理学就是研究这些不同成长阶段的学问。这里我们要讲述的，只涉及其中三个主要部分，分别讲述孩子在不同成长阶段中的主要行为。这三个阶段分别是：学前幼儿、在校学童和青少年。

学前幼儿的主要行为是在直系家庭中的各种举动，包括和亲戚以及邻居们的交往。这个阶段的孩子会尽力在家庭群体中找到自己的位置。他学会运用自己的身体，也学着在群体中发挥他的影响力，并将生理上和心理上的能力都整合到自己的生活方式中，也就是他作为社会一员在群体中发挥影响力的基本模式。

当孩子开始上学时，他便进入了一个由不同经济、文化、社会、种族和宗教背景的人组成的新社区，并成为其中的一分子，因此，他要努力在这里找到自己的位置。在学校里，完成工作任务、承担责任成了他生活中最重要的部分。[1]他的个人行为模式、人际关系在这个阶段稳定下来。老师和同伴在激发他对社会生活的反应方面发挥着重要作用。如今已经兴起降低孩子入学年龄的趋势，以便在孩子只有三岁甚至更小的时候进入幼儿园时，学龄阶段的特点就开始发挥作用。这对孩子的情绪发育和社会能力发育能起到积极作用，也是对如今家庭越来越难以在这两方面为孩子成长提供良好环境所做的必要补救措施。

青少年的叛逆，是对父母权威的藐视，其实这种叛逆早在童年时期就已经开始出现，只不过是在青春期达到顶峰。进入

---

1 过去，“游戏”和“任务”之间有着很重要的区别。小时候孩子是通过游戏来学习，等到了上学年龄时，大家就要求他必须学会“工作”，接受“任务”。没有谁会有意让他的学习变得更容易一些，否则他就永远学不会如何“工作”，而需要完成的“任务”也必须带有一定程度的不愉快才行。在今天的学校中，仍然存在一些这种哲学信念的残余迹象。孩子越是不喜欢学习，我们就越要在他的学习过程中制造更多的不愉快。只是，如今的孩子若是不愿意学习，我们已经不可能像过去那样强迫他了。幸而，幼儿早教的经验表明，越早期的学习越容易成为孩子自然发育中的一部分，正如他学习说话和走路一样。

这一阶段的孩子，需要在更大的社会群体中找到自己的位置，这会导致他不可避免地与父母和老师发生冲突。他会质疑一切，尤其是上一代人确立的价值观。

两代人之间的冲突，在当今时代变得尤为突出、尤为剧烈。青少年犯罪的增加只是当代青少年和父辈之间普遍存在着的“战争状态”的一种表现。

虽然孩子已经进入青春期，可父母仍很难改变他们与孩子之间早已建立的“上下关系”，毕竟对于家长来说，孩子仍然“还是个孩子”。可是，他此时的体形和能力的发展程度，已经让家庭外面的人把他当作成年人来对待了。另外，性困惑也加剧了他对自身社会位置的困惑：他这时已经开始体验到从没体验过的感觉、欲望，还有对异性的新印象。青春期的孩子不再愿意把父母看作自己的引路人，因为他们的价值观和道德观在社会模式的快速演变中已经显得过时。

在我们这个年代，女性获得了全新的社会地位，当代的性模式也相应地发生了变化。让每个青少年都倍感困惑的，不仅是性行为本身不可避免的不确定性，还有自由和放纵之间极难把握的“分寸”。男人和女人各自应该担当什么样的社会职能，如今已经找不到任何可依据的规则。在目前两性无序状态中，男人和女人都必须设法与异性建立起两人之间的平衡，而且要找到一个合适的平衡点，这需要双方具有极大的勇气、常识和社会责任感。然而，这一代的孩子却因为普遍缺乏这些素质，面对这样的局面尤其不知所措。他们从小受到过度溺爱和过度保护，他们学会的更多是向对方索求，而不是贡献，因此也更倾向于追求由性提供的轻松满足感。追求地位和刺激正在成为青少年最推崇的价值观。无聊成了他们不愿更多地参与社会活动的正当理由，为了追求刺激，似乎什么样的行为都不算过分。

另一种教育上和文化上的老传统，也给新一代的青少年造成了沉重的负担。他们从小接受的教育是要不断地与人竞争，如果不能在竞争中胜出，就会觉得自己低人一等。父母和老师一再努力激发孩子的好胜心，现在变成他们调整自我的最大障碍。谁都希望自己才是那个重要的人，那个特别的人。然而，我们当今的文化，在社区内很难让青春期的孩子找到觉得自己有价值、有贡献的地方。少数幸运儿得以在学业上、体育运动或社交活动方面取得卓越的成绩，然而，绝大多数人却很少能用有意义的方式找到突显自身价值的途径。于是，只有在对秩序和纪律的蔑视中，他们才能感受一点点权力感和优越感。飙车、乱花钱、赌博、酗酒、性交往，都是能让他们觉得自己“很棒”的最容易的办法。过于想表现自己的强烈愿望，往往成了导致青少年犯罪的核心因素。但是，那些触犯法律的年轻人，不但得不到应有的帮助和正确指导，反而遭受到更多的屈辱，这把他们朝错误的方向推得更远。

能给他们带来健康乐趣的娱乐方式，并不足以解决他们的问题。除非社会能给青少年提供合适的平台，让他们在学校和社区中能以平等伙伴的身份承担责任，否则这些从小被灌输了争强好胜观念的青少年，只能继续以没有价值的、不被社会接受的方式来展现自己。更何况，通过没有价值的、不恰当的行为来获得“地位”，要比通过真正有价值的成就来获得“地位”要容易得多。

观察不同阶段的孩子在行为目的被人用心理学方式揭示时的反应，是一件非常有趣的事情。在这样的揭示之前，他完全意识不到他的不当行为背后有何目的，正如他完全意识不到自己潜意识里的生活方式一样。如果我们用恰当的方式跟十岁以下的孩子接触，告诉他我们看出来他的行为目的，他此时会表现出特有的“识别反射”，从而让我们明白对他行为的理解是正确的。但是，比这更重要的是，这个年龄段以下的孩子，一旦明白了自己行为背后的目的，他立即就能放弃这种特定的行为(这里指的仅仅是被识别出行为目的的那种行为，而不是指他总体的生活方式)。换句话说，幼儿可以很容易地认清被揭示出来的行为目的，并加以纠正。若是十岁以上的青少年，我们向他解释行为背后的目的时，他也能很容易就认清事实，不过，要改变他们需要时间和再培训。对成年人来说，既不容易认识到自己的行为目的，也不容易纠正自己的不当行为。这就是所谓成熟后的结果，因为成熟让成年人善于掩饰、造作并对行为做出“合理化”的辩解。

Chapter

3

针对性的纠正方法

素质、能力和行为表现，

只是孩子更深层次

心理活动的具体表象，

只有在理解并改变了他的深层心态后，

他的行为才能真正得到改变。

假如一个人不了解某个孩子的心理背景和行为背后的动机，他有没有可能跟这孩子融洽相处并加以引导呢？这个问题的答案是肯定的，因为我们既有针对性的纠正方法，也有非针对性的纠正方法。针对性的方法适合有任何特定需要的孩子，而非针对性的方法适用于所有孩子。非针对性的方法包括：与孩子建立良好的个人关系，鼓励孩子，运用集体的力量，整合班集体，以及最重要的小组讨论。

任何一名老师都可以掌握理解儿童行为的相关知识和必要的感知力。有些人在这方面很有天赋，本身就能感知孩子的心理活动，几乎能立即对任何情况做出恰当的反应；有些人则需要培训。不过，即使是那些刚开始时认为自己根本无法看清孩子在想些什么、做些什么的人，只要他愿意学习，同样可以掌握这些必要的技能。

观察孩子

只要老师知道他需要观察的是什么、该如何解释他所观察的孩子的表现，那他就能从孩子身上找到不少有价值的信息。孩子的一举一动都可以是老师洞察他行为动机的良好时机。要正确了解一个孩子，我们首先必须认识到他的每一个举动都是有目的的，都表达了他的某种态度、目的和期望。课堂就是一个非常适合观察的环境，老师通过观察孩子的举止、学业，如何与他人互动、是否善于合作等，就可以洞悉一个孩子的内心世界。老师只要能发现一个孩子行为上的某种共性，就可以辨识出他的生活方式、性格特征，以及他的行为依据的基本观念。

通过系统性的观察，老师不难发现各种端倪。比如，有个孩子只肯在他能处于领先地位时才会参与到群体中。在擅长的科目上，他可以做得很好，一旦落后，他就会完全放弃，不再努力。当他看到合适的机会时，他有可能变成一个带头捣蛋的孩子，带领班上其他不服管教的孩子扰乱课堂，成为令老师头疼的小刺头。再比如，那些喜欢单独行动的孩子，在懂得观察孩子的老师眼中，就会变得不难理解了。虽然他可能在学习上表现出色，但由于他不相信自己会被他人喜欢和接受，所以，他在班级中的不合群与不合作，就使他成为课堂上的“干扰”。

善于观察的眼睛不会遗漏所有孩子之间互动的细节。许多老师只关注于自己的职责，在与每个孩子打交道时固然都很用心，却很少注意到整个班级中的互动。这样的老师需要通过培训来拓宽自己的视野，以便能关注到全班。只要他做到了这一点，就可以及时发现干扰，避免问题发生，对那个孩子寻求关注或权力的举动及时而迅速做出有效的回应。

一个孩子即使什么也不做，他的心态也是显而易见的。他的坐姿、脸上的表情，都能表明他的态度，都是值得老师关注的地方。有一次，我们在教师培训班上做了一项实验。内容很简单，我们安排了几个孩子进一间教室，每次几分钟，每次只进去一个孩子。同时，我们要求已经坐在教室里的那位老师只是安静地坐在那里，什么也不做，他的任务是仔细观察每个孩子，并在事后说明他都看出了些什么。当然，我们必须承认，对孩子来说，这是一种令他很尴尬的场景。大多数第一次参与这项实验的老师，在孩子离开教室后什么也没看出来。然而，在受过训练的观察者眼中，却不难辨别出几个孩子的不同。一个孩子努力想要获得关注和帮助，一个孩子则是满眼的挑衅神态，另一个孩子只是无助地坐着，还有一个孩子却能在很短的时间内适应这种环境，且自得其乐。既然在双方什么都不做的情况下就能看出孩子的基本态度，那在课堂上不断地互动所提供的信息就更多啦！

探查孩子的心理

尽管老师的时间有限，不可能对班上每个孩子都进行详尽的研究，但是他仍然有很多途径来了解学生的背景。有些时候，通过课堂上的简短谈话便可提取足够多的信息，帮助他理解孩子的态度。他还可以了解孩子在家庭中的位置，了解兄弟姐妹的排序以及他们的性格。通过这种方式，老师就可以看清孩子的家庭环境与关系、令他沮丧的根源、他遇到了什么障碍。

老师偶尔与孩子的母亲接触，也可以获得一些线索。毕竟，母亲是孩子生命中最重要的人，他在确定自己与他人的相处模式时，很大程度上会受到他与母亲的关系的影响，因此，母亲的行为也能为老师理解孩子的心态提供重要的线索。孩子经常会模仿母亲的行为。他的刻板、专横、自怜，他的正义精神、完美主义，或者他的不讲秩序，很可能是他母亲处事态度在他身上的延续。或者，孩子与他的母亲完全相反。太过利落能干的母亲，往往会极大地挫伤孩子的自信，加重孩子的无能感，甚至导致他效率低下。母亲常常理解不了为何自己手脚麻利，而孩子偏偏磨磨蹭蹭。老师却可以理解，也可以解释得很明白。

不过，老师一定要注意，切不可因为了解孩子家庭的负面信息，就认为自己对孩子的困境持悲观态度是合理的。了解孩子家庭情况的信息，只不过是为了帮助老师了解孩子当前的心态。一旦看明白背景情况之后，一切就成了过去式，不该再成为他引导孩子前行的障碍。了解孩子过去受到的负面影响，是为了现在能更好地对症下药。只要老师清楚地理解孩子的生活方式、处事态度，他因家庭环境发展出来的行为目的，就可以有的放矢，以全新的方式激励孩子，给他新的体验，从而帮助他纠正过去的错误观念，形成更恰当的自我认知，找到更有效的途径来确定他在群体中的位置。

老师可以充分利用课堂讨论来获取有关学生心理背景的信息。讨论主题可以是小时候最初的记忆[1]、家里的兄弟姐妹，这

---

1 该如何正确理解这样的记忆片段，需要经过一些培训才行。记忆碎片具有重要的心理意义，因为在数不清的幼时往事中，我们只会记得那些支持我们已经形成的——以及当下所持有的——有关生活基本观念的经历。

些信息有助于老师理解孩子曾受到过的刺激与挫折。老师还可以利用命题作文等形式，来了解孩子的梦想、对未来的计划、生活中的快乐以及痛苦，等等。总之，只要老师肯动脑筋，就可以找到许多方法来了解他在课堂上见到的学生表面行为背后的原因。

老师最需要了解孩子目前对学校、工作、同学以及老师的态度，尤其是最后一点至关重要。简短的个人谈话、布置的书面作业，都能为老师提供这方面的信息。课堂讨论也能给老师带来很多启发。我们在后面章节中还会讨论的社会学方法（sociometric approaches），也是一个提供巨大潜力的新途径。一个经过培训且善用上述各种方法的老师，在提到“问题”这个词时，不再意味着他对某个学生无计可施，而是把学生提交给他的“问题”当成一个有趣的挑战。

这种在解决学生问题时寻找心理动机的做法，其关注点不再是孩子的素质高低、错误大小或者能力高低，而是他的言谈举止、对人对事的态度，以及他想要达到的具体目的。素质、能力和行为表现，只是孩子更深层次心理活动的具体表象，只有在理解并改变了他的深层心态后，他的行为才能真正得到改变。

总是犯错误或学不进去的孩子，实际上是一个深感气馁的孩子。他的挫败感有可能表现为学习上的困难、举止上的荒唐、同学关系的不融洽。无论是哪种情况，他都只是在根据自己相信的和认定的观念行事。决定他会怎么做的，是他抱持的认知和想法，而不是他的天赋或者过往经历。在刻板机械、只看表象的教导方法中，孩子的天赋、家庭条件被高估了，甚至他的智力水平也被高估了，智力水平本身也不如孩子怎么运用他的聪明才智更为重要。一个适应良好的孩子自然会以最恰当的方式，充分利用他现有的一切谋求最大的利益。

辨识孩子的错误行为目的

1. 通过孩子的行为目的来辨识

我们在第 2 章中讨论过孩子的四种错误行为目的，这里我们会从老师与孩子相处时的角度再次讨论。对孩子每个行为目的做出正确判断，需要老师的认真观察和反复实践。因此，在探索孩子的行为目的时，每种可能性都值得仔细考量，看看孩子的不同行为与每种不同目的匹配程度如何。

吸引关注：这是许多年幼孩子的典型行为特征，不过，只有当孩子采取破坏性的行为来吸引关注时，老师才比较容易辨识出来。若是孩子用建设性的行为来吸引关注时，老师往往很难辨识出来，反而会当作良好行为加以赞扬和鼓励，尤其是当孩子的行为模式是积极—建设性的时候，老师更会误认为班上有这样的孩子是他的幸运。一个试图用杰出表现来赢得认可、欣赏和赞美的孩子，似乎的确是一个理想的学生。然而，这种孩子的目的明显是展示优越感而非与人合作。在他得不到称赞和认可的时候，往往会一败涂地，因为他的一切努力实际只是以自我为中心，只为自己能光彩照人。如果没机会发光，他就无法与人合作。大多数老师都会落入这类孩子的陷阱中，也因此为下一位老师埋下隐患，因为下一位老师可能不会给予他那么多的热情和称赞。给学生评分、评等级，很可能会强化——甚至制造出——孩子的这种错误观念。

从小被灌输争强好胜观念的孩子，如果遇到必须付出努力却没有机会显示他的不凡之处的情况，他往往非常容易泄气。他要么对这样的事情根本不感兴趣，不肯参与，要么变得紧张焦灼，事倍功半。如果他怎么都找不到出人头地的机会，他有可能会转而用破坏性的方式来吸引关注，尤其在他刚开始上学的时候。学校里的竞争气氛也助长了学习就是为了让自己领先于别人的观念。在竞争激烈的社会中，只有努力爬上成功之位的人能受人敬仰，而那些放弃的人则被塞进了精神病院和监狱。这种对社会生活的错误理解，被老师灌输给了孩子。

消极—建设性模式的吸引关注，对孩子人格的发展尤为不利，却常常被完全忽视。这样的孩子很可能成为老师的宠儿。他格外可爱，对老师依恋，能使老师的自尊心得到充分的满足。这些孩子特别听话，老师吩咐什么都照办，乖巧地引诱老师给予他特别的关注和帮助。他满脸的崇拜和尊敬，唯独没有自己的主动行为。因为他省心而且舒心，所以没人想去改变他的心态。他之所以毫无主动性，是因为他没有勇气，他吸引关注的方式并不惹人厌烦，所以没人注意到他行为背后的目的。与使用积极—破坏性的模式来索取关注的孩子相比，他内心的气馁程度其实更加严重。假如能给后者机会，完全可以引导他放弃破坏性的行为，改用建设性的模式。但是，要把一个消极被动的孩子变成积极主动的孩子，是一件非常困难的事情。

采用破坏性的模式来吸引关注的孩子，老师固然一眼就能辨识出来，但他很容易被那孩子牵着鼻子走。采用积极且破坏性的模式来吸引老师关注的孩子，最常见的不良行为是吵闹、多动、唠叨、抢别人的发言机会、胡言乱语、上课乱走动、乱扔东西，以及其他各种形式的小恶作剧（请注意，如果是比这更严重的恶作剧，那他的行为目的已经不是为了吸引老师的关注了）。尽管这样的孩子与那些消极—建设性和消极—破坏性的孩子相比，他内心的气馁和适应不良的程度其实要轻一些，但是，他在课堂上带来的麻烦却比那两类孩子更多，因此他在老师眼中是个问题更严重的孩子。实际上，一位能意识到这个孩子是在渴望特别关注的老师，就会以积极的方式给予孩子特别的关注。但是，老师往往会因为他的行为而心生恼怒，觉得自己的权威受到了挑战，也觉得自己有责任赶紧恢复秩序，还会因为这个孩子的不肯轻易顺从而满心挫败，所以，老师很容易将他推入到与自己进行权力之争的对抗中。又因为他的行为目的很容易从“吸引关注”恶化到“权力之争”，所以老师常常很难分辨这种积极—破坏性的行为是为了寻求关注，还是为了更加糟糕的意图，例如寻求权力或报复。

消极且破坏性地寻求关注，与有意把自己的缺陷显示出来以表示自己什么也做不了，是两种不同的行为目的，我们必须要区分开来。在以寻求关注为目的的阶段，孩子的无助无能和磨磨蹭蹭只是为了得到更多关注和特别照顾。有些所谓的“阅读障碍”，只不过是孩子希望有人读给他听而已。动作迟缓是为了让别人替他做事，做事杂乱无章、手脚笨拙、这也不会那也不会，等等，也都是为了这个目的。懒惰，也是以消极—破坏性的行为来吸引关注的一种表现形式。老师在与这类孩子打交道时必须谨慎，不可张口就批评指责，这只会让孩子对自己更加灰心，直到彻底对自己的能力失去信心。若真到了这一步，他可能会从“吸引关注”进一步恶化成坚信自己的确是毫无能力的人，并以此为保护盾逃避一切，避免任何可能使他的不足暴露于人的难堪——也就是第四种行为目的。

权力之争：受到批评和压力的孩子很快就能学会有效地对抗这些形式的压力。方法之一就是用权力之争的方式来跟施压者对抗。他甚至会故意惹是生非，以刺激对方来压制他的不当行为，然后再用激烈的反抗来回应哪怕最轻微的压力。在课堂上，他可能会拒绝做任何功课，不遵守课堂秩序和纪律要求，就连写作业的常规惯例也要违抗。比如，拼写困难往往是基于对秩序的无视。孩子因为要反抗压力，甚至连拼写的正确秩序也要反抗，所以，他写字时十分随意，高兴怎么写就怎么写。当他因此受到老师的批评时，他可能会破罐子破摔，再也不肯用心把单词给拼写正确。

以权力之争为目的的孩子往往都会带有明显的挑衅意味。他根本不在乎秩序和纪律，蔑视权威，甚至不惜逃学。他要么会强硬地提出自己的要求，要么会顽固地拒绝做老师希望他做的事情。他还常常粗鲁无礼。在与人交往方面，他可能会是一个小恶霸、一匹孤狼，或者是帮派头目。他通常很虚荣，给他些权力就能让他动摇。他通常心气儿很高，只不过用在“生活中毫无价值”的方面。

在目前的教育环境下，权力之争在青春期孩子身上最为常见，实在不足为奇。孩子在这个年龄段，来自家长和老师的压力已经让他无可避免地陷入权力之争中。这个阶段是年轻人在社会中寻找自己位置的重要时期，当他发现所有具有重大社会价值的途径都已经对他关闭时，两代人之间的权力之争也必然达到最高峰。青春期的孩子天生倾向于质疑上辈的价值观，他对所有的行为规范和法律规定都要仔细审查一番，任何教育者想要在他面前展示道德上、智力上的优越感，必然要遭到他最严峻的挑战。当年轻人以不被社会接纳的方式来彰显他的存在价值时，两代人之间的战斗就会变得越发激烈。在双方的激战中，孩子很容易被推到完全放弃成人社会价值观和道德标准的地步。

以前，七八岁以下的孩子表现出不当行为，最常见的目的是寻求特别关注。然而，在过去的十年间，这种情况已经发生了变化。成年人与孩子之间的对抗战，不论是在形式上还是在程度上，都已经呈现出越来越激烈的趋势。在此之前，权力之争几乎只是青少年和成年人之间关系的显著特征，如今，在更年幼的孩子身上也能看到。

寻求报复：最令人感到棘手的孩子，是不再指望自己还能被任何成年人接受的孩子，也是成年人对之不再抱任何希望的孩子。他能感受到的，常常是厌恶、欺凌和伤害。他意识不到正是因为自己的行为导致了这样的结果。无论是学业上还是纪律上，他都是最让老师头疼的孩子。他野蛮又粗暴，要么成天阴沉着脸，要么到处惹是生非。能帮他走出困境的唯一办法，就是让他相信还是有人喜欢他的，但问题是他自己的恶劣行径使得人人都很难做到这一点。这更使他深受伤害，无法相信谁会真正地欣赏他。唯一让他觉得有归属感的地方，可能就是他所属的帮派了。由此，他当然会被“好孩子们”排斥在外，而他想要证明自己还有地位、“挺厉害”的唯一途径，就是去伤害别人。这样的孩子以后往往会沦为一名罪犯。

然而，犯罪的青少年并不仅限于这类孩子。那些心气儿过高又倍感挫败的年轻人，有可能因为向往不必努力就能扬名立万而走“捷径”，从而做出违背法规的行为。每个孩子在生活中或多或少都做过一些违反法规或不体面的事情，但是，当他们遭到社会坚决反对，或者干了坏事被抓起来并被判定为罪犯时，孩子们有可能逐渐相信，自己在体面的人群中已经不会有任何地位了。只要人们继续把犯罪行为视为孩子堕落的结果，而不是孩子陷入痛苦与沮丧中，那么孩子就会认为自己无可救药，父母、教育工作者和当局就继续倾向将他们统统归到犯罪分子的行列当中。

颓废无能：这样的孩子极度气馁，以致他看不到任何成功的可能性，也看不到任何努力的必要性。他有可能是彻底气馁，成了一个一无是处的孩子，也可能只是在某些方面感到彻底气馁，他只是在某些方面显得一无是处。大多数在学习上落后的孩子都属于这一类。让这类孩子感到气馁的根源往往是刚上学时老师给予他的第一次正式指导，因此一年级的老师对此负有巨大的责任。不少孩子在家里从来没学过该怎么做事，进了学校后，他根本不相信自己有能力完成任何事情，结果往往是稍微遇到一点儿困难就立即放弃努力。有些孩子因为家中有个表现比他优秀的竞争对手，从而一开始就怀着失败的心态，不认为自己能有什么出息。我们经常看到，如果某个孩子有个年纪差不多的哥哥（或姐姐、弟弟、妹妹）格外聪明能干，那么这个孩子往往会表现出一种“伪智力障碍”。哪怕对他进行智力测试，也不容易发现他“能力低下”的虚假性，因为他的“自认不能”和“真的不能”之间已经没什么区别了。

因为寻求额外关注或者权力之争而造成的阅读困难或拼写困难，常常会恶化为孩子对学习的彻底气馁。如果我们以为这是孩子生理或者禀赋上的缺陷，那就完全弄错了方向。对数学感到吃力的孩子，往往是那些不认为自己有能力解决问题的孩子。

孩子在绘画或音乐方面的无能，实际原因与流行的“没有天赋”的观点相反，也是因为孩子的气馁。比如，当一个从来没有学过唱歌的孩子加入到一群会唱歌的孩子中时，他很可能会以为自己跟别的孩子不一样，是他太笨了。渐渐地，自己和其他人都开始相信他的确没有“音乐细胞”。另外一种可能，是他在与一个更有天赋的兄弟姐妹相比较时得出这样的自我认知。还有一点我们可以肯定的是，孩子做事时效率的高低，绝不代表他的潜力。

2. 通过老师自身的反应来辨识

通过上文，我们已经看到，孩子的行为可以通过隐含的行动方向来理解，毕竟孩子的每个行为都是有目的的。这种从外部观察的现象学研究方法，还可以通过老师的内省来辅助加强。也就是说，老师可以通过观察他对孩子行为的直觉，来验证他对孩子行为目的的初步判断。他觉得自己很难克制住内心的冲动，对于孩子想要去做的事情，往往会指明孩子的意图，他不由自主的反应往往会与孩子希望他做的事情一致。

如果孩子令他感到心烦，让他忍不住想要哄劝、责怪、训诫对方，那孩子很可能是为了吸引他的关注，因此以积极的或者消极的模式做不该做的事，好让老师把注意力放到他身上。但是，如果老师觉得自己的权威受到了威胁，遭到了挑衅，而且还有一种想向孩子表明他不能那样对待老师的冲动，那么老师很可能正被孩子拉入一场权力之争中。假如老师感到满腔悲愤，觉得自己深深地受到了伤害，想要质问“你怎么能这么坏”，那么孩子很可能已经实现了复仇的愿望。假如老师的感觉是只想举起双手投降，想说“我真不知道该拿你怎么办了”，那么，孩子很可能是想用他的无能和无力来阻止老师的任何努力，好让老师不必再理会他。

老师要学会观察自己对孩子恼人行为的情绪反应，这一点非常重要。这种自我内省不仅为老师提供了理解孩子行为目的的练习机会，而且是老师能采用更恰当的方式来引导孩子的必要先决条件。只要老师任由冲动控制了自己，而且觉察不到孩子的行为目的，那么老师的行为就会反过来强化孩子的错误目的，也就起不到想要纠正孩子不良行为的作用了。

3. 通过孩子对老师纠正他的反应来辨识

还有一个观察角度可以帮老师验证他对孩子行为目的的判断是否正确。孩子的某个行为带有什么样的目的，决定了在老师纠正他时会做出的反应。换句话说，孩子的行为虽然只是按照自己觉察不到的目的，但仍会朝着某个明确的方向进行，所以老师第一步可以通过观察孩子行为的走向来辨识他的行为目的；第二步可以通过观察自己内心的感受和反应来进一步加以确认；第三步在与孩子的后续互动中，通过观察孩子的进一步反应，就可以确定孩子最初的行为目的。第三步所观察到的，就叫作纠正反馈。

举一个简单的例子：乔尼扰乱了课堂秩序，抢了别人的发言机会，跟邻桌聊天，擅自离开座位……前面我们已经讲过，即便是相同的行为，目的可能完全不一样。总的来说，根据此时他敌意、决心以及挑衅的程度，大致就能分辨出他是为了报复，为了权力之争，还是仅仅为了吸引关注。因此，老师感受到的苦恼程度，通常与孩子的行为目的大体相称。

老师在纠正乔尼的行为时，会根据他怎么回应老师，看出他的行为目的是什么。如果他只是想吸引老师的关注，那么已经博得老师注意了，他就不会继续“捣乱”了，尽管他能安静下来的时间并不长，过一小会儿他可能会换一种举动去吸引老师的关注。如果他是想挑战老师的权力和权威，那么老师越是想遏制他的捣乱行为，他越变本加厉。老师此时所有的努力都是要他停下来，而他越是不肯停歇。老师的气急败坏就是他战胜老师的证明。出于这个原因，如果孩子是为了权力之争，任何想要强行制止他的努力只会使情势雪上加霜。如果孩子一心想要报复，面对老师制止他捣乱行为的努力，他不仅仅是继续当前的捣乱行为，还会更加猛烈地向老师发动“进攻”。

再举一个行为相同可能代表四种不同目的的例子。放学后，孩子们都应该穿上他们的厚外套。玛丽却格外磨蹭，一动也不动。当老师提醒玛丽，甚至试图帮她穿上外套时，会发生什么事情呢？如果玛丽想要的是得到关注和服务，她会很乐意回应并配合老师的帮助。如果玛丽要展示她的力量，她可能会转身去做别的事情，阻止老师帮她穿衣服，或者干脆走到一边，不给老师帮她的机会。如果玛丽一心要报复，那么对于好心过来帮她的老师，她会又踢又抓、又打又咬，试图伤害老师。如果她想要表现她的颓废与无能，她就会被动地任老师往她身上穿衣服，没有任何的回应与配合。

正因为如此，我们建议老师不但要始终密切关注孩子，在老师想要纠正孩子、帮助孩子时，除了孩子的反应，也要时时关注自己面对孩子不当行为时的感受与冲动。这样一来，不仅老师更容易意识到他和孩子之间的互动意味着什么（包括他在激起孩子不当行为中所起的作用），也会对每个孩子行为目的之间的细微差异变得更加敏感。

要想纠正孩子的不当行为，推动孩子学习进步，必须首先改变他的心态和自我认知，因为这才是他一切不良表现和行为的基础。每个人都是按照自我认知来行事的，尽管他可能并不知道自己行为的内在逻辑。固然，常识观念、善恶意识、良心与良知，这些都会对我们的行为起到规范作用，但是，孩子往往不会遵照他“明明知道”的、更正确的行事原则，因为他无法“控制”自己，他不知道自己潜意识中的“个人逻辑”。但是，受过训练的老师，可以识别出孩子的错误心态与认知，并且对症下药。

面对孩子的不当行为，老师需要保持警觉，不被孩子的行为目的牵着鼻子走。如果老师因为孩子的挑衅而“中招”，他就会按照孩子的意图行事，并让孩子更加相信他的方法很有效果。如果老师不太确定孩子的行为目的是什么，观察自己对孩子的行为有什么样的反应，会是很好的一个指导方向。上策当然是不要按照孩子的期望去行动，但这意味着老师要克制住心中升起的第一个冲动，不但不可放任自己冲动行事，还要努力去做与冲动相反的事情。尤其是当老师不知道该做什么的时候，按照这套步骤行事往往会特别有效。然后他就能轻易看明白——

看清自己首先想要做什么，然后故意反其道而行之。

举例来说，有的孩子因为寻求过度关注，在课堂上频频捣乱。老师此时最明智的做法是关注那个孩子，但是须以一种让他感到不自在的、肯定不会给他带来满足感的方式，给予他关注。在这里，每位老师都必须反复尝试，根据自身的性格特长，发挥聪明才智，找到最适合自己的技巧。

通常来说，此时直呼孩子的名字就足够了，接下来老师只管安静地等待孩子做出回应。不要去纠正他、告诫他、批评他，借助幽默是不错的选择。如果那孩子在课堂上跟邻桌窃窃私语，老师可以表达好奇心，但是不能表达恼怒或者烦躁情绪，因为这正是孩子所期望的。如果孩子上课不专心听讲，老师可以向他提问当时的课堂内容，让他针对自己刚才最后一句话（或者另一个学生发言的最后一句话）发表看法。通过这种方式，老师就可以将孩子的注意力吸引到课堂的正常进程上来，不必因他刚才注意力不集中而批评他。如果那孩子上课时扮小丑，老师可以停止上课，邀请全班同学观看他的表演。这么做，不但不会鼓励那孩子继续扮小丑，反而会让他不好意思继续闹腾下去，如果他的目的中隐藏着跟老师较量，期望老师来阻止他，那效果就明显了。

老师可以将上述方法跟一些心理学的直接的解释相结合。老师可以按照本章前面建议的方式，利用课间休息的时间，跟那个总是喜欢在上课时寻求关注的孩子聊一聊。老师可以先问问他，是否想知道他为什么会这样，然后对他说：“会不会是你想让我多看看你，免得你觉得被我忽视了，你说呢？”如果孩子流露出的识别反射表明老师的猜测是正确的，那么接下来可以说，老师会多关注他，并就一堂课里他需要多少次这样的特别关注达成协议：“你觉得十次够不够？”孩子此时很难说出“不”字来，甚至可能认为十次太奢望了。然后老师可以建议说：“要不，咱们试试吧？一堂课十次（或五次），说好啦。”这个数字的大小，取决于孩子渴望的程度。达成此协议后，上课时老师只需在看到孩子上课捣乱时报个数字就好：“乔尼，一次。”这种做法的有效性已经得到我们的证实。不过我们都知道，没有哪种方法每次都能奏效，也没有哪种方法对所有的孩子都同样有效。老师只要自己多动动脑筋，就能找到许多灵活多变的方法，让孩子能主动意识到他寻求关注的努力是不必要的，从而改变他的行为目的。

纠正孩子寻求过度关注的行为，有一个基本原则，首先应动脑筋将孩子的破坏性方式转化为建设性方式，再努力将他的消极方式转化为积极方式，直到最后他不再需要老师的特别关注。在实践中，这意味着老师应该让一个试图以破坏性方式吸引他关注的孩子，有机会因付出了有价值的努力、取得了有意义的成就，而得到老师的特别认可和称赞。老师的这种态度能激励孩子通过建设性方式找到自己的位置。不过，达到这一目的的前提，是老师不可以让孩子以恼人的行为达到目的，也就是说，不要理会他的恼人行为。不幸的是，大多数试图纠正孩子的教育者并没有意识到，自己对孩子的行为实际上满足了他获得关注的愿望。所以，老师必须格外小心，不可落入这个陷阱，只在孩子真的做出了哪怕一点点的成就时才给予他关注。重要的不是对他取得的成果进行表扬，而是给予他关注。

老师还可以采取类似的方式，促使消极的孩子逐渐转用积极的行为模式。也就是说，不要理会他的消极行为，不论他此时做出的事情多么惹人怜惜，或者多么让人恼怒，都不要理睬他。但是，要关注他哪怕一点点积极的努力，有意识地给予他鼓励和称赞。这样能逐渐引导孩子从消极的行为转变为积极的行为。要纠正孩子寻求关注的最后一步，是激励孩子自觉发挥自己的最大能力，不再依赖任何关注、赞美或认可。但是，给孩子打高分、奖励星星等做法，都与这个原则背道而驰。

只要孩子克服自卑感，重新在群体中找到自信和勇气，他就可以参与群体活动并发挥作用，不必再担心自己的声望和地位。让孩子因为享受自己“有价值”而发挥自身作用，这才是教育者的目标。老师的作用就是帮助孩子消除他的情绪障碍，调整好自己，顺应群体和社会的需要，并取得学业上的进步。

作为一名老师，您在尝试新方法的时候，如果没有取得立竿见影的效果，请不要因此而气馁。您应该明白，改变自己的旧思路和旧习惯需要一个学习过程，如同小时候学习读书、写字一样需要时间。此外，要促使孩子改变态度，同样需要时间，而且这时间一点儿也不比他学习最基础的“三个 R”[1] 更少。无论

1 三个 R，指最基础的识字、写字、算术。——译注

是您要改变自身，还是要帮助孩子改变，“不耐烦”都是最不可取的。

面对孩子以寻求关注为目的的惹是生非，要克制自己不为所动已经很不容易了。在他以争夺权力为目的的挑衅行为面前，还想要控制自己，那就更加困难了，因为孩子直接挑战了老师的权威、脸面。老师本想向学生展示自己的权威，却在学生面前败下阵来，但又不承认自己的失败，没有什么比这更令人痛苦的了。但是，一旦老师成功地转换了自己的心态，学会理解孩子的行为，摆脱自己的负面情绪，不再关心自己是否丢脸，他就会发现，不仅可以轻松消除学生争夺权力的目的，而且帮助他转变心态也并非难事。当然，每个人的性格不同，面对这样的孩子的挑衅时，有些老师难免容易被激怒，忍不住要还击，然后再次被打败。不过，希望老师此时能保持冷静与沉着，并最终赢得与孩子的合作。

一个渴望权力的孩子，总是斗志昂扬。但是，他的斗志往往是针对想用权力来压制他的人。因此，理解学生的老师能重新引导这种斗志，激励他做出真正有价值的成就来。也就是说，让他有机会获得真实成就带来的骄傲，代替打败权威时的得意。例如，老师可以鼓励这个孩子去帮助其他孩子，让身体强壮的他保护另一个比他弱小的孩子，或者让某一科成绩不错的他帮助另一个成绩不如他、懂的不如他多的孩子。每个在乎权力的孩子都愿意抓住这样的机会。

不过，老师这样安排时需要留心两个容易掉入的陷阱。第一，这样的孩子往往容易滥用老师分配给他的权力。如果老师看到他滥用权力，收回已经给他的权力绝对是下下策，这等于直接放弃了老师和孩子已经走上的建设性道路，所以，老师把权力交给那孩子之后，还需要适当地监督和指导，保证那孩子恰当地完成交代给他的任务。

孩子之所以容易滥用权力，与老师需要小心的第二个陷阱有关。一个渴望权力的孩子，表面上看起来总是斗志昂扬，自尊心膨胀，甚至有些自以为了不起。实际上，他是一个内心深处充满挫败与沮丧的孩子。他虚张声势的举动是为了挽救他的骄傲，如同在黑夜中吹口哨只为了给自己壮胆。如果老师只看他的表面行为并为之恼怒，忽略了他虚张声势背后的惶恐，就大错特错了。敲打他、揭穿他的虚张声势，只会加剧他内心深处的自卑感和无用感。只有给予他真切的理解和同情，才能走进他柔软的内心，为建立良好的师生关系打开大门。跟青少年打交道时，秉承这一原则尤其重要，因为他们往往就是用虚张声势来掩盖自己内在卑微的孩子。

一个觉得不得不靠自身的强悍力量来守护尊严的孩子，听到老师坦诚地表示并不想以强权来压制他时，往往会更愿意承认自己的错误目的。而老师的坦诚完全无损尊严。私下里，老师可以跟孩子简短地聊几句，明确地告诉孩子自己没打算跟他较量、炫耀自己的权力，因为自己知道他比自己更强大。这通常足以让孩子放下敌意，除非他之前已经被过度虐待。

只要我们肯给孩子机会，孩子其实很敏感，也很懂事。只要老师能触动孩子的心，触发他的理智和善意，鼓励他出手帮助老师，远比拿强权威胁他、逼迫他更容易赢得与他的合作，尤其是当他明白老师是真心想要帮助他时。只要孩子知道怎么摆脱眼下的困境，他就会欣然接纳老师的建议。老师必须不断提醒自己，一个令人头疼的孩子其实是一个内心痛苦的孩子，他需要的是老师的鼓励，而非羞辱。在老师营造出来的恰当的气氛中，师生双方可以制定互相帮助的盟约，共同为达成这一艰巨的目标而努力。

孩子们很少能意识到，老师也陷在困境中，因为老师承受着太多压力。让孩子觉得他有能力帮助老师，和老师一起完成艰巨的任务，一起承担对班级的责任，乃至对学校的责任，这能让孩子感受自身的价值，而且是建设性的价值。这样一来，如果他又在课堂上抗拒老师的要求，已经向他开诚布公的老师，此时可以坦然地做出回应，在全班同学面前指出他想要展示权力的意图，用陈述事实的态度，承认他的优势所在。假如没人出来应战，挑战也就没了趣味。权力之争只有在双方对抗时才有意义，否则就索然无味了。而孩子在这番索然无味的权力展示之后，下一次可能会重新考虑一下要怎么做。当然，老师除了应该退出权力之争外，还应该用合理的逻辑后果来遏制孩子的过分要求。

孩子对展示自身权力的渴望过高，可能转而会以还击和报复为目的。寻求权力和寻求报复的表现形式有共通之处。与一心想要报复的孩子打交道，往往是摆在老师面前的最为艰巨的任务，因为这样的孩子几乎已经不讲道理了。他早已深信自己不被人喜欢，社会群体中也没有自己的位置或者机会，所以，不论谁想要说服他事情并非如此，他都绝对不会相信。因此，想要让报复心强的孩子相信他可以被人喜欢，而且确实会被人喜欢，这需要老师极大的毅力和不懈的努力。在这里，班集体既可以提供绝佳的帮助，又可能成为可怕的帮凶。班上的“好学生”大多会热切表达自己是站在老师一边的，很乐意跟老师一起对抗班上的捣乱分子。而老师在面对这种程度的挑衅时往往不够自信，因此很乐意接纳这帮“同盟军”。其结果是加深了“好学生”与“坏学生”之间的分裂，这样只能使问题更严重而非解决问题。不过，气氛恰当的小组讨论，有助于促进学生互相理解和互相帮助。老师还可以跟班上的某些学生私下里约定，请他刻意接近那个大家都讨厌的孩子，把他吸引到集体中来，让他感受集体对他的关怀和欣赏。这样的群体帮助，往往就像架起一座桥梁，慢慢帮助那个孩子，让他跨越自己竖立在他与群体之间的以怨恨及（而且是更致命的）惧怕为主体的屏障。不过，老师和同学在努力过程中，常常需要互相激励、互相打气，以免对完成这项艰难任务感到灰心。毕竟，我们不难想象，一个满心仇恨的孩子在面对众人友好而善意的表现时依然会横眉冷对，要承受这样的敌意，的确很不容易。

老师最常遇到的难题，是帮助孩子克服在学习上的畏难情绪，提高成绩。这也许只有对我们的教育系统和教学理念进行一些根本性的改革，才能真正理解和帮助那些成绩糟糕的学生。

简单粗暴的批评、道德说教，甚至是放任自流，都是不可取的，我们必须从理解孩子入手。老师不仅要关注孩子的学习成绩，还必须考虑孩子和家人以及同学的关系、为人处世的态度，以及行为背后的目的。一旦老师能理解孩子的行为本身不如行为背后的目的更重要，就能明白，即使面对一个表现出色的孩子，也应该分析他行为背后的目的是否合理。如果发现不够健康，老师应该及时采取措施加以纠正，避免孩子过于追求虚荣、渴望关注，从而导致他失败，乃至最终发生师生冲突。但是，比这还要重要的是，老师在纠正孩子的缺点时，一定要注意自己的方式、方法，切不可因方式不当加重或者延续孩子的问题。若想要避免这种情况，老师必须时刻警醒自己的行为是否会起到刺激孩子的负面作用。

对于学业的沮丧令孩子内心建立起失败主义的想法，面对同学远胜于他的分数，面对他要重考的答卷，面对别人轻视的目光，只会越发认定自己不行。事实上，大多数孩子都可以毫不费力地让老师相信他的自我否定是多么有道理。老师的建设性力量很少能与孩子的破坏性力量相抗衡，更多时候是学生牵着老师的鼻子，走进死胡同，让老师相信他果然是不可救药的，老师对学生的正面影响很少会占上风。就在他千方百计吸引老师的关注时，不论他得到的是老师善意的或者恼怒的关注，他其实都是在任由自己被推向更深的绝望。

老师最重要的目标，是学习如何避免乃至克服自己和孩子心中的自卑感、气馁情绪，以及争夺权力和威严的欲望。只有做到这一点，老师才有可能跟学生建立起真正的友好关系，产生真正的情谊。一个不能被孩子视为朋友的老师不可能是一个好老师。然而，仅仅建立友情是不够的，老师还必须有能力将他与孩子的友情转化为建设性的推动力量，促使孩子在艰难的成长历程中不断奋进。

心理揭示

老师不仅是各门学科知识的传授者，更是广义上的教育者，因此他还必须给予孩子学识之外的指导和引领。即使他只负责传授最基础的知识，如果不能从整体上了解孩子的问题，他就无法有效地完成教学任务。认为学习过程只跟智力有关的观点是错误的。智力水平的高低，会受性格和情绪的影响。如果老师在教学过程中不顾及孩子的个性和情绪，那么，不论是教还是学都会遇到障碍，师生双方就会把时间和精力浪费在跨越障碍上。因此，在教与学的过程中遭遇失败、发生冲突，往往是老师忽视了孩子心理层面的动因的结果。

随着新知识和新观念的不断出现，人际关系也在发生变化，寻找新的教育理念也到了关键阶段。在过去上尊下卑为主体的人际关系中，老师很少关注学生的感受，孩子的愿望、喜好或意图都不在老师的考虑范围内，因为孩子能做的一切就是乖乖听话。孩子要百依百顺，这不仅是社会对他的要求，也是教育要达到的目的。“合作”这个词，在那时意味着别人告诉他怎么做他就必须怎么做。而今天，这个词意味着双方都愿意才行。在如今的民主氛围中，我们需要用全新的方法唤起和赢得对方合作的意愿。仅仅靠规章制度已经不起作用了，老师再也不能因为他是正确的就让学生俯首听命。在师生关系中，起决定性作用的已经不是谁对谁错，而是心理层面的因素。老师可能在逻辑上是正确的，但只要他在心理层面上出现失误，他就没法给予学生有效的影响。

老师希望学生能学好知识，遵守纪律。但仅仅口头上反复强调学习和守纪律的重要性，是远远不够的。每个孩子都会有出于自己也不知道的原因而抗拒老师要求的时候。一再重申他应该怎么做，并不能促使他改进，相反再三唠叨只会加重孩子的反感情绪，加剧与老师之间的公开冲突。如果老师能够找到阻碍孩子正常行事的心理因素，就能促使他服从指令、取得进步。

以班级为形式的课堂教学，不但不会妨碍老师从心理层面影响学生，而且可以变成对老师更有利的环境，让他能以更有效的方式提高影响力。在班级群体的氛围下，孩子学到的不仅是学科知识，还有如何了解自己。他能在集体的帮助下意识到自己的行为动机，尤其是干扰他正常行事的负面动机。这样的教学能达到双重效果：不但可以清除孩子学习道路上的拦路石，还会激励孩子在当前以及将来更得体地调整好自己，顺应社会生活，从而给孩子的一生带来正面影响。

我们必须牢记，一个不愿学习、不守纪律、扰乱课堂的孩子，并不知道他为什么会做出这些不良行为。我们不能认为孩子就是不愿学好，这种假定是错误的。孩子其实是不由自主，因为他不知道自己潜意识里的目的是什么。正因为如此，仅仅告诉孩子“你要表现得好一点儿”是徒劳的，他知道他“应该”表现得更好些。告诉孩子他行为背后的目的，会对他有非常大的帮助。

把这话告诉孩子不需要花多少时间，不论是以私下交谈的形式，还是以班级讨论的形式，都可以。不过，在方式、方法上要注意。第一要素：时间的选择。老师绝对不可以在孩子做出不当行为时立即跟孩子谈话，因为这时，不论是孩子还是老师，情绪都处于亢奋中，不论什么话，在双方耳中都是谴责、辩解、斗嘴。第二要素：谈话时必须始终保持心平气和、就事论事的态度。如果老师话中暗含批评和责备之意，只会引起孩子的反感，什么话他都听不进去。心理学知识在此时既可以是最有效的工具，也可以是最具破坏力的杀伤性武器。若是用心理学知识来羞辱对方，造成的伤害比最凶狠的毒打还要严重。老师在揭示孩子的心理时，一定要保持平和与友善的心态，否则不论他对孩子心理的分析、讲解多么正确，如果场合不对，如果谈话氛围中带有敌意，不但不会有好的效果，反而会造成负面影响。

想要取得更好的谈话效果，与孩子讨论时，老师不要诘问孩子为什么要做不该做的事，或者为什么考试没及格，而要向孩子解释他那般行为背后的目的。“为什么”和“有什么目的”，这两者之间似乎没多大区别，但前者强调的是过去的事情，后者注重的是现在的目的。孩子之所以形成现在的心态，可能有一千个理由。作为孩子的老师，一个没有经过心理学训练的人，不可能理解过去所有的事情对孩子生活的影响，更不可能针对这些因素做出准确的评价。更何况，提及过去对孩子来说是毫无意义的事情。不论是孩子还是其他任何人，对已经发生的事情都无计可施。然而，谈论现在的目的则大不一样，他现在的行为目的只有一个，而且是可以改变的。

此外，孩子解释他为什么会有那样的行为，跟对他解释那种行为背后的目的是什么，也不是一回事，孩子对这两种解释的反应也完全不一样。若是向他解释他是因为嫉妒、缺乏安全感、缺乏自信，觉得自己被忽视、被逼迫、被拒绝，感到心里愧疚或自怜自艾，等等，无论这些话多么准确，孩子听到后，以不以为意的平淡心态接受已经很好了。这些话最大的作用就是告诉孩子他是个什么样的人，此外再无好处，甚至可能使他更加沮丧和泄气。而老师让孩子意识到他想要达到的目的是什么时，他的反应就会完全不同。当他听见老师说，他的目的是为了获得关注，展示他的优势，发号施令，炫耀他的力量，获取特别服务或者额外关注，乃至惩罚或者报复对方，等等，其中哪句说到他的心坎上，道出他的真实意图时，他马上会给出一种直接而典型的反射表情。这种不由自主的动作，可能是一个调皮的微笑，可能是一个怪异闪烁的眼神，我们把这叫作“识别反射”。无须孩子说任何一个字，老师就能明白自己已经找对了答案，甚至孩子说“不是”也没关系，因为他的面部表情已经暴露了他的真实感受。识别反射是最可靠的依据，老师是绝对不会弄错的，因此，用这种方式探讨孩子的心理，几乎不会产生误解。

只要时机合适、方法正确，当老师揭示孩子真实的行为目的时，几乎所有孩子都会有识别反射。不过，也有例外。有两种类型的孩子不会露出端倪。一种是面无表情的孩子，他不信任任何人，不愿意表露任何心思。这样的表情是很难被看穿的。另一种是无论对他说什么他都回以一脸傻乎乎干笑的孩子。面对这样的孩子，老师必须首先跟他建立起真挚而诚恳的友情，然后才有可能通过识别反射发现他的行为目的。

平铺直叙地陈述，不是做心理揭示的正确方法。直截了当地告诉孩子他的行为目的是什么，那是行不通的。即使老师的判断是正确的，孩子也不会乐于接受。他会感到自己“被抓了个正着”。即使老师态度友善且语气平和，他也会觉得对方是在指责他，并因此心生反感。在向孩子进行解释之前，老师一定要征询一下孩子的意见，问他为什么做了某件事，或者为什么不肯做某件事（在与孩子进行交谈时，当然可以交替使用“为什么”和“有什么目的”这样的词，只要老师清楚他正在谈论的是孩子的行为目的就好）。在得到孩子的肯定回应后，老师还需用迂回、委婉的说法表述自己的理解：“我猜啊，你是不是不愿意……”“会不会是因为……”“我感觉你似乎希望……”这样的揣度语气，是不会对孩子造成任何伤害的。如果老师的判断出错了，在孩子脸上不会看到任何反应。这时，老师可以做下一个猜测，孩子的反应会告诉老师是否说对了。

明确孩子的行为目的之后，老师可以进一步跟孩子探讨，他要在班集体中获得一席之地还有哪些可行的方式。老师还可以跟孩子探讨造成他现有心态和行为目的的因素有哪些。这时候，老师应该少说话，多用心倾听，这样才能弄明白孩子的想法。孩子的看法有可能是基于对事实的错误理解和判断，不过，他之所以形成某种特定的看法，肯定有他的道理。他可能觉得自己被人讨厌，尽管事实上没人讨厌他；他可能会觉得自己很笨，没能力，地位受到了威胁，尽管事实并非如此。他会怎么采取行动，取决于他的感受和看法，至于它们正确与否并不重要，重要的是他的感受是什么。老师若想要纠正他的错误看法，必须首先让孩子看到，老师能理解并且同情他的感受和想法，否则老师的努力不会成功。而要做到这一步，老师可以利用课前、课间或课后的机会，哪怕与孩子短短交谈几分钟，在与孩子建立友善关系后，才有可能深入了解孩子的问题所在，并帮助孩子找到合适的解决方案。

我们常常看到，有些人对老师与学生进行心理讨论、解释行为目的持批评态度。这些人认为履行这一职责的人只应该是驻校心理咨询师或者精神科专家，老师跟学生进行心理会谈并利用心理学知识解释他的行为，超出了老师的职责范围。然而，我们的切身体会却并非如此。老师要帮助孩子改正缺点，需要了解他的心理背景，并在此基础上与他讨论他在观念和态度上的误区。正因为如此，老师有能力洞悉孩子的内心世界，并把自己获得的心理信息传达给孩子，正是老师履行职责的重要组成部分。唯有这样，老师和孩子之间无意义的谈话——多半是唠叨、哄劝、说教以及重复解释孩子已经烂熟于心的内容——就能被更具意义的沟通取代，并以孩子自己没有意识到的信念和态度来沟通。

然而，这里所说的心理解释，不可以和真正的心理分析相混淆，因为这里不涉及窥探孩子的潜意识、挖掘他情绪的深层来源。心理解释完全不同于深度的心理治疗，后者必须由专业的精神科医生和训练有素的心理治疗师才可施行。心理治疗关注的是一个人过去的成长历程、深层次的自我认知的形成，以及他的生活方式；心理解释只关注孩子当前的态度和他的直接行为目的。任何需要与孩子打交道的人，都应该学习并掌握心理解释的艺术。

Chapter

4

非针对性的纠正方法

老师若希望自己能对孩子的个性发展
和学业成就都产生卓有成效的影响，
那就必须摈弃施压手段，
转而寻求、尝试能赢得孩子的新方法，
激发他的合作意愿，促进他的茁壮成长。

老师是在帮助所谓有情绪障碍的孩子，还是在解决正常孩子身上常见的各种问题，他要做的工作几乎没有什么区别。不论是前者还是后者，他可以采用的改善方式都是一致的。在现有的社会环境下，几乎所有的孩子都有需要帮助的时候。除了前面讲过的以孩子心理动机为出发点的方法之外，老师还可以用许多种非针对性的方法，激励孩子学习、参与、成长、合作。

赢得孩子的心

一个人想要获得对另一个人的影响力，他就必须首先与另一个人建立起良好的友情。但是，这个基本前提却常常被人们忽视。孩子之所以让成年人头疼，正是双方之间的关系恶劣的后果。一个在甲老师面前不服管教的孩子，往往可能（而且常常）跟乙老师合作很愉快。老师经常不在乎他和孩子之间的关系，只管一厢情愿地纠正孩子的不良行为，帮助他改正缺点。结果，他越是费尽心力敦促孩子，他和孩子之间的关系就越会恶化。如果我们将老师与推销员进行比较，就可以认识到他享有多么不公平的特权。假如推销员没能恰当地运用推销心理学打消客户的抵触情绪，推销员就会被开除；假如老师没能恰当地运用有效方法来打消孩子的抵触情绪，孩子就会成绩不及格、得到坏评语。

老师想要赢得孩子的合作，需要不断地探索恰当的方式。这里既没有现成的方法可用，也没有理想的捷径可走。到底什么方法合适，在很大程度上取决于每位老师本身的特性，他的个人气质、态度的微妙表达、情绪的微妙变化，乃至他的精神感染力。每个人都必须找到适合自己的独特方式。这位老师可能凭甜美的笑容就足以俘获孩子的心，那位老师却可能因为故作甜美让学生觉得可笑甚至是厌恶。但无论用什么方法，若想获得成功就必须要有一个要素：真诚。哪怕只有这一点，也足以赢得孩子的心。在孩子短短的成长岁月中，他早已拥有了敏锐的观察力，能在几秒钟内确定一个成年人是否真诚。如果对方只是在装腔作势，孩子会立即觉察。对于任何有勇气以自己的真面目示人的人，孩子也愿意以诚相待，哪怕这人身上有各种毛病和缺点。能承认自己的缺点和错误，这是赢得孩子信任的最佳途径。反之，若成年人想要高人一等，显示自己懂得更多，比孩子更有能耐，则是破坏乃至切断与孩子建立友善关系的最直接途径。但是，成年人只要表达出足够的谦逊，不刻意炫耀自己，孩子其实非常渴望并愿意接受成年人的教导和远见卓识。

外向开朗的性格、热情洋溢的态度，可能有助于建立良好的关系，但这些品质是学不来的，也并非建立良好关系不可或缺的先决条件。只要能满足孩子对建立良好关系的最基本的要求，也就是真诚，哪怕老师性格冷酷、粗犷，孩子也同样能接受。

良好的师生关系，应建立在“合作”的基本规则上，并体现在清晰的秩序观念中。然而，我们常常看到，这个事实经常被人们忽视，相反，人们对什么是健康的关系认识模糊，甚至是完全错误。假如师生关系是否良好取决于老师是否能满足每个孩子的个人要求和感情需求，那么现在人们强调老师要对学生温柔相待就应该是有道理的。然而，这个假设的前提是错误的，其后果往往也是灾难性的。

民主氛围中的良好关系，需要建立在相互尊重和信任的基础上，建立在不受双方知识多寡、能力强弱、职位高低限制的平等意识上。老师若能尊重学生，给予每个孩子应有的尊重和友善，就能引导孩子接受社会生活的秩序和规定。同时，老师也必须尊重自己，需要坚定的时刻不向孩子屈服。可是，许多老师能做到友善却做不到坚定，也有许多老师能做到坚定却做不到友善，还有许多老师虽然能做到友善或坚定，却不能同时做到。友善与坚定的结合，才是建立良好且稳定的师生关系的唯一基础。孩子愿意尊重他的老师，也希望能得到老师的尊重。在面对教与学的共同任务时，互相平等对待，再加上共同积极参与和共同承担责任，往往能激发出孩子最大的动力。老师最能发挥作用的方式，是既被学生视为朋友，又同时被学生公认为他们的引领者。

想要和学生建立起良好的师生关系，老师需要在第一次与全班同学见面时就表达出对所有学生的真诚关注，而学生也会在第一次见到老师时便确立自己的看法。他们会立即对老师做出各自的评估，并且知道他会做些什么。他们能相当准确地猜出老师能给他们带来多少乐趣，或者多大麻烦，或者他们是否必须表现得很好，他们都猜得相当准确。老师把开学第一课花在课堂作业上绝对是一个错误的决定。

老师最好能利用这堂课来认识每一个孩子，这是把自己打造成学生的朋友和引领者的第一步。只可惜，有些老师甚至在开学数月之后也叫不齐班上学生的名字。这种疏忽意味着老师对自己学生不感兴趣，因此会增加师生间的距离感。老师是否对孩子感兴趣，靠的不是嘴上说说，而是需要用实际行动来证明。在惩罚、批评、纠错、判低分之后，老师往往会告诉孩子说这都是为他好，可是任何孩子都不会把这话当真。真正对孩子好的老师，需要关注孩子的活动、兴趣和烦恼，需要熟悉他的言谈举止、时不时说几句恰当的评语。老师需要做到既能对每个孩子正在经历的麻烦与艰难表达同情，又不会纵容孩子的不当要求，这才是培养良好师生情谊的正途。

幽默是消除不悦和紧张气氛的有效工具。不过，错误的面子观念、对个人尊严的过度关注，会阻碍老师展现良好的幽默感。另一方面，老师也需要注意不能让幽默变成对孩子的羞辱。孩子们很容易发出善意的笑声，有时仅仅是声音的变化也能引得他们发笑。老师不妨多跟孩子们一起笑一笑，就能学得更爱笑了。在课堂上扼杀笑声是不可取的。

然而，一名称职的好老师，不仅仅需要与每个学生建立起良好的师生关系，还需要充分了解所教学科的知识，更需要有能力让教授的内容变得生动有趣。学习成果很大程度上取决于学习的愿望。老师可以强迫孩子学习，却无法强迫孩子把知识学进去，而且强迫的方式只会阻止孩子吸收知识。只有老师采用恰当的方式激发学生的兴趣，才能充分赢得学生的配合。如果学习内容味同嚼蜡，哪怕是顺从的孩子可能会继续努力，但是内心的反感会阻碍他汲取知识。更多情况下孩子会直接放弃，至少也是暂时放弃。老师必须具备化解学习上不良情绪的技能。

上课过程中不可避免地会有一些相对枯燥乏味的时候，会遇到令人头疼的困难，也少不了分心与走神的时刻，学生有多大能力克服这类学习障碍，取决于他追求进步的愿望有多强烈。如果老师交给孩子的任务都是令他觉得困难的、不愉快的、无趣的，那么他学习的意愿就会降低。许多老师激励学生努力的策略，仅限于刺激他们互相攀比、力争上游，把更高的分数、更好的排名当作挂在孩子眼前的“胡萝卜”。这种诱惑可能对少数孩子有效，但对整个班级的孩子来说却不会有多少效果。这种刺激孩子一味提高自己的做法，代价是极其高昂的。因为每一个响应老师的激励并成功取得好成绩的孩子身后，都有一大群的“失败者”。

如果老师希望学生们都取得进步，就必须激发出所有孩子对他所教学科的真正兴趣。学习过程应该让所有人都感到愉快。这首先要求老师对自己的教学工作充满热情。许多老师都明白这一点，开始时也的确抱着一腔热情。但是，当他遇到困难，学生的进步程度无法达到他期望的水平，或者上级以及学生家长的要求时，他就会陷入气馁，转而向学生施加压力。

要说服父母和老师相信，施压只会阻碍孩子努力学习，降低他们追求进步的欲望。让孩子努力学习本身就是一件很不容易做到的事情。尤其在当今，想要改变人们的旧观念格外困难，毕竟有些孩子的确能在压力下取得一定的成绩。绝大多数的人仍然相信，若是没有压力，孩子可能根本不会付出任何努力，如果通过哄骗、强迫、威胁和密切监督等方式向孩子施压，他也许能取得一些进步。这固然有可能，但这也意味着不论是老师还是孩子都要花费大量的精力，承受巨大的折磨。这种方法不但代价极其高昂，而且带来的收益也少得可怜。相反，通过激发孩子的兴趣可以轻轻松松取得事半功倍的效果。一个人可以用枪逼着任何人做任何事，但枪口一旦挪开，所谓的“合作”就会立即停止。

许多孩子形成了不良的学习习惯，原因就在于现在流行的给孩子施压的方式。这种老办法之所以能延续到今天，是因为很少有人知道还有更好的、更有效的激励方式。老师若希望自己能对孩子的个性发展和学业成就都产生卓有成效的影响，那就必须摈弃施压手段，转而寻求、尝试能赢得孩子的新方法，激发他的合作意愿，促进他的茁壮成长。

鼓励

每一个行为不良或者有能力缺陷的孩子，都是一个灰心丧气的孩子。只要他还对自己的能力有信心，他就一定会用建设性的方式在群体中获取一席之地。灰心丧气，是所有用错误方式寻求自身定位的根源所在。每个孩子都愿意做一个好孩子，只有当看不到可能性时，他才会去做个坏人。一旦我们的教导方式让孩子倍感沮丧，孩子就会出现行为不当。过度保护、过度放纵、过度严厉、羞辱惩罚，都会带给孩子沉重的挫败感，因为这些做法都一次次剥夺了孩子体验到自身克服困难的能力、照顾好自己的能力的宝贵机会。他学到的是凡事可以依赖别人，而不是依靠自己。若是批评孩子、羞辱孩子，并不会增加他的自信和勇气。自信和勇气这两种品质是适应社会和取得学业进步的基础，而且自信和勇气能让孩子有安全感。

现代社会，老师面对的孩子，往往因为家庭教育上的失误而缺乏自信和勇气。一方面，老师应该努力消除学生内心的气馁与沮丧，另一方面，他发现自己常常很容易被孩子激怒，转而继续使用孩子父母正在使用的令孩子倍感挫败的教导方式。孩子对这种方式习以为常，自然能预料到老师也会用这样的方式来对待他，甚至会诱导老师落入他的圈套，以便用自己习惯的招数对付老师。要抵制孩子的这种“诱导”，老师需要予以孩子充分的理解，更需要付出极大的努力和耐心。

老师在孩子的一生中占据着至关重要的位置。除了父母之外，老师是第一个专门负责教导孩子好好成长的人。他往往还是第一个要求他好好工作、承担起责任的人。如果老师的影响力让孩子在某一方面对自己灰心，就可能永久性地阻碍孩子在那方面继续发展的可能性。

许多成年人在某方面的缺陷和无能就是这样造成的。在他们最初的校园生活中，老师无意中让他一而再，再而三地深陷挫败，最终他相信自己在某方面能力不足，甚至完全无能。比如，一些头脑聪明的人，明明博览群书、见多识广，偏偏在单词拼写方面一塌糊涂，正是因为老师没让他相信自己有这个本事。还有些人见到书就感到厌恶，因为书早已成了他“无能”的象征。还有些人一辈子扛着数学学不好的臭名声。对任何学科知识的持久而强烈的厌恶，往往来自学生时代令人灰心至极的挫败经历。老师怀着一腔热血，本着培养孩子学好知识、增长才能的美好愿景，却因为朝着错误的方向用力，往往意识不到自己的良苦用心会对学生造成那么大的伤害。

掌握正确鼓励的技巧，有意识地鼓励孩子，是建设性地影响孩子和有效纠正孩子的先决条件。这是老师必备的能力，这项能力不仅能避免对孩子造成伤害，而且能帮助孩子消除以前受到过的不良影响。我们都知道如何打击别人的信心，批评对方，看不起别人，我们个个驾轻就熟。但是，需要我们鼓励对方的时候，我们就不知所措，往往适得其反。我们甚至不知道该从哪里入手。所以，当我们想帮助对方的时候，我们指责他、纠正他的错误。我们自欺欺人地认为这么做是为了他好，却没有意识到他得到的益处远比我们少。虽然孩子的所作所为一再遭到批评，他却很少会做出改变。尽管如此，毫无效果的“教导”仍在不断地重复，原因之一是许多人不知道除此之外还能做些什么。每当我们对自己毫无成效的努力感到沮丧时，往往会找个替罪羊。每当老师不知道该怎么影响孩子时，往往将自己的无能归咎于孩子不听话。即使他想改用鼓励的方式，结果却南辕北辙。他会对那孩子说：“你可以做得更好。”“你可以成为一个很好的孩子。”“只要你肯……”这些话好像是在鼓励，却明显表达着他其实不够好，如果他继续不够好的话，那就是他的错。这当然不是鼓励，也很难对孩子有所促进。

到底怎么做才是鼓励，这实在很难定义，因为一切都取决于孩子的反应。同样一句话，说给两个孩子听，一个听了可能倍受鼓舞，另一个听了则可能感到灰心。比如，告诉孩子他做得有多好，可能会让一个孩子信心倍增，更加努力；另一个孩子则可能认为这只不过碰巧而已，以后再也不可能做到了。因此，怎么才算鼓励，需要不断观察其效果。鼓励绝不是生搬硬套就能生效的，也绝不是单纯的某句话或某种行为，它表达了老师与学生之间整个的关系状态。一句话到底是鼓励了孩子，还是打击了孩子，其中的差别可能非常微妙。孩子可能会因为老师对他不抱任何期望而倍受打击，他也可能因为老师对他期望过高而倍感沮丧。到底是“太少了”，还是“太多了”，这取决于孩子的感觉。唯有他的反应、感受，才能确定老师的做法令他受到鼓舞，还是感到挫败。语气、语调的转换以及附加含义，都可能改变一句话或者一个动作的意义。正如前面所说，在许多情况下，老师的意图可能是好的，使用的方法可能是有效的，但孩子却可能会误解老师的意思，结果也就适得其反。

鼓励，与其说取决于具体的行动，不如说取决于内心的态度，因此非常微妙，很难用明确的语言或行动来表述其特征。关键不在于说什么、做什么，而在于怎么说、怎么去做。其核心就是增强孩子的自信心。因此，它以对孩子的正面肯定为前提。只有对孩子有信心、能看到他的优点的人，才能真正鼓励孩子。“对孩子有信心”这句话语经常被误用来暗示对孩子的潜力有信心。然而，这样的想法不符合对孩子最基本的尊重。我们必须现在对他有信心，无论他做的是什么。

这种信心的外在表现，是对孩子的友善和称赞。但是，请务必记住，喜爱与称赞并不一定表明对孩子有信心。一个人可以深爱一个孩子，但仍然不相信他的能力、力量，甚至不相信他的基本价值。因此，喜爱本身不一定意味着鼓励。相反，喜爱往往意味着对孩子的占有欲、过度保护、过于放纵，所有这些只会削弱孩子的自信心。夸奖和称赞可能意味着对孩子的一种恩典、一种偏袒，因此带着居高临下的含义。这就不一定能起到鼓励的效果。

称赞孩子固然是必要的，但必须控制好“度”。过度称赞，一是可能导致孩子对他人称赞的依赖性；二是可能加剧孩子的不安全感，因为他害怕哪一天达不到值得称赞的高度。重要的是让孩子意识到，不管现在他正在做什么，不管他是否会失败，他的价值永远在那里，老师一直都认可他的价值。老师对他的无限信任，不但不会让他松懈下来甚至停止努力，反而会激励孩子走上竭尽全力做到最好而努力的康庄大道。

我们目前的教育体制，让老师鼓励学生，的确是件很不容易的事情。在充满竞争的氛围中，没有一个孩子对自己在群体中的位置充满信心。因为老师不仅要给学生评分，还有义务“展示教育成果”，迫使他不得不做出一些可能会伤害孩子自尊、打击孩子自信的事情。除了成绩之外，孩子是否犯错也被当作评判学生好坏的标准，因此，不但学校过分强调孩子的个人缺点和过失，老师也把时间和精力都浪费在努力弥补孩子的某些缺点上，而不是从整体上影响孩子。这种以纠正错误为中心的教育理念，老师越努力，孩子的不良行为模式或者能力缺陷就越被强化，孩子的挫败感也不可避免地越积越深。

现在，我们已经充分意识到我们对孩子的义务，这种认识的清晰程度也许已经达到了人类有史以来的最高水平。但是，我们的善意却不是鼓励孩子而是放纵孩子。实际上，这样的放纵，不但无视孩子本身的权利，还任由孩子无视他人权利。一个总被百般纵容的孩子，并不会因此变得更加自信，他只会当一个蛮不讲理的小霸王。人们往往以为纵容和鼓励非常相似，实际上，这两种行为对孩子的影响截然相反。

混淆纵容与鼓励，不仅让孩子们倍感沮丧，而且也让老师们倍感沮丧。他们尽了最大努力，得到的却往往是失败，自然变得困惑不已，也对自己是否有能力教导好孩子失去信心。一个本身倍感挫败的老师，是不可能有力量去鼓励学生的。唯有当老师对自己的知识和能力充满信心时，才有力量帮助孩子克服困难。然后，他会更清楚地看到孩子自身的力量和能力，才有可能将自己乐观的态度传达给孩子。这才是对孩子的鼓励。

要掌握“鼓励”这门复杂的技能，需要专门学习。在使对方气馁方面，我们个个都“训练有素”，原因之一是通过努力贬低他人，我们能“获得”某种自尊、自信。很少有老师真正有能力给予孩子切实的鼓励，尽管所有人都愿意这么做。由于不熟悉“鼓励”这门复杂的技能，人们便以为只要报以友善的态度就可以为孩子提供充足的鼓励与支持。然而，我们发现，“支持”与“威胁”这两个词的词义常常被混淆了。假如一个孩子真的深信自己很笨，而老师也知道这孩子一点儿也不笨，并且真诚地告诉了他，那他此时给予孩子的，既不是支持也不是鼓励，而是威胁。一个人必须先从孩子的角度来看待孩子的事情，才可能帮助孩子改变他的自我认知和自我评价。孩子如何理解老师对他说的话和做的事，这才是最关键的地方。

尽管学习如何鼓励孩子比较复杂和困难，但我们仍然可以学会，需要的只是系统性的培训。我们所有老师都应该接受这样的培训。[1]

师生互动

孩子上学之前，他的性格、目标和心态都已经定型了。老

---

1 唐·丁克迈耶（Don Dinkmeyer）与鲁道夫·德雷克斯（Rudolf Dreikurs）的合著，《鼓励孩子学习：鼓励的过程》（*Encouraging Children to Learn: The Encouragement Process*），新泽西州，普伦蒂斯霍尔出版社（Prentice-Hall），1963。

师在与他的相处中，不可避免地会鼓动、触动和诱发他相应的反应模式。无论孩子在学校里表现怎么样，包括学业上的进步程度、言谈举止，甚至与同学之间的关系，都会在一定程度上取决于老师的态度和行为。如果站在全局整体的高度看，孩子的行为，无论是好是坏，也就有了合理的逻辑性。孩子怎么对待他的老师，正是老师怎么对待他的真实反映。

许多教育工作者担心如果他们不“强制”学生遵守规矩，就会导致学生肆意妄为、目无秩序。但是，这种不明智的、强制性的做法，却造成了无数乱象。孩子只会变得更加桀骜不驯，毕竟使用羞辱性和压制性的手段，根本无法赢得孩子的合作。在不知不觉中，老师越来越把心力放在维护自己的权力和权威上，不再一心为学生着想了。一旦老师陷入怨恨、沮丧、恼怒的泥沼，他就已经不是称职的教育者和引领者了，而是一个“角斗士”，一心为权力、地位、威严、优越感而战，而这时，根本谈不上做什么心理分析或者自我反省，他也根本不可能意识到学生会有不良行为，这位老师对此有不可推卸的责任。

群体的影响力

随着民主模式的发展，成人的统治地位逐渐减弱，同龄群体对孩子的影响力逐渐增强。过去，老师和家长有足够大的权力，强行要求孩子遵守他们定的规矩。孩子的抗拒虽然一直存在，但大多数情况下，只敢以间接方式微妙地表达出来。而孩子的同龄群体，通常接受权威人物设定的标准，从而强化了每个孩子的服从性和一致性。如今，在民主的氛围中，这个群体已经变成了支持孩子叛逆的坚强后盾。此外，得到同龄人的认可，对孩子来说已经比得到成年人的认可更为重要。不论是在家里还是在学校，孩子都可以毫不压抑地公开表达他的叛逆和抗拒。这时，仅靠个人的力量已经不足以约束执拗的孩子了，需要动员集体的力量才能达到这个目的。

只要观察一个孩子在群体环境中的活动，我们就可以看出群体对单个孩子的影响力。利用群体的力量来影响每一个孩子，这不仅是教育孩子、纠正孩子错误的有效方式，而且是营造民主氛围必不可少的重要因素。此时，群体的权威已经取代了某个成年人的权威。孩子的群体就是他在现实中的生活环境。通过群体间的互动反馈，孩子会形成并强化他的生活态度和行为模式。孩子对同龄群体的高度忠诚，又会进一步强化他不肯按照家长和老师的要求行事的执拗心态。

班集体既可以成为老师的非凡助力，也可以成为捣乱孩子的强大帮凶。借助群体的力量压制对方，往往是一种有力而且有效的方法。有些老师不知道这一点，或者没有能力借助群体的影响力来达到自己的教学目的，只能任由班上的捣蛋分子煽动集体的力量与自己抗衡。越是不愿意好好上课、内心叛逆和有敌意的孩子，往往越是有强大的凝聚力，他善于带领全班同学跟老师作对，尤其是不善于发挥自己的领导力、不善于营造良好的教学氛围的老师，更容易成为他们攻击的目标。日常教学之所以不能顺利进行下去，正是因为老师不善于利用班集体的力量。

老师是班集体的领头人

老师们通常认为自己的任务就是教授知识、影响孩子，在必要时纠正孩子的行为。因此，老师通常不喜欢大班制，因为这让他分配给每个孩子的关注度受限。可他不知道的是，他教的不是二十五个或者三十五个，甚至是五十个，碰巧坐在一个班级里的孩子，他教的只是“一个班”而已，不论这“一个班”是由二十五个或者三十五个，甚至是五十个孩子组成。他实际上是这个班级的领头人，只不过他没有意识到这一点。有些老师天生就具有领导能力，不过，所有的老师（无论有没有这种能力），想要教好一个班，就必须掌握这种能力。若他没有能力借助班集体的力量，那这个集体只能成为他完成教学任务的巨大障碍。课堂上，无论一个孩子在做什么，他在课堂上的行为都是班集体互动的组成部分，而不仅仅是一个孩子与老师之间的事情。

每个班集体中都存在好多个小群体，清楚地了解这些小群体之间的关系，有助于老师更充分地理解某些孩子的特殊行为背后的意义。比如，一个在课堂上调皮捣蛋、哗众取宠的孩子，或者一个自以为没人接纳、孤独而悲观没有自信的孩子。如果弄不清这些背景，老师可能会在不知不觉中强化已经存在的负面群体关系的影响，也做不到重组新的、更健康的小群体，更无法借助群体的力量加强他对整个班级和个别孩子的正面影响。

如果不借用社会学分析法，老师就无从了解班级里的结构、小群体的性质及其涵盖的范围。其实，只需画出一幅班级社会结构图，就足以帮助他分析出群体内部的结构，并采取有效的措施加以改变。通过这种方式，他可以削弱班级中的抵抗力量，强化积极力量与合作因素，让孤立者融入整体，让带有敌意的小群体分化裂变。

詹宁斯[1]曾经说过，如果没有社会学分析法，老师不但无法意识到班级小群体之间的关系，而且往往会无意间干涉它。如果在安排学生座位、分派活动小组时总是无视学生们的意愿，很有可能破坏原本良好的学习环境。这样的错误之举，不但可能导致课堂秩序混乱，而且会对班级同学之间的关系造成负面影响。

作为领头人的老师，必须有能力引领、激励自己的学生。不论他要引领的是一个孩子还是一群孩子，他需要的其实是一些相同的领导素质。比如，需要他有引发学生兴趣和激发学生热情的能力；善于鼓励他们，增强他们的自信心；促进他们的合作意愿和学习动力；帮助他们排除学习上的障碍。此外，老师还需要了解孩子不当行为或者能力缺陷背后的原因，否则他有可能会强化孩子的错误目的。课堂上，他不仅能洞察孩子某

1 海伦·霍尔·詹宁斯（Helen Hall Jennings）所著的《群体关系中的社会学分析法：教师工作指南》（*Sociometry in Group Relations: A Work Guide for Teachers*）（华盛顿特区，美国教育委员会发行，1948）一书中，对课堂上如何运用集体力量做过一番非常精彩的、简短的讲解。

些行为的直接目的，还要能看清他在整个班集体中或者他所在的小群体中担当的角色。老师需要仔细观察孩子之间的互动，才能找到线索，弄明白每个孩子扮演的角色。这是一项相当有难度的工作，需要老师掌握一定的知识和技能才行。

课堂氛围

一提到师生关系，老师想到的往往是他和某个学生之间的关系，正因为如此，他不太容易看清班集体中的群体结构和互动关系。可是，老师必须学会如何与整个班集体合作，而非与之对抗。有些老师会把与单个孩子打交道的成功经验运用到整个班集体上，结果处处碰壁。实际上，老师与整个班集体的关系，完全不同于老师与单个孩子的关系。一般来说，班集体并不等于一群单个学生的集合，它是一个有独特个性的“个体”。[1]

不管老师在课堂上做什么，他都会营造出一种明确的课堂氛围。这种氛围通常会起到促进学习动力，或者阻碍学习劲头的决定性作用。学习的动力往往源自整个班集体的“班风”。假如这个班集体认为解答课题不但有趣而且有价值，那么全班同学都会受到班风的激励，拿出努力解答课题的态度。假如一个班级的班风是愤世嫉俗或者麻木淡漠，那么大多数学生都会倾

---

1 林格伦（H. C. Lindgren）所著的《课堂上的教育心理学》（*Educational Psychology in the Classroom*），纽约，约翰·威利出版社（John Wiley），1956。

向于抵制学习。课堂教学的过程会呈现出什么状态，取决于班级的氛围能在多大程度上鼓励孩子参与课堂教学。

老师如何才能营造出促进学习的良好氛围，这是一个很大的难题。传统的教育手段不允许老师将决策权下放给课堂中的各个学习小组，而且组织学习小组的方法也是新出现的，尚未经过大规模的实验检测。能顺利合作的班集体往往能形成良好的士气，其主要因素之一就是乐观，也就是只要努力，就会有积极的结果或收获、目标就能实现的信念。这种士气影响着整个集体的目标。良好的沟通、凝聚力和士气，既是良好集体互动的原因，也是良好集体互动的结果。如果班级的整体气氛是气馁、无聊或者麻木，那么全班同学都会抗拒老师的各种努力。每个班级和每个老师都有其独特的“气质”。虽然班级氛围是群体和老师各自特性混合交融而形成的，不过，老师仍然对课堂上形成的氛围负有最大的责任。

在库尔特·勒温（Kurt Lewin）[1] 针对爱荷华州的童子军活动进行的实验中，让每支童子军小队的领队用不同的领导方式，建立三种不同的“社团气候”，分别是专制风格、民主风格和放纵型主义风格。结果，专制小队和民主小队做出的成绩不相上下，放纵型主义小队却没做出多少成绩来。这值得教育工作者

---

1 库尔特·勒温（K. Lewin）、诺那德·利比特（R. Lippitt），和诺尔夫·怀特（K. White）合著的文章，《实验创造的“社团气候”中的攻击行为模式》（*Patterns of Aggressive Behavior in Experimentally Created* “*Social Climate*”），见《社会心理学杂志》（*Journal of Social Psychology*），1939。

深思，因为许多人认为民主意味着每个人都可以任性妄为。他们以为，只要不是专制就叫作民主。这是一个谬误，单单去除专制的结果只能是放纵主义，这是在所谓的进步教育中经常出现的一种错误。只要团队领导人能发挥出积极的领导作用和强大的影响力，那就不是专制统治。这种领导力，是专制式老师与民主式老师的区别所在。

专制领导下的小队，与民主领导下的小队，这两队之间的主要区别，在于队长不在时孩子们的表现。民主小队的孩子，哪怕队长不在仍然井然有序，小队活动解散后，孩子们也照样友好相处。相比之下，专制领导下的小队，队长刚一离开，孩子们就开始打架，小队活动解散之后，也一样会打架。

库尔特·勒温的实验具有极大的社会文化意义，不幸的是很少有人能认识到这一点。当民主领队把领导风格改成专制式的时候，他领导的小队会发生什么变化？没什么变化。孩子们仍然对他充满信心，接受了他新的领导风格，但是不久孩子们就开始出现专制领导下的行为特点。而当专制领队把领导风格突然变成民主式的时候，会发生什么事情呢？那像是疯人院的门被打开了。领队足足花了一个多星期才让孩子们平静下来，融入了民主环境下的日常生活。不仅在美国我们会看到这样的情况，在全球各地都出现过类似的现象。无论是哪里的孩子，一旦从专制环境进入民主环境，他们都忍不住肆无忌惮地挥霍新获得的自由，因为他们还没有学会依靠自己的内在约束，一旦没了迫使他们服从的外部压力，便只想任性妄为。出于这个原因，孩子一旦从专制统治下解放出来，可以按照自己的意愿行事，老师也就遇到了最大的困难。

是专制统治还是民主领导

假如有人想要根据班级氛围来分辨每位老师的不同风格，他看到的很可能是我们经常看到的情形——当代的教育工作者们，既不能算是专制派的，也不能算是民主派的，而是两者的某种结合，只不过有的老师偏向其中某一类型。即便是最独裁的老师，生活在民主时代，也不可能像老前辈那样残酷和强硬了。许多自诩民主风格的老师，往往倾向于放任和纵容，还有些会落入传统专制式的俗套。库尔特·勒温那样的实验需要被重复。

我们应该对所有老师都进行培训，让他们各自尝试三种领导方式，然后允许他们按自己的偏好进行选择。他们的学生也应该有选择权，孩子们体验过老师的专制风格和民主风格之后，等到他们选择自己喜欢的老师时，他们必定都心中有数。那些完全没有经过训练因而不熟悉民主方式的孩子，更愿意接受专制式的管教，只有这样他才可以让自己的行为中规中矩，不犯错误。“由老板说了算”的日子似乎更容易些。不过，也有许多孩子认为民主式的管理更可取，尽管这意味着他要主动承担更多的责任！当然，真正要实现这样的双向选择，首先需要师生们都能清晰地理解和接受专制统治与民主领导的区别。事实表明，在培训老师学习做一名称职的专制式老师或民主式老师时，参考以下不同做法是非常有价值的。至少它们消除了目前老师们概念模糊以及领导方式不确定的状况。下面这份清单绝对算不上完整，随着参加培训的老师们的不断尝试，他们定能提出更多的方法，不断补充新的内容。

以下两组做法，应该可以区别出专制式与民主式的领导风格来：

专制风格	民主风格
当领导	当引领者
声音尖锐	声音友善
发出命令	发出邀请
行使权力	发挥影响力
施加压力	予以激励
要求对方配合	赢得对方合作
我来告诉你你应该怎么做	我只告诉你我会怎么做
把我的想法强加于你	把我的想法推荐给你
居高临下	从旁引导
批评	鼓励
指出不足之处	指出成就所在
惩罚	帮助
我来告诉你	我和你商讨
我来决定，你乖乖服从	我建议、我帮助，但由你决定
一切由领导全权负责	整个团队共同承担责任

左右两列最明显的区别是什么呢？左边一列靠的是外部的压力，右边一列靠的是内心的动力，这是根本上的区别。每一位愿意自我评估的老师都可以根据这份表，对照自己的每一步行为、用过的每一种方法，评出自己的“民主指数”。两边的差异非常明显，只要愿意去看、去想，是绝对不会弄错的。

上面的清单中，惩罚被清楚地列入专制方式的一栏中。奖励与惩罚都会产生外部压力，也只有在专制的环境下才有效。但是，这两种手法在过去虽然都是强制孩子服从的必要手段，可是到了今天，它们不仅不再有效，而且十分有害。假如一个孩子得到了奖赏，他并不会对权威的恩赐心怀感激，相反，他会认为获得奖励是他应有的权利。因此，如果接下来不再有奖励，他不愿意再做任何事。而惩罚的情形就更加糟糕了。这种情况只对不需要受到惩罚的孩子有效，因为老师可以跟他们讲道理。而老师希望被惩罚吓唬住的那些孩子，根本就不会把惩罚当回事，他们想的是“胜败乃兵家常事”，这回输了，下次会赢回来的。实际上也正是这样。每当老师惩罚孩子时，孩子心里想的是:“既然老师（或父母）有权惩罚我，那我也一样有权惩罚他（或他们)。”于是，不论是在家庭里还是在课堂里，到处都充满了报复行为。

大约在一百年以前，赫伯特·斯宾塞（Herbert Spencer）就已经指出，在民主环境中惩罚是不会有效的，并且指出了“惩罚”与“自然后果”两者之间的区别。后来皮亚杰（Piaget）又扩展这种观念，推出了两个新的概念，一个叫作“报应性正义”(retributive justice),也就是惩罚;另一个叫“分配性正义”(distributive justice),也就是来自现实和社会群体的权力和力量,后者才是能真正影响我们所有人的因素,不论是成人还是孩子。

惩罚的方式已然失效,最多能暂时迫使孩子顺从,但并不能从根本上影响孩子的行为,完全起不到教育的作用。尽管如此,绝大多数的家长和老师仍然期望用这种方式来“教好”孩子。然而,那些可能因为害怕惩罚而被驯服的孩子,在面对不使用惩罚这种激烈手段而对他表示不赞成时,他同样能做出恰当的反应。由此我们想到,也许我们的评分系统及其有效性也应该重新审慎评估。一般来说,只有成绩好的时候,孩子才愿意看他的成绩,不好的成绩很少能起到促进孩子努力的作用。我们可以用更好的方法来激励孩子,而不必利用孩子对差成绩的恐惧来刺激他学习。即使这种刺激真的有效果,也是以孩子的情绪紧张和事倍功半的努力为代价的。如果老师能熟练掌握用民主方式来“激励”学生,而不是“逼迫”学生拿出好成绩,他们的收获一定会更大。

赫伯特·斯宾塞是最先认识到自然后果在民主环境中更有效的人。如今,在我们与家长和老师的合作中,正在非常谨慎地建议他们使用合乎逻辑的自然后果。设计合理而有效的自然后果,需要敏锐的洞察力和一定的技巧。“惩罚”和“后果”之间仅一线之差,然而,孩子们却可以非常迅速地意识到两者的不同。自然后果体现的是违反自然逻辑的直接结果,是由现实环境造成的，而不是由代表权威的老师强加给孩子的，老师只不过是一个保持友好态度的旁观者。后果不是谁能任意妄加的，而是显而易见会发生的事情。但是，如果老师已经卷入与学生的权力之争中，那么他已经无法运用任何的逻辑后果了。仅仅是他的语气，便足以将一个自然后果变成糟糕的惩罚性报复。

如果老师不再把每个孩子的责任都扛到自己的肩膀上，那么他的处境就能一下子轻松很多。他可以而且应该与孩子们一起分担责任。如果老师能激发出良好的团队精神，他的工作就一定会愉快很多。毕竟，这样一来，他可以不必总是因为班级中小群体之间的意见分歧和利益冲突而头疼，不必总是处在不同势力之间的拉锯战中，站在“好”学生和“坏”学生之间，在支持他的学生和反对他的学生之中，在学习速度超前和进度超慢的孩子之中，不知道如何兼顾。

团结班集体

一位老师是否称职，很大程度上取决于他有多大能力将班级里的孩子们团结起来，为实现共同的目标而同心协力。老师能力的高低，不仅决定了孩子们都能学到些什么，而且决定了他们在智力发育和社交方面能有多大的成长和进步。如果他只关心少数表现出色的、有“良好动机”的孩子，那这少数几个孩子的成功，必将是以牺牲大多数的孩子为代价。他唯有把所有的孩子团结成一个整体，才能让所有人都因为他的影响而取得进步。然而，他班级现有的“敌对阵营”却让这样的团结很难实现。而且，许多老师不是努力缩小“敌对阵营”之间的距离，反而是刻意使之扩大，以赢得其中一方对他的支持。其结果是所有的人都深受其害。整个班级士气低落，氛围就算谈不上敌对也绝对算不上友好，所有人的学习，哪怕是几个所谓的好学生，也都受到了影响。

课堂上要讲究团结，这一点很容易达成共识，但是，如何圆满地实现这一点，常常众说纷纭。由于缺乏应有的技能，不知如何让全班团结起来并能一直保持齐心协力，许多教育工作者提倡按“合并同类项”来组班，将学习进度慢的学生与进度快的学生分开，将循规蹈矩的人与喜欢调皮捣乱的人分开。按学习能力来分组，可能会带来课堂中的和谐氛围，但这种做法却是破坏性的。它使得学生被人为地分出高低等级，成绩不够好、表现不够好的孩子成了低等级别的学生。正是这样的分班方式，让学校培养出了一批道德上和智力上自诩“优越”的所谓精英。而且，这样的分班方式解决不了班级中的分裂与敌对。没有能力让学生团结起来的老师，无论他带的是哪种类型的班级，同样会面对班级中的敌对情绪；知道如何让学生们团结起来的老师，即便他带的班级中什么样的孩子都有，也一样能让全班同学齐心协力。

老师可以用什么样的办法做到这一点呢？他可以用激发孩子的兴趣、营造高昂的士气、树立奋斗的目标等办法。其实，只要老师肯多动动脑筋，就足以让自己的课堂变得更加生动有趣。只可惜，老师们往往只把心思放在如何讲授知识、如何控制课堂纪律上，忽略了利用激发学习乐趣、培养学生主动性和创造性等方式来改善课堂气氛。

詹宁斯提出的建议，是在班级中建立起长长的关系链，将每个孩子都串联起来，从而形成整个班集体的团结。他认为，老师应该想办法在各个小群体之间都建立起一定的关系，加强团队精神的培养，提倡各个小团队之间互帮互学，及时发现影响团结的原因，并利用课堂上和教学中的一切机会消除导致分裂的因素。在学习中的互帮互助，还有利于小组成员相互取长补短，进而有利于整个群体取得更大的成就。

许多老师对待学生时，往往把每个孩子视为单独的个体，并根据他的个人能力安排学习任务，也把他的缺点视为他的个人问题。在这样的一贯引导下，孩子学会的是凡事都只能依靠自己，是失败还是成功都只是他个人的事情。因此，他没有机会学习如何把一个问题放到整个社会环境中来考虑，学习如何联合他的同伴一起来解决问题。这种对特立独行的强调会给孩子带来许多负面影响。他在这样的教导下越是取得成功，他学到的就越是一切都只靠自己、也只是为了自己，他未来作为一个社会人就越容易失败。

竞争与合作

班级内一旦形成了竞争环境，会阻碍孩子与班集体的融入度。在这样的环境中，没有一个孩子不担心自己在群体中的地位，然而，每个人对自己位置有安全感，才是一个群体和谐运作的先决条件。竞争气氛逐渐升级，会越发严重地破坏班级里的良好群体关系，破坏原有的群体精神。每个学生都没法感受自己在班级里的价值与平等，只能感到优越和颓败之间的差距。如此一来，哪里还谈得上相互合作或者团队协作呢？

学生在竞争氛围下与在合作环境下的表现，其巨大差异已成为现今十分受关注的研究课题。当一个班级里的同学看到每个人都在为抬高自己而你争我夺时，相互合作、友好互助、取长补短、同心协力等都成了不可能的事，身为集体一员的自豪感也会消失殆尽。

相互合作是一项颇有难度的综合技能，如果双方心存竞争与冲突，就更难做到相互合作。老师可以通过集体活动来消除班级里的竞争与冲突，这也是凝聚向心力的重要手段。这些集体活动能激励同学们共同努力，因为孩子一旦参与到集体活动中，他就不再只是为了自己而努力，而是以整个集体的利益为目标。即使他在活动中做出的贡献不如他的同学，他也同样能在集体中获得地位，享受他自身的贡献在集体中的意义。每个人都无须跟别人比较，却都可以为集体做出自己有价值的贡献。

有很多人反对我们向父母和老师提出的、尽量少让孩子彼此竞争与对抗的建议。他们认为我们应该多多训练并加强孩子的竞争力，因为他们以后不得不生活在一个竞争激烈的社会中，这种看法是错误的。一个人越不争强好胜，就越能在激烈的竞争中站稳脚跟。如果他能安心做好该做的事情，不跟别人攀比或拼抢，不论他的竞争对手做些什么、取得些什么成果，他都不会感到意难平。而一个争强好胜之人唯有在出人头地时才能在竞争中站稳脚跟。

班级讨论

在班级里进行集体讨论是形成民主氛围的必要环节，而且有一举多得之效[1]。首先，所有的孩子都参与其中，都可以表达自己的意见并了解他人的想法，所有孩子都完全融为一体。其次，在讨论中，每个人都可以自由发表意见，人人都有表达自己看法的权利，也有认真倾听他人想法的义务，人人都能感受自己的价值和责任。最后，遇到问题时，孩子们与老师共同承担责任，一起寻找解决方案，老师可以依靠整个班级来帮助他解决他们的共同问题。

班级讨论主要有三个目的。第一，每个人都必须学会倾听。

1　怀内肯（Wyneken）在 1910 年出版的《学校与青少年文化》（*Schule und Jugenkultur*）一书中曾经写道："老师和学生互不了解，更不知道彼此的日常生活和兴趣爱好。这是因为他们缺乏一个至关重要的前提：开诚布公地讨论。正是因为没有当面交流的机会，在大多数学校里，学生们只好在背后悄悄议论、批评、谴责。在私下谈论中，他们口无遮拦，既不成熟也不节制，根本不会为自己说过的话负责。然而，一旦学生有了公开表述自己看法的机会，这样的私下谈论也就消失了。而且，在这种场合里，开诚布公取代了不讲道理的谩骂和指责。而若要让与会者都能开诚布公，就必须让所有学生都能诉说、能倾听、能意识到自己在做什么。"他的这番话，不论是在当时还是在今天，都一样具有革命性。

现在的状况是没有人知道其他人的感受。老师还不习惯倾听学生的心声，而学生虽然总是被逼着听老师说话，但他们很少能知道他的真实感受，因为老师通常会戴着面具与孩子们打交道。

第二，帮助孩子了解自己，也了解彼此。要达到这个目的，老师必须懂得如何针对孩子的行为做出心理解释，尤其要善于分辨他们的行为目的。我们组织的班级讨论主要以孩子的行为目的为中心，这么做可以避免在讨论会上指责别人的错处、讲大道理、当大法官，因为这些做法都违背了让每个人畅所欲言的基本精神。讨论会开始时，老师可以先指出一个孩子的具体问题，当然，应该隐去那个孩子的名字。不过用不了多久，那个孩子就会自己站出来。孩子们对这样的讨论都非常感兴趣，并且很快就开始提出跟自己相关的类似问题。他们会主动说出他们是如何试图吸引别人的关注、展示自己的力量、报复别人、灰心放弃等经历和体会，尽管在这样的讨论之前，他们根本没意识到自己在做些什么。

第三，激发所有孩子互相帮助。也就是说，老师不再凭借自己的权威和优势来“教育”孩子，而是让孩子们互相帮助，一同寻找更好地解决他们问题的方法。这样的讨论将整个班集体变成一个有凝聚力的团队。孩子们看到他们有那么多共同点，原本相互竞争的氛围，被相互同情和帮助的氛围所取代。以前总被人瞧不起的“没出息”孩子，现在成了大家支持和帮助的对象；以前沉浸在“众星拱月”或者“出类拔萃”中自鸣得意的孩子，也意识到自己有为班上同学服务的责任，不再一味地只顾自己。

这样的讨论让孩子有机会把自己的疑虑讲出来。同学们会帮他看清他对学校、老师以及家庭成员的态度，也许还会帮他看清在家里与兄弟姐妹，也就是他的竞争对手们打交道的方式所代表的意义。他对自身能力的错误怀疑、对其他人所抱持的错误观念会显而易见。

如此，在改变孩子的不良行为方面，班级讨论的效果比进行单独指导要好很多。在集体讨论中孩子们的互动，比老师的说教或者单独辅导对孩子更加有效。孩子们从彼此身上学到的东西，比来自老师教诲的要多得多。在许多情况下，特别是与年龄较大的、更加叛逆的学生相处时，班级讨论是唯一能打动他们的方式。这样的讨论甚至可以抑制青少年们的犯罪倾向。孩子们的讨论反映了他们所遵循的价值体系，而这往往与成人的社会价值观相反。要改变他们的价值观，只能借助同龄群体，因为每个群体都是价值观的塑造工厂。如此，在全班同学的共同帮助下，老师可以将班上每个成员的想法和价值观开诚布公地进行讨论，让他们重新审视和思考。但是，要成功做到这一步，老师必须克制自己，切莫在讨论中说教，同时还要及时阻止其他同学的说教和羞辱，如此才能保持良好的氛围。

几乎所有的老师都跟学生进行过不少集体讨论。但是，这些讨论主要是围绕着学习内容或者课堂纪律展开的，几乎起不到加深对学生的理解、促使学生改进的作用。大多数老师只不过是借助这样的“讨论”，向学生们灌输自己的想法，解释自己的观点，重复老一套的说教，以及得到班上部分同学对老师意见的认同。还有些老师则任学生们随心所欲地发表自己的观点，老师完全没有担当起引领者的责任来。当他发现局面已经彻底失控，完全乱成一团时，他只知道采取专制的方式来镇压混乱的场面。

要做这样的班级讨论的带领者，老师需要有足够的自信、主动精神和心灵的自由。有了这些品性，老师就能毫无畏惧地充分发挥自己的作用，既不害怕自己丢脸，也不担心孩子们会说些什么不当的话。在找出问题的原因之前，全班不要急于寻找问题的解决方案，这一点十分重要。还有，让讨论始终保持活力，不断迸发出新的想法来，一个好办法是，老师适时向学生提问:“你们对此有何看法？”如此，孩子们会很乐意提出自己的看法，包括分析原因和可能的解决方案。老师可以从中提取有价值的信息，总结出最有利于解决问题的意见。

所有老师都可以放心去尝试这样的班级讨论，它是有安全保障的。只要老师运用自己的常识，引导孩子们充分表达自己，而且只对孩子可能的行为目的做心理解释，而不是做原因分析，那就没什么可担心的了。老师做出的心理解释有可能是错误的，但是那些错误解释并不会对孩子造成多大的伤害。另一方面，通过班级讨论建立起来的班级士气和团结一致的信念，会让孩子们把共同攻克问题当作增进相互理解和共同改进的机会。因此，“问题学生”不再是大家批评攻击的对象，班级讨论能获得的益处一定远远大于任何可能的伤害。

可见，如果不能人人都平等地参与集体讨论，就无法缩小班级中孩子的各种差距，不论是好的与坏的、学得快的与学得慢的、乖顺的与叛逆的，都无法团结起来形成一个整体。

构建民主课堂

民主的气氛，并不像人们通常想象的那样，意味着混乱无序和放任自流，相反，讲民主的群体很讲究秩序和纪律。只不过，这里的秩序并不是由占主导地位的成年人通过权威建立的。

在通向民主的进程中，孩子们越来越多地体验到平等，对成年人的统治也形成了越来越强大的“抗体”。他们有了更多自由，但问题是，他们还没学会为自己的行为承担全部责任。这种责任缺乏在家庭和学校里随处可见，主要原因却在成年人身上，因为父母和老师仍然担当着所有责任，并不知道如何引导孩子在通向民生生活的道路上既享受自由又承担责任。在专制社会中，自由与秩序两者是互不兼容的，但在民主环境中，我们既要有自由也要有秩序，否则就会陷入无序状态。这不但需要老师采取新的引导方式，还需要学生学会自制和自律。

有人提出，是否应赋予学生们权力，自己决定要不要学习、要学些什么。不幸的是，现在已经不是讨论能否给孩子们权力的时候，因为他们已经在行使这个权力了，我们再也不能强迫不愿意学习的孩子学习了。

我们也大大低估了孩子们的能力、智识和责任感。既然我们已经不能居高临下地控制他们，那就必须赢得与他们的合作，在与他们进行的所有活动中，以平等的态度对待他们。做计划、决定不可由老师单独决定，仅仅加上他在班上的“同盟军”的意见也仍然不够。那些叛逆的孩子，那些不肯遵照由社会和学校管理部门设定的教育目标的孩子，也必须被吸引过来，加入决策队伍。老师需要发挥他的领导能力，团结班级中的所有力量，来实现对所有人、对整个社会都有价值和意义的共同目标。

孩子可以在集体中学会有效地合作，不过，这首先要求老师能够信任孩子们做出的决定；孩子们也一样，需要学会相互信任，以及对老师的信任。学生们可以参与到制定规划的行动中来，一起策划既能满足课程需要，又符合学生要求的集体活动。不论孩子的年龄大小，只要他们知道自己能得到老师的尊重、支持与配合，他们就可以对学校生活的所有内容充分发挥创造力。我们有学生们参与确定课程内容、教学方法和学校管理方面的例子。

最关键的在于全员参与，要让全校每一个班级的每一位成员都参与到整个教育进程的规划中来。许多学校里都设有学生会，但学生会的活动常常十分有限，通常是被用来按照成年人制定的标准来惩罚违规学生，完全与民主原则相背离。即便有些学生可以参与学校活动的规划，也仅限于无足轻重的小事和课外活动。其实，最需要参与学校项目规划的正是那些“坏”学生。他们平常要么对学习毫不在意，要么在课堂上公然反抗，常常是最不受欢迎的人，可是如果没有他们的积极参与，学校行政部门和社区便无法真正实现他们的教育目标。

学校可以在很大程度上帮助学生缩小和成年人之间的距离。他们可以提供一个论坛，让学生、老师和家长定期会晤，讨论他们共同关心的问题，并在这个过程中学会相互倾听和相互理解，最终达成解决问题的共识。如此一来，年轻人不但有了表达自己意见的机会和平台，而且他们的意见也能得到整个社区的尊重，社区也可以在他们的帮助下解决存在的问题。

可是，如果年轻人没能在学校和社区中获得应有的地位，那他们追求独立并主张平等权利的决心，很可能会以没有正面价值的、令人反感的，甚至是害人害己的方式表达出来。

Chapter

5

鼓励

老师鼓励孩子时的态度，

应该始终保持着友善与温暖。

不过，要做好这样的鼓励，

还需要接受特别培训，

需要经过反复的探讨和实践。

本书在第一部分中概述过的心理学原则，既可以作为普遍原则通用于各种孩子身上，也可以作为针对性原则运用到某些孩子身上。有些基本原则可用于任何情况，还有些则需要在应用之前先了解和评估孩子的状况，包括生活环境、伪装以及真实困难。

我们已经再三重申，鼓励是纠正孩子一切问题的必要基础。一方面，我们的确应该而且必须随时随地鼓励孩子改变自己；另一方面，鼓励也可以针对性地用在某些孩子身上，比如，以第四种行为目的为根基的、完全自暴自弃的孩子。因此，鼓励是一种既可以通用也可以针对性应用的基础方法之一。

普遍方法与针对性运用之法的典型差别之一就是其效果不同。针对特定情况或者孩子的特别需要而设计的具体方法，自然会针对孩子的特殊情况带来持久的效果。而非针对性的普遍方法，则会促成一种有利于改善的整体气氛，促进孩子与周围的环境相融合。从这个意义上说，鼓励不但可以用来帮助每个孩子，还可以针对性地帮助追求第四种行为目的的孩子，并给这些孩子带来持久的有利影响。

老师鼓励孩子时的态度，应该始终保持着友善与温暖。不过，要做好这样的鼓励，还需要接受特别培训，需要经过反复的探讨和实践，因为这和人人皆知的“待人友善”并不相同，许多人不熟悉也不理解鼓励的具体意义与做法。

本章以及本书其余部分中的事例，都来源于印第安纳州立大学和西北大学教师讲堂里的学员们。这些事例构成了我们讲堂以班级讨论为教学方法的基础，这种班级讨论将在接下来的所有章节中被反复提及。参加教师讲堂的学员往往就是学校里的在职教师，为了避免与在校学生混淆，接下来均用“学员”一词来指代。

事例 1

弗雷德参加了一个视力矫正的课程，此外，他还会跟着五年级的孩子一起每天来上我的科学课。从这学年开始，以及接下来的第一学期的大部分时间[1]，他都觉得自己没法和班上其他同学一样完成课堂上布置的任务，而且，似乎因为太过灰心，他连试一试的心思都没有。我给全班分发作业本时，他告诉我他的视力矫正老师不赞同他在本子上写字。其他同学在阅读教科书上的内容时，弗雷德要么看看书上印着的图片，要么根本就懒得打开书。班上的同学分组上讲台为全班演示科学实验，弗雷德显然对此毫无兴趣。

我并没有敦促他也参加实验，不过我仍然告诉他，只要他愿意，随时欢迎他参加课堂活动。

1 美国学校的一学期不是半个学年，而是四分之一个学年，减去假期，一学期大约是两个月。——译注渐渐地，他表现出想要参与进来的迹象，还提议说他可以在教室里帮忙做点儿有用的事情。我很高兴他终于对上课有兴趣了，并对他的主动帮忙表达了我真诚的谢意。有一天，他过来问我他是否也可以得到一个作业本，因为视力矫正的孟老师说，他现在可以写字了。从那时起，他开始观察课堂实验，并把观察到的现象认真记录下来，似乎为自己也能做别人都可以做的事情而自豪。现在，每当我要求大家阅读课本的时候，他会请求我允许班上的某个男孩儿读给他听，因为他的视力还是有问题，阅读教科书的时候很吃力。他的视力矫正老师告诉我说，弗雷德跟她聊了很多他在科学课上的事情，说他得到了很多宝贵的体验。

评论：弗雷德遭受的打击是双重的。首先，由于视力不佳，他不相信自己有能力胜任老师分派的任务；其次，他觉得自己与其他孩子不一样，觉得被人冷落，不免感到自卑。事例中的老师成功让弗雷德感受到了自己是受欢迎的。而且，老师故意忽略他的视力问题，因此没有加重他的自卑感，这很不容易。一般来说，老师难免会因为孩子的缺陷问题而格外怜悯，或者格外用心。

不论如何，用鼓励来影响这孩子是必不可少的。而这正是这位老师的第一项成就。她一方面尽量不在意弗雷德的视力缺陷，另一方面又让他找到课堂上的归属感。随着他对课堂上的事情逐渐感兴趣，他终于自己主动要求参与。这时，老师再次表现出她明智的克制：她没有立即推动他前进，而是让他按照自己的进度慢慢前行。等到他提出第一个决定性的要求时，她立即给予了热情的回应，而且是当时可以给予的最高程度的回应。尤其值得注意的是她回应时的微妙信息：她不仅表示了她很高兴，而且表现出了她的“真诚谢意”。这种毫无傲慢意味、充满谦逊友善的态度，在这份事例的字里行间处处可见。而这正是打动弗雷德并让他决定参与班级活动的重要因素之一。他在这位老师的科学课上所学到的，远远超过了学科本身的内容。尽管他有视力障碍，但他学会了融入团队，这正是这个男孩儿适应社会非常重要的一步。

事例 2

我是二年级的老师。一天，到了吃午饭的时候，班上的一个男孩儿神情沮丧，拖着沉重的脚步来到我身边。

“白老师，”他对我说道，“我想我永远也学不好语文课了。”

“为什么你会觉得你永远也学不好语文课了呢？”我问道。

“唉，我觉得我太笨了。”

我把手伸进旁边档案架上的抽屉里，拿出了一个大文件夹，对他说道：“我说乔尼，我很肯定你一点儿也不笨。你来这所学校上学的第一天，我们的一位老师问了你好多问题。你当时回答得非常好，都记录在这里了。所以，我们都知道，你一点儿也不笨。”

评论：这是一个非常好的例子，老师敏锐地觉察到小男孩儿的问题，当即非常有心地为他提供了令他不得不信服的证据，证明他并不愚笨。这样的好办法，怎么可能不会带来好结果呢？

事例 3

玛丽，八岁，智商 106，可是，在一年级和二年级的时候，她的阅读始终没有取得多少进步。上课时她很专心，也很合作，但每当到了做课堂作业的时候，她总是表现得十分无能。于是玛丽被留了级，因为学校认为她需要在阅读方面打下更好的基础。有一次，玛丽做手工的时候哭了，说除了她，其他孩子都可以完成作品，然后她得到了一点点帮助，总算完成了这项任务。

评论：玛丽能完成这项任务，是她用哭泣换来帮助之后才做到的。这样的帮助，是过度服务，而不是对孩子的鼓励。

后来，老师用一种更具建设性的新方法，取代了这种错误的老方法。

又一次做课堂作业，内容是用彩纸剪出字母来，拼成一首儿歌，然后画上一幅画表述那首儿歌。我看到玛丽两次要求坐在她身后的女孩儿帮她剪字母。当看到她第二次这么提要求之后，我又拿了两张彩纸交给玛丽，并告诉她说，我觉得她能剪出很好看的字母，想请她帮我也剪一套。她果然剪出了两套字母，然后既高兴又自豪地把为我做的那一套放在了我的桌子上。

评论： 这是一个恰当运用鼓励的好例子。玛丽不相信自己有能力做好剪纸，所以才求别人帮她做，老师对玛丽的鼓励帮她克服了对自身能力的怀疑。能够替老师做事情，这大大地激励了玛丽的干劲，使她最终愉快地投入到自己的工作当中。

老师的这番努力，最重要的一点是，她没有责怪玛丽让另一个女孩儿替她做，因为批评只会让玛丽更加气馁，反之，老师动脑筋想出了鼓励的方法，从而激发了她的干劲。

事例 4

七岁的汤米是左撇子。开学时，他的字迹几乎难以辨认，而且他的作业也总是写得乱七八糟的。我告诉他说，有些优秀的作家就是左撇子，而且我认为他已经学会了如何书写字母。有一天，我让他帮我把布置的作业抄到黑板上，同时也让我看到他的书写又有了多少进步。他的进步很大。今天，我又把他叫到讲台前面来，让他念出他写在小石板上的作业。他的字写得非常漂亮，他在小石板上写的一行行的字整整齐齐。然而，我真的没有专门教他该怎么写字。

评论： 这位老师不但做了周密的计划，而且落实得很到位。这个男孩儿其实只是需要老师的鼓励。刚开始时，显然他已经破罐子破摔了，根本不认为自己能写好字。此时，任何额外的

“指点”只会让他更加气馁，尽管老师的本意可能是好的，觉得既然他的作业写得那么糟糕，就应该纠正他，告诉他正确的做法。而这位老师的第一步是打消汤米对自己的灰心，告诉他左撇子也可以成为优秀的作家；第二步是找出他表现出来的成就，即指出他能把字母写得很整齐；第三步，也就是最后，要给他机会，让他在全班同学面前展示他的书写能力。

事例 5

约瑟夫每周至少上学迟到三次。有一次，班上选举新的值日生，我注意到约瑟夫也举起了手，他想成为点名表值日生，我便让他接了这份任务。他的职责是去学校办公室拿点名表，交给第一堂课的老师。从那以后，他再也没有迟到过。

评论：这位老师没有说什么鼓励孩子的话，但她用实际行动让那孩子感受到他在班级里的位置，给了他机会，让他从做得最不好的地方站了起来。他肩上有了责任，正是这份责任让他心甘情愿地每天早早来到学校。这位老师虽然还没来得及了解他总是迟到的心理因素是什么，但是能及时抓住机会，抵消了可能导致男孩儿不愿准时来到学校的动机。当然，如果老师因为迟到而责骂、惩罚他，定会令他心里的别扭雪上加霜；假如老师仅仅无视孩子经常迟到，那也是不可行的。还有，老师把这份责任交给约瑟夫时，没有提任何条件，也没有提醒他承担这份责任后要如何，而是表现出对他的充分信任，结果他回应了这份信任。这就是鼓励。

事例 6

罗伯特是一名高一学生，他在记账上遇到了麻烦，他无法正确算出账本上相应栏目中的数字之和。我在他父亲的商店里见过罗伯特使用计算器，知道他会使用那台计算器。于是，我把学校里的计算器带到课堂上，并告诉学生们说，谁愿意用都可以过来用。罗伯特是班上唯一知道怎么使用那台计算器的学生，所以我请他负责帮助指导其他学生。此后，他在做账目加总这方面有了很大的进步，作业也变得更加整洁了。罗伯特在课业上一直是班上的落后生，他也很清楚这一点，这次让他通过演示并指导其他同学操作计算器，给了他一个很好的机会，向全班同学展示他在班级里的存在价值。他对自己担任指导的自豪感，也提高了他在课堂上学习的总体效率。

评论：罗伯特从落后生的位置转到带头生的位置。他从此一改过去学习效率低的毛病，不仅在课堂上的学习变得更高效，而且对自己的能力更有信心了。

事例 7

雷是一个六年级的学生，总在操场上跟人打架。有一次，他狠狠地欺负了一个叫罗尼的男孩儿，那是班上最有人缘的一个好孩子。罗尼哭着过来找我，胸口上还有一道长长的划痕。

在擦干他的眼泪、处理好他的伤口之后，我们一起讨论了雷在操场上四处找人打架的事情。我们都觉得，可能是因为雷以为操场上的孩子都讨厌他，毕竟，大家从来都不肯选他当操场游戏的领头人。罗尼说，他愿意跟班上的其他男孩儿谈谈，说服他们对雷好一点儿。

接下来的一周，我们班级又到了选新值日生的时候[1]，雷被推选为“财务值日生”。这项工作的职责是每天向同学们收取午餐钱，然后拿去学校食堂，交给负责人，并报告当天我们班上有多少人希望享用热腾腾的午餐。

全班同学的鼓励，使雷完全变了一个人。他一连好几个星期都没有跟任何人打过架；他拿出前所未有的干劲努力完成课堂作业；他在课堂讨论时积极发言，贡献了颇有价值的见解……最重要的是，他得到了其他孩子更多的尊重。当他做了值得称赞的事情时，总会有人，有时还不止一个，会当即向他表示赞赏。他第一次完整地完成数学作业时，同学们在深表惊讶之余，报以热烈的掌声。雷似乎没有因大家的掌声而感到尴尬，倒是很开心的样子。

评论：这位老师之所以成功，因为她不仅给了雷一次鼓励，还安排了一连串的、能给予他鼓励的机会。她首先取得了班上

---

1 美国小学里选值日生很频繁，“任期”大约是一个月，而且名目繁多，有许多可选择的职务。因此，一个学年下来，班上几乎每个同学都有机会担任值日生，为全班服务。——译注

“人缘王”罗尼的支持，这实在是一个绝好的主意。最重要的是，这个故事再次表明，如果老师能抓住机会，就可以成功地把一个糟糕的“问题”转化成可利用的正面力量。老师利用罗尼受到伤害和羞辱的机会，认真向他求助，并成功获得他的理解和承诺。一般来说，老师往往忍不住站在“好孩子”的一边，与罗尼一起共同“对敌”，从而加剧整个班级对雷的敌意。但这位老师并没有这么做，她抓住这个机会，赢得罗尼对雷的同情心。接下来，雷又被全班推举成为全班服务的值日生，显然这一招的效果非常好。我们不难想象，老师对待学生的这种不断鼓励的态度，一定会继续朝着正确的方向向全班同学释放正能量。她的这些做法，不仅改善了雷的行为，而且激励着其他同学在为人处世方面持有更加正面的态度。

事例 8

罗伯特的家境很糟糕，而且他家就在学校的对面，这样一来同学们总能看到他家破碎的窗户、不加打理的院子和脏兮兮的屋子。他家人在街坊里的名声也不好，罗伯特的几个哥哥都去过少管所。这一切让他觉得自己在同学中是一个异类。他既不肯主动找他们玩儿，又不肯加入班级的朗诵小组或其他活动小组。偶尔他还会欺负比他小的孩子。

我一直思考如何才能提高他的自信，如何才能让全班同学换一种眼光来看他。不想，答案自然地出现了。有一天，在课堂提问的时候我点了罗伯特的名，问他：“你大姐在哪里教书？”

班上有好几个同学抬起了头，罗伯特的脸上焕发出了光彩。

微妙的变化从那一天开始了。罗伯特肯加入朗诵小组的活动了，班上自由对话的时间，同学们开始给他发言的机会了。随着日子一天天过去，他的出勤率越来越好，也越来越乐意参加班级里的各种活动了。

评论：我们可以肯定，给这孩子带来改变的，绝不仅仅是那一次提问的契机，一定是这位老师始终如一地用心。她一直在寻找各种机会表达对罗伯特的尊重，这也许是他从未体验过的感受。而这，恰是真正的鼓励。

事例 9

八岁的丹尼，虽然智商处于平均水平，可他还在上一年级。他在班上总是违反纪律，比如欺负同学、不遵守发言顺序、上课不听讲，等等。他识字，但不够多，所以没法升到二年级。来我的班级之前，他曾经转了好几次学，每次时间都很短，不等他熟悉环境就又换了学校。他家里还总有人频繁生病，这导致他经常缺勤。

我打算试试鼓励的方法。于是，我告诉班上的孩子们，如果他们需要我帮忙而我又没空的时候，可以去找丹尼帮忙。我向他们解释了丹尼的背景，好让大家理解他为什么现在还在上一年级。我还让丹尼负责带领小组阅读。当其他孩子遇到难题时，我也叫丹尼过去帮忙辅导。他似乎在这样的岗位上进步很快，孩子们也逐渐对他生出了敬意。最重要的是，他现在极少违反课堂纪律了。我给了他很多责任，目的是让他能找到归属感，让他觉得自己是班上重要的一员。

评论：面对一个留级的孩子，公然在课堂上做出各种挑衅行为，老师需要一颗善解人意的同理心，这样才能理解他行为背后的羞愧感。这个案例的突出之处，是老师找到了丹尼身上的优点：作为一年级学生，他年龄大，可能还经历丰富，毕竟他转了好几次学，应该算是见多识广了，只不过他以前把这些本事都用在调皮捣蛋上了。还有，这位老师并没有冒太大的风险，没有给他太多的权力。如果老师的这种方法不起作用，也不会对班上其他同学造成任何损失。当然，老师成功地让他获得了在班级里的新角色。正是这样的新角色，抵消了男孩儿因为留级而产生的自卑感。

事例 10

上五年级的伦纳德是一个很好动的男孩儿，他似乎对任何事情都不感兴趣。有一天，他来找我，说想做一个只有六年级的孩子才可以做的手工。我当时告诉他说，做这个对他来说太难了。看着他垂头丧气离开的背影，我叫住了他，让他回来，然后告诉他说，我改变主意了，决定让他试试。

他想要做的是编织一条挂绳，他编了两小时之后给我看，我发现他只编错了一个地方。我称赞他做得很好，并告诉他我为他感到骄傲。于是他整整做了一天，第二天又接着做，并且完成了将近四分之三的工作。

第二天，他利用课间休息时间来找我，还把他没做完的作品带到我的办公室。我告诉他说，那挂绳编得非常漂亮，如果他最终完工之后看上去也是这么漂亮的话，我会让他把它当作圣诞礼物送给校长。这时，他的班主任走进我的办公室，一把拽住他的头发，拉着他朝外走，边走边告诉他再也不许来我的办公室打扰我，还不许他继续在课堂上编这条挂绳，因为这项手工太难了。

后来，我问那位老师为什么反对他在上课时编挂绳，至少这能让他在课堂上保持安静，那位老师也承认，他的确能老老实实地坐在那里，没有像往常那样在教室里跑来跑去。实际上，那位老师坦承已经对他无能为力了。

二十五分钟之后，又到了课间休息的时候，男孩儿又来到了我的办公室，给我看了他的挂绳，这次已经全部完成，整齐利落。我再次夸赞了他，告诉他可以把它当礼物送给校长了。他说道："哎呀，F老师，我真是喜欢你。你能不能再给我点儿材料，我再做个礼物送给我的妈妈？我保证在课堂上安安静静的。"我从来没有告诉过他，他必须在课堂上保持安静，我才会让他做这个东西，不过从此以后，他在课堂上一直都规规矩矩。

评论：我们常常看到，一个老师对待孩子的态度，从心理学角度来说是正确的，但在另一个按传统规矩来做的老师看来，却是不合道理的。这个案例表明，一位老师付出的建设性努力，不一定会被另一位不信任孩子的老师的错误方法所破坏。一个人的鼓励态度，可以抵消孩子所处环境中存在的许多令他沮丧的感受。

我们来看看，这位老师是怎么鼓励他的呢？一个表现不好的男孩儿，想要做一件看似他力所不能及的事情。老师敏锐地感觉到，这个孩子对成就感的渴望。于是，她给了孩子这个机会。她还一再以赞赏的态度跟进了她给予的机会，并在充满反对的声音中站在了孩子的一边。孩子感受到了老师对他的信任，更没有辜负这份信任。

事例 11

有一位老师给我们看了她用“期末评语”来鼓励学生的例子。她展示的每一份评语，都标注出了一个孩子在最糟糕的方面取得的进步。她在评语栏中的陈述都是真实的，但她强调的从来不是孩子的问题所在。

一张成绩单的评语栏中是这样写的：“威廉深受同学们的喜爱。他们选他当了教室管理值日生，他做得很好。他们还选了他作为班级的代表到学生会服务。他组建了‘未来教师’俱乐部活动小组，并在俱乐部讨论会上给出了他想要当老师的绝佳理由。他现在非常努力。我希望他很快就能加入我们班上的另一个阅读小组。”

背景：实际上，威廉的语文成绩很差，比同班同学落后了三年。他的智商只有75。在评语中，我没有提及在大家做课堂作业或者朗诵课文时他经常大声说话。

另一个评语写着："多萝茜在学校里乐于助人，不但去食堂做值日生，还在操场上担任巡逻员。她在舞台上的诗词朗诵非常有水平。她努力克服害羞，颇见成效，我为她感到骄傲。她待人十分友善，很多同学都愿意跟她做朋友。她还帮我做了很多事。她语文成绩很好，算术成绩也有所提高。"

背景：多萝茜今年十四岁，智商60。她有两位继母，还曾在社会服务中心住过一段时间。现在，她和一位姑姑住在一起，这位姑姑正打算接受一位社工的建议，把她送到州立"智力障碍儿童之家"去生活。我告诉她姑姑，我不相信这孩子的智商数是准确的，希望她允许这孩子在我的班级里至少再待一个学期[1]。她姑姑很愿意支持我。现在，她的语文成绩已经提高到小学四年级的水平，算术方面也已经可以做个位数的加法了。

还有一个评语写着："玛吉每门学科的学习水平都高于本年级的程度。她担任我的办公室助理，在与人打交道方面取得了丰富的经验。她总是乐于完成安排给她的任何任务。"

背景：玛吉是一个六年级的学生，她的智商113，阅读量水

1 送去智力障碍儿童之家，意味着这孩子需要转学了。——译注

平为9.7分，词汇量水平为10.3分，算术水平为7.6分。她很成熟，但从未被推选担任任何职位。她也很少自愿做义工。我给过她组织女生操场巡逻的任务，可她失败了。尽管如此，我在她的成绩单评语栏中写下的一切都是真实的——我也希望这能带给她正面鼓励。

评论：在成绩单上写评语的方式可能会受到一些人的质疑。在他们看来，如果不指出学生的不足之处，他怎么能进步呢？给这么一篇“好”的评语难道不是在欺骗学生的父母吗？这不是让他们觉得孩子一切都很好，实际上并非如此吗？没错，如果成绩单里的评语是虚假不实的，那的确必须反对。但是，这位老师在评语栏中写的优点，都是准确而真实的。这一点，正是最为关键的地方，孩子在哪些方面做得好，取得了哪些进步。强调缺点并不能消除缺点，一个人需要扬长才能避短，而不是反过来。

提高孩子的自信心，有利于促进孩子的整体进步，也会带动他在不足的方面加以改进。这种改进也许不是巨大的，也许是不足够的，但是，若在评语栏中强调孩子的缺点，几乎不可能促使他做出多少改进，尽管他的父母可能会因此向他施加压力。而且，越是对自己感到灰心的孩子，事情就越是如此。

事例12

我用简笔画的方式来代替打分：一张笑脸表示好成绩，一张苦脸表示成绩不够好。那些成绩不好的学生不会像平常得到“D”或“F”[1]的评分而感到沮丧和羞愧。他们会微微一笑，向邻桌展示他们得到的简笔画。而在以前，那些成绩差的孩子总是把卷子藏起来，觉得自己丢脸至极。

评论：通过列举得了D和F的学生所做出的反应，展示了只要发挥想象力，就能找到给学生带来鼓励的方式。

事例13

乔是一个十二岁的男孩儿，智商102，但是，他的阅读水平只有4.1。这么高的智商，却只有这么低的阅读水平，说明过去他在阅读课上遇到过一些问题，要么是老师的指导方式不对，要么是他自己不肯学，导致他在阅读方面的发展落后了。

开学的第一周，我试着给了他一些直接的口头鼓励，让他参加课堂活动和小组阅读，但这个方法显然不奏效，因为他在课堂上什么也不做，只是坐着。

第二周，我与乔上一学年的老师讨论了乔在课堂上的表现，发现他上一学年也是同样的表现，老师没办法强迫他做任何课堂作业，尽管他有能力完成。

在接下来的两周，我对他在课堂上不肯学习只字不提，只是任他坐在那里，做自己想做的事情。

---

1 D是勉强刚及格，F是完全不及格。——译注

经历了两周的无所事事之后，乔终于在上课期间过来找我，问他是否可以到后面的阅读角去读书，那里堆放着很多课外读物。我告诉乔他自己决定就好，如果他愿意去那里读书，就可以过去；如果他愿意在座位上发呆，就在座位上发呆，这些对我没有任何影响。于是，乔决定去读书。

评论：这位老师“干晾”的做法显然很有效。这意味着他的猜测是正确的，即乔上课时不参与学习是为了跟老师作对。这位老师看到乔出现了一点儿好苗头，继续强调他毫不干涉他的决定。实际上，从目前的结果来看，与其说这是个鼓励的案例，不如说是成功利用自然后果的案例，让我们来看看后来又发生了什么。

乔一开始只翻看书中的图片，后来开始阅读简单的读物。没多久，他就加入了班级活动，开始追赶阅读课的进度。

评论：老师提交这份报告时，本来是作为一个鼓励的例子，但随后又补充说是通过使用“自然后果”的方法，并在接下来的报告中进行了分析。

这是否是对待乔的最佳方式，我难以下定论。但是，由于我没有强迫他必须好好上课，他很快就因为自己在课堂上实在无事可做而感到无聊，因此，他主动问我，他是否可以去读书。

更重要的是，我没有像他预期的那样做他认为“老师该做的事”，他大概觉得，既然坐在那里不肯学习完全没有刺激到我，他还是去看书好了。也有可能是他的老套路没能引起我的关注，他便决定改变策略。

评论：老师决定“干晾”孩子的理由之一，是他要做与孩子的预期完全相反的事情，而这恰是一个很容易见效的做法。除了最后一句话，这位老师的分析都是正确的。如果乔的行为是为了寻求关注，他就会故意招惹老师，把他支使得团团转。所以，乔的行为其实是跟老师的权力之争，不过其特殊之处在于，他与老师的交锋仅限于在课堂上不肯学习而已。

事例 14

乔尼是一名二年级的留级生。他的拼写能力很差，但更糟糕的是他对拼写毫无兴趣。有一天，我让乔尼在黑板上帮我抄写当天需要拼写的单词，这项工作我通常是交给拼写成绩出色的学生做的，乔尼脸上放出了光。他对拼写的兴趣立即上升，拼写成绩也跟着提高了。

评论：我无须多做解释，这个案例证明了鼓励的效果。更重要的是，老师在这篇报告中坦率承认，她以前的做法，是我们目前的学校系统中对孩子最具破坏性的做法之一，即荣誉鼓励，往往给了那些最不需要的孩子，他们已经很出色了。真正需要老师欣赏、最需要感受自己价值的孩子，往往得不到这样的鼓励。

事例 15

我带着一个八个孩子组成的阅读小组，他们在学前阅读的考核成绩都不及格，需要复读。教学主管不建议我给他们换一套新书，那可能让他们面对更多生词，更不容易通过。让孩子们重读一遍那套学前读物，我需要给他们一个更好的理由才行。于是，我决定把每一个故事都编成一场话剧来表演。孩子们一边排演话剧，一边学到故事中的所有词汇。一个故事排演成功后，他们就站在全班同学面前正式演出。他们还为大楼里的另外一个高一级水平的阅读小组表演了他们排演的话剧。这让他们倍受鼓舞，不但因为表演获得了成功，而且因为他们的成果能被其他同学所接纳。

我相信，排演话剧这个举措，让我实现了两个目标。首先，孩子们带着目的认认真真地重读教材；其次，他们相信自己的阅读能力足以完成这项特殊的任务。

评论：这位老师用她的想象力让枯燥的学习变得生动有趣，更重要的是，她让学习的过程变得有意义。通过让孩子们排演话剧，她绕开了在阅读补习课上最容易掉进去的陷阱：无聊、缺乏动力、无用，等等。学习可以很有趣，而且从来都是很有趣的事情。

Chapter

6

自然后果

当孩子出现不当行为，就让他承受

随之而来的自然后果即可，

既不需要探究他犯错的原因，

也不需要探究他不当行为的心理背景。

当孩子出现不当行为，就让他承受随之而来的自然后果即可，既不需要探究他犯错的原因，也不需要探究他不当行为的心理背景。自然后果的选择需要老师对发生的事情做出正确的评估，更需要老师充分发挥想象力，不仅要跟孩子当时的行为密切相关，而且要让孩子明白，如果他继续刚才的行为，不论是违反规矩、无视秩序，还是其他形式的不合作，接下来都会出现对他不利的结果。

自然后果并不是纠正孩子不当行为的唯一方法，而且，许多不当行为发生时，并不容易找到合适的自然后果。不过，对于训练有素且足智多谋的老师来说，自然后果的用途仍然是非常广泛的。

对于许多老师来说，要理解自然后果的运作机制，比理解鼓励的运作机制更为困难。这种困难，从下面所举的教师学员提供的一些事例中可见一斑。如许多人将鼓励与奖励混为一谈一样，人们也很容易将自然后果与惩罚混为一谈。然而，鼓励和奖励并不是一回事。尽管称赞既是鼓励的方法之一，也是奖励的方法之一，但是，鼓励比奖励更进了一步，鼓励会让孩子即使在失败时，也能感到老师对他抱有信心。

同样，老师用自然后果来影响孩子时，从某些方面看上去似乎和惩罚措施没什么不同，但这里的相似之处只是表面上的。

我们只要仔细观察就能看出，运用得当的自然后果，没有惩罚学生时的报复性质，也没有老师动用她个人权威时居高临下的特性。自然后果让孩子感受到的是秩序的力量，也是社会的力量，而不是个人的力量。虽然老师借用自然后果的作用来影响孩子，但她不是在利用强大的权威行事，只是秩序的代表而已。秩序影响的是所有的人，并非专门针对某个孩子。

事例 16

我一直非常重视操场上的安全规则。本学年刚开学的时候，在带领一年级的学生到操场上去玩耍前，我召集了一次简短而生动的班级会议，讨论了操场上的安全保障措施。我们讨论了哪些设备是一年级的孩子可以玩儿的，哪些操场是可以去的（我们有三个操场），最重要的是，哪些物品和玩具是可以玩儿的。我们讨论这些内容之后，确定了不可以玩儿棍子、枪、玻璃，不可以扔石头等规则。然后，我请孩子们把他们制定的规则逐一写下来，并且讨论如果有人不遵守这些规则应该怎么办。孩子们决定让“淘气”的孩子连续一周在课间休息时都必须留在教室里，独自坐在自己的座位上，看着其他同学去外面玩儿。这个决定获得一致通过，我们也一直按照这条规定执行。在操场上，唯一发生过的事故就是有孩子擦伤了膝盖。

评论：这个老师报告里的一系列举措，有一部分相当不错。一开始，老师就走在正轨上。首先，她赢得了孩子们的兴趣和合作。她清楚地告诉孩子们为什么要有规则，以及大家认真遵守这些规则的决心。这大概是这一套举措能发挥作用的原因所在。但是，当她试图运用自然后果时，她的做法并不正确，因为她对自然后果的运作机制和实际应用还不够熟悉。让孩子们决定如何处置不遵守规则的人，这是很好的主意，但是，孩子们毕竟还没有接受过民主方式的训练。和他们的长辈一样，他们对如何使用专制的方式更为熟悉。

孩子们回答老师提出的问题，这本来是一个很好的机会，老师可以引导孩子们理解相互尊重的必要性，也教导他们学习如何用民主的方式来维持秩序。但是，这位老师没有反对把不遵守规则的人称为“淘气”的孩子，因此，她错过了告诉孩子们没有人是“淘气”孩子的好机会，尽管每个孩子都会出现淘气的行为。我们不应该为此惩罚他们，而应该帮助他们学习如何才能做得更得体。

其次，以上面的场景为例，我们如何才能实现教导孩子举止得体的目的呢？一旦有孩子不遵守规则，他自然是要离开操场的，很显然他还没学会如何在操场上举止得体。但是，第二天，或者在下一次操场玩耍时间，他应该得到跟大家一起去的机会。如果他还是违反规矩，这一次要隔上一两天之后，他才能再次得到跟其他孩子一起玩儿的机会。如果他仍然没能学会举止得体，那他可能只能等上一星期才能再次得到机会。当然，老师这时候应该这么对同学们说：“但是，我们可以肯定，每一个同学都能很快学会的，这样一来，我们就不会错过太多有趣的活动了。”

这才是自然后果的精髓所在。相反，“让淘气的孩子留在教室，在他的座位上坐上一个星期”，这完全是惩罚，是对“淘气”行为纯粹的报复，是明确告诉孩子：“你做错了事，就要知道做错事的下场。”哪怕这是全班同学都同意的决定，也减弱不了其中的惩罚意味。

惩罚和自然后果的这种微妙区别非常重要。运用自然后果的关键，在于维护秩序的同时并不羞辱孩子。这会对孩子形成更深刻的影响，因为它并不意味着他不得不向谁低头，因此不会让孩子产生潜在的敌意，不会让他因受到羞辱而决心伺机报复。

事例 17

欧尼是一年级的学生，他最开心的事情就是成为全班同学关注的焦点。从上学的第一天起，他就喜欢蹬着椅子来回翘，常常是向后倾斜到马上就要摔倒的时候又翘回来。老师向他指出这么做的危险性，但欧尼继续来回翘椅子。终于有一天，他狠狠地摔了一个跟头，这一次欧尼把椅子翘得太远了。他爬起来，揉了揉自己，然后安安静静地坐好了。没有人理会他，老师继续指导阅读小组，她好像根本没有注意到他。

我认为，这应该算是一种自然后果，因为欧尼意识到他的行为导致的自然后果。而且，他完全没有得到任何他期望得到的关注。现在欧尼终于不再把椅子当作体操器械来用了，而是老老实实地坐在上面。

评论：摔倒是一个自然后果，不过，这并不是老师安排的自然后果，她对这件事情置若罔闻。反之，如果她在孩子摔倒后给他灌输一些道理，或者做其他的事情，总之打扰了男孩儿体会自己造成的后果的滋味，那么自然后果就不会发生。

可惜，这个老师没有更早地针对欧尼的事应用自然后果。她不必向欧尼指出翘椅子的危险性，因为他肯定早就知道。其实，她应该直接采取行动，以友好的态度告诉他，如果他不能正确地使用椅子，他的椅子只好被拿走。

就使用自然后果而言，老师们的处境远没有父母有利，因为这里可能会有一定的危险性。母亲反而更方便利用老师不太方便利用的机会。出于这个原因，我不建议老师允许孩子，尤其是一年级的孩子，来回翘椅子直到出现摔倒的自然后果。我建议老师要更早地介入，并安排另一个“自然”后果，即拿走他的椅子。但是，老师用这个替代方案时，切记必须保持友善的态度，否则，就变成含有惩罚性的报复行为了。

事例 18

几个星期前，班上有个男孩儿经常从座位上离开，靠在桌子上，半站半趴着做功课。重复了几次之后，我终于过去问他，写作业时愿意站着还是坐着，他喜欢用哪种方式对我都没有影响。男孩儿说，他更喜欢站着。我向他解释说，既然他不需要座位，我们就把他的椅子挪出教室。后来，我们的确这样做了，这天剩下的时间里，他全站着上课。

第二天一早，在第一堂课开始前，我又问了男孩儿一遍，他想站着还是坐着。这一次他说，他更喜欢坐着。从此，我们不再因他上课半站半趴着的姿势有过任何争执。

评论：这是正确实施自然后果的一个绝佳案例。每天给男孩儿一个选择机会，让他决定站着还是坐着，这样做非常得体。

事例 19

艾米是家中的独生女。她的母亲在她的教养上投入了大量的时间和精力，不放过任何一个可能让她有所提高的机会。9月初，刚上一年级没几天，艾米的母亲就带着她过来找我，请我允许她每个星期五提早一小时下课，好让她赶去上舞蹈课。我解释说，学校现有的规矩不允许这么做，假如所有人都要求特殊待遇，学校很不好管理，对学生和教师也有负面影响。艾米的母亲虽然承认这个规矩有道理，但仍然觉得艾米应该得到特别的许可，因为她在舞蹈上很有天赋，而且对舞蹈非常感兴趣。由于我始终不同意，她便去找了校长，最后在校长那里得到了许可。

几个月后，年关将近，碰巧连续三个星期五班级上要安排活动，一次聚会、一次话剧、一次放电影。第三个星期五时，艾米的母亲又带着孩子来找我，要求我们调整放电影的时间，这样艾米就不会错过这次活动了。我解释说，这是好几个班级的联合活动，如此一来要连带影响好几个班级的计划，是不可能改变的。然后她俩决定不去上舞蹈课了，留下来参加活动。我告诉她们，每个星期五艾米都要提前一小时离校是她们的决定，因为她们觉得学跳舞比在学校更有价值，既然如此，她们就必须遵守自己的决定，不可以因为有吸引艾米的活动就破坏了规矩。

评论：这是老师如何试图影响孩子和她母亲的一个例子。这个故事有趣的地方在于，它显示出要区分何为报复性惩罚，何为自然后果，这的确很不容易。有些人可能认为，这是“纯粹的报复行为”，认为老师只需平和地答应，就能非常优雅而且快速地处理这件事。还有些人可能会觉得，这是老师平静而坚定地应用自然后果，相信这对母女双方都能有所收获。规矩就是规矩，事情该怎样就怎样，不可随便屈从于别人的过分要求。艾米母亲决定用舞蹈课来取代上课时间。老师做的无非是遵守艾米母亲和学校之间的协议而已。不过，老师这样做，是否也表达了他对艾米母亲的不满呢？毕竟，艾米母亲无视了老师的决定，跑到校长那里，拿到了“尚方宝剑”。

事例 20

课间休息之后，吉米迟了一阵子才回到教室，而且一连好几次都是如此。因为迟到，他错过了老师关于课堂作业的讲解，这本来是课间休息后老师立即就做的事情。这一次，老师告诉吉米，如果他想要多玩儿一会儿，老师就必须额外花时间单独给他讲解课堂作业的内容，这无疑占用了其他孩子的时间，是对别人不公平的事情。所以，他不会再这么做。

下一堂课，吉米又迟到了，老师自然没有给他单独讲解，他的课堂作业因此耽误了。他去问老师该怎么做，老师告诉他，等放学之后她才有空告诉他。于是，他被留堂了，直到完成了课堂作业才放学回家。从那以后，他再也没有迟到过。

评论：这是一个应用自然后果的绝佳例子，清晰地显示了这种方法和惩罚之间的区别。上课的时候，老师很直接地拒绝向这个男孩儿提供特殊服务，男孩儿只能重新调整自己的行为，而且他完全清楚，如果再迟到会发生什么事情，所以，要不要被老师留堂完全取决于自己。

事例 21

在我们的教师讲堂里，当第一个老师——学员汇报他的经历时，大家都觉得他采用的自然后果貌似过于大胆了一些。但是，另外几个人也尝试了一番，也得到了相同的结果。下面是几位学员的几份报告。

我带了一个七年级的班级，班上由二十二个学习迟缓的学生组成。有一天，这班学生特别吵闹，每当我开始讲解时，总有几个男孩儿出来捣乱，语气挑衅而霸道。后来我说：“我要去图书室找本好书来读，等你们准备好认真上课的时候，再来找我吧。”我坐在图书室里，拿着本书，怀揣着疑虑，坐在那里不安地等待，思考着如果他们不来找我，下一步我该怎么做。然而，七八分钟后，两个面容严肃的年轻人组成的“代表团”走了进来，对我说：“请您回来吧，我们现在已经准备好了。”后来，每当课堂里吵闹起来而我面露不悦时，就会有人对捣蛋的人说：“别闹了，不然我们又要没老师上课了。”实践证明，这一招的确很管用。

我是六年级的艺术课老师。那天他们很吵闹，我告诉他们说，除非他们安静下来好好听讲，否则今天的艺术课就不会开始。他们继续说话。我直接离开了教室，走之前告诉他们，等他们准备好认真上课时，可以去找我。结果，我刚一离开，教室立即就安静了，有学生追了出来。于是，我们上了一堂很好的艺术课。

上课铃响了，但是教室里的学生还在说话。我站在讲台上，要求他们安静下来，告诉他们铃声已经响过了。他们继续聊天，我就继续等。大约等了一分钟，我宣布：“我不会在这么吵闹的教室里上课的。”说完，我拿起公文包，一边离开教室，一边回头说：“等你们准备好之后，过来告诉我。我就在隔壁。”然后，我直接去了隔壁的教师休息室。三四分钟之后，两个男孩子过来找我，说大家已经准备好上课了。当我走进教室时，里面鸦雀无声，以致我几乎绷不住一脸的平静。

到了该换个课堂活动的时候了。我站在那里，等着四年级的孩子收拾好材料和用具，为下一个课堂活动做准备。我觉得给他们的时间已经足够了，便站在黑板前，准备开始讲解接下来的新课题。通常来说，只要我默默地站上一会儿，课堂里就会安静下来，可是今天，他们一直说个不停。我用当作教鞭的尺子敲了敲黑板。他们仍然继续说个不停。我更用力地敲了敲黑板，说："看来，你们是不想上课了。我要给你们讲讲阅读了，但是，显然你们现在不需要老师。我想，我还是回到休息室去吧（就在隔壁）。等你们准备好上阅读课了，派个人去叫我，我会很高兴回来上课的。"

我在教师休息室里刚坐了一两分钟，安便过来告诉我，全班已经准备好了，他们希望我回去上课。我并没有从正门进去，而是直接从衣帽间的小门进去。教室里很安静，甚至一根针掉下来都可以听到声音！看着一屋子天使般的面孔，我差点儿笑出声来。

评论：这种方法堪称是"放大招"，不可频繁使用。如果用其他方法能奏效，最好不要用这招。另外，老师心里也要基本上有谱才行。如果整个班级已经反抗得太厉害了，或者反抗老师的那群孩子中有个号召力极强的人，更不可轻易使用，除非老师确信班上大多数学生会站在老师这边。如果能有这样的把握，倒是可以试一试[1]。

事例22

汤姆是个五岁的一年级学生，机敏又聪明，总是能吸引老师的关注。一天早上，他戴着帽子、手套，穿着外套和靴子，直接进入教室，加入了这天的第一场小组活动（孩子们在大厅里有储物柜，按规矩，在上课之前就要脱掉鞋帽、挂好外套）。老师提醒他回到储物柜那里，把外套和鞋帽收拾好。第二天，在科学课上，我们讨论的课题是穿衣服，以及我们为什么要进入室内脱掉外套等问题（在讨论中，汤姆提出了很多在室内应该脱掉外套的理由）。然而，接下来的三天里，他每次都穿着外套进入教室，每次都需要老师提醒他回到储物柜那里。到了他第五次这么做时，我便不再提醒了，什么也没说，任他穿着外套进入教室。大约一小时后，他已经很不舒服了，想出去找储物柜，可我告诉他，他必须等到下课才能去，也就是大约四十分钟后。此后，他再也没有穿着外套进教室了。

1　有趣的是，我们讲堂里所有的老师和学员都认同这种方法，还有好几个人第一次听取别人的报告后就尝试了。相比之下，我和几个同事讨论这种做法时，对其可行性深感担忧，尤其是事先没有得到校长的认可，就更不该做了。他们最为担心的是，万一学生们没有去请老师回来上课，那事情就完全没法收场了。据说，这种情况已经发生过。坦率地说，我个人的看法是，只要做到我上面提醒的几个注意事项，就没什么好担心的。到底要不要用这一招，很大程度上取决于老师的自信。有些人不够胆量，但畏惧反而容易失败；有些人敢去闯一闯，倒是更容易一举成功。

评论：老师将汤姆的行为解释为寻求过度关注，这是正确的。他故意让老师提醒他，然后才去做本该做的事情。如果是为了权力和反抗，他就不会一经提醒就立即顺从了。

汤姆第一次违反规矩时，老师没有跟他浪费口舌，而是在第二天适当的时候组织了一场课堂讨论，这也是正确的做法。然而，如果老师认为汤姆不知道为什么大家要先脱掉外套才能进教室，那老师就错了。很明显，汤姆完全知道进教室要先脱掉外套的所有理由，只不过，这些知识并不妨碍他故意反其道而行之。

最终的解决方案也非常好。当然，如果这位老师一开始就知道如何在孩子寻求过度关注时采取有效措施，她就不必等到第五次才考虑可能的自然后果。不过，与其用责骂、说教、威胁之类的错误方式来回应，不如等老师找到合适的方法再来处置。可以应对这种情况的自然后果还有几种，比如，等所有人都准备好才开始上课，或者让汤姆在准备好上课之前离开教室，这与提醒他出去“脱掉外套”是不同的。这位老师看来找到了最有效的方法之一，因为她根本不需要浪费口舌。如果条件允许的话，这一招往往是最好的招数。

事例 23

我是小学高年级（四、五、六年级）的体育老师。第一学期，我组织了几个运动队，第二学期打算组织更多的运动队。我制定了一条合理的规则，只有认真参加日常训练的人，才有资格上场比赛，无论队员自身水平的高低，都要遵守这一条规则。

在足球赛季期间，有几位球技很棒的队员在训练时没有到场，引起了大家的关注。到了打比赛时他们却直接出现了。作为一名教练，我明知道这几位队员的技术更好，却因为他们没参加日常训练而不用，不算明智之举，毕竟这对我们球队的士气、名气和声誉都是不利的。可我仍然坚持定下的规则，只让那些参加日常训练的男孩儿上场，而几个球技更好的队员都被降级到替补席上。他们坐在那里满腹牢骚，而我校在本赛季的战绩也不如预期那么好。但是我想，我还是赢了。现在，到了篮球赛季，每周应该参加训练的队员都整整齐齐地出场了，再没有谁缺席。

评论：当教练面对赛局时，往往很容易因心软而让步，从而纵容孩子们破坏已有的秩序。这位体育老师做得很好，他不肯走捷径，也的确得到了更大的收获。教导孩子遵守规则至关重要，为了所谓的权宜之计而牺牲纪律是不值得的。对孩子和老师来说，自然后果有时可能会很严重，反而是责骂、说教或惩罚要更容易。但事实证明，前者虽然代价不小，不但要付出耐心，而且要牺牲眼前的利益，但结果是非常值得的。通过实际感受自然后果，教练建立起秩序感，并且维护已有的规则。唯有这样，老师才能赢得孩子们真诚而持久的合作。通过威胁和压力获得顺从意味着屈服，并且在大多数情况下只能是短暂的屈服。

事例 24

一名初中生在交语文作业时，交不出他的作文。我告诉他说，第二天必须交作文，否则就不用来上课了。第二天，轮到他朗读他的作文时，他读了一篇他写好的作文，内容讲的是一名学生和老师之间的分歧。在文章中，那位学生称他的老师是一个“小老太婆”，很明显，这个学生是在讽刺我。朗读完作文之后，他便抬脚往外走，觉得我肯定要赶他出教室。但我只是请他坐下，因为他已经按我的要求写出了作文。

从那以后，这个学生无论是在课堂上的心态，还是对待我的态度都发生了变化。他不仅成了一名好学生，还跟我成了朋友。他的一位姐姐告诉我，他为自己那天的行为感到羞耻。

评论：这个案例的美好结果和良好效果，使人不太容易看清楚其中含有自然后果的因素。这位老师提交这份报告，是作为“看清学生的预期，然后反其道而行之”的例子上交的。她想得也没错，这正是这份报告中最令人印象深刻的部分，也是这一招的一个绝佳例子。但凡老师不知道该怎么做时，都可以遵循这一条来行动。

然而，我特意把这个例子放到这一部分，是因为它显示出了自然后果的重要因素。这个故事的起因是学生不肯交作业。在这种情况下，老师应用了自然后果——明天必须交作文，否则就不用来上课了。这是一个很恰当的做法。学生的确顺从了，但并非没有反击的意味。这位老师显然已经感悟到使用自然后果的一个原则，那就是若想要自然后果起作用，就不可以让对方把自己带跑而偏离原本的问题。既然你要的是让孩子必须交作业，那么，除了交作业这件事情之外，其他的都不必理会，否则就会被其他问题分散注意力，而偏离了原本的核心问题。这位老师站稳了脚跟，公开表示她很满意，因为学生毕竟写好了作文。既站稳脚跟，不让自己被对方拖进其他问题，又只做与孩子的期望相反的事情，这两个原则串联起来，使得这位老师的方法大获成功。

事例 25

我正带着四年级的学生朗读课文，却看见座位紧挨在一起的南希和维奥拉，正打着手势在私下里交谈。我本想简单地朝她们的方向看几眼，来提醒她们专心读书，但她俩“聊”得太投入了，完全没有注意到我的目光。最后我说：“南希和维奥拉，你们好像有重要的事情要说，甚至都来不及等到下课。你们两个可以到外面楼道里，把你们想说的话好好告诉对方。等你们说完之后，就可以回到教室里来了。”

她们开始往外走，途中维奥拉说：“我没有说话。”

我答道：“我知道，你没用动嘴，但你用了手。”

两个孩子出去了，几分钟后又回来了，加入了我们接下来的课文讨论。放学之后，维奥拉来找我，请求我给她调换一个座位。我答应了她。

评论：这篇报告里有许多看点值得一提。首先，老师在不必说话时没有讲废话。她先打算仅仅用眼神来阻止她们说话。在眼神没用时，直呼孩子的名字也就足够了。这一声呼唤可以中止两个女孩儿聊天，至少在一段时间内。不过，这位老师显然认为，应该把步子迈得大一些，她选择了一个很合适的自然后果。老师言简意赅地让孩子明白后果的逻辑关系，这一点很重要。而且，她没有被孩子“我没有说话”的辩解给带偏。

整个事件只用了几分钟就解决了。两个女孩儿回到教室，一切都回归正常了。老师处理课堂干扰时沉着而冷静的态度，对这次事件的真实原因也产生了一些影响，其中一个孩子提出了请求，能解决以后上课可能会讲话的问题。在整个事件中，老师很坚定，也十分友善和通情达理。

事例 26

在算术课上，彼得一直磨磨蹭蹭不写作业。我说：“你可以现在做，也可以放学后做。”他没有说什么，继续在这里摸摸、那里瞧瞧，浪费时间。算术课下课后，彼得把他的课堂作业交了上来，上面只做了一道题，答案还是错误的。我告诉他，放学后他必须留下来完成作业才可以回家。他什么也没说。放学后，我把彼得的课堂作业还给他，让他完成剩下的部分。他说他不能留下来，他必须回去。

我说："我很抱歉，但你知道，你必须把功课都完成才行。"

他坚持道："但我必须回家。"

我回答："你把功课做完之后，就可以回家了。"

彼得把课堂作业拿回自己的座位上。又过了一分钟，他开始哭起来，泪流满面。我说："我知道你的感受，彼得，我也想回家，但我的工作还没完成，我只能留在这里把事情做完。"彼得继续哭，不过我注意到他不时抬起头看看我。过了一会儿，他停止了哭泣，没用多少时间，就完成了所有的作业，而且除了一道题之外，所有的答案都是正确的。

评论：让孩子放学后留堂，补上他没有完成的课堂作业，这个自然后果本身已经成为惯例，本不值得当作事例在这里讨论。但是，这则故事中有个值得一提的亮点，那就是老师安抚孩子时说的一句话，把留堂这个很容易被孩子看作是惩罚的举措，变成一个真正的自然后果。这句话表达了老师对孩子感受的理解，愿意跟他将心比心。老师说，她也想回家，但必须先完成她的工作之后才行。这是关键时刻的关键话语。这句话让她从权威的位置上下来，把孩子和她都要遵守的规则推到了权威的位置上。这句话也表达了她的谦虚，又半点儿无损于她的坚定。

这个故事还表明一点：放学之后，孩子和老师之间的关系不同于上课期间的相互感觉。我想起了一个笑话，对此有一个很好的解释。乔尼放学后被留堂了，他正老老实实地完成课堂作业。此时他非常乖顺，举止得体，以致老师在惊讶之余忍不住夸赞他：“我真不明白，你为什么课堂上那么不讲理，讨人厌，惹人生气，可现在你又是如此友善、开朗、乐于合作。”男孩儿抬头看了看老师，说：“我跟你的想法一样。”

事例 27

下面这个自然后果的事例，提出了一个有趣的、值得讨论的观点。

我是一名数学老师，班上的学生总喜欢在答题时互相寻求帮助，无论是做课堂作业还是在答考卷时，都会嘀嘀咕咕。有一天，我对孩子们说，我的看法是，这么做没有什么不妥。不过，既然一个问题需要两个人共同努力才能得出正确答案，那么他俩应该各得一半的分数才合理。听了这番话之后，有些人当即就不再“互相帮助”了，还有些人则想等着看实际情况，直到看到“互相帮助”对卷子评分的实际影响后才算罢休。

评论：这个例子势必会引起传统观念者的反对。传统观点认为，如果学生不能单独完成考试答卷，那么考试成绩应该记零分。然而，正是这个事例中，老师对老问题的非传统的态度，使得这个事例变得有趣。

问题的核心是作弊，这位老师的看法颇为标新立异。她看到的是学生们互相帮助，这本身并不是一件可恶之事。孩子在考试时总是想要“互相帮助”，有些老师对此完全不能容忍，有些老师会不在意，还有些老师则可能完全接受。在任何一个颇为团结的班级中，互助精神是不可或缺的。然而在竞争激烈的气氛中，没有互助的立足之地，但在师生对抗激烈的班级中，孩子们为了共同对抗老师又会抱团互助。同学之间已经形成的关系，不可能在考试的那一刻突然变得不同往常，再谈荣誉、奖赏、惩罚、威胁，也改变不了这一事实。因此，只要有人想以惩罚作为权威的方法，把自己的意志强加在一个不甘心俯首听命的班级，那这个班级里就必定少不了作弊行为。有些人认为，作弊是青少年走向犯罪的第一步。其实，作弊不但是可以理解的，而且是人的本性。只要老师知道如何引导，而不是对之大加鞭笞，那就能有效地消除这种行为。

从这个角度来看，这个例子颇有价值。这位老师并没有披上道德的外衣，没有表达她对作弊的反感和愤怒，她明确地表示，在她看来“这么做没有什么不妥的”。按照她的逻辑推理，如果需要两个人合作才能得到正确答案，那么每个人应该只得一半的分数。这个结果并不是激怒权威之后导致的报复与惩罚，而是轻描淡写地陈述了一种见解，甚至还带有一种近乎幽默的意味。虽然五十分是个不及格的成绩，但它的根据是一个合乎逻辑的推理，而不是不能单独完成答题把评分“归零”的处分。学校在处理作弊学生时，令人感到可悲的做法往往就在于这种惩罚式的“处分”。

考试到底有多大意义和存在价值，已经有人对此表示怀疑了。即便考试的确有意义，把考试作弊的后果变成自然后果，而不是惩罚性的处分，似乎这样做是更可取的。从这个意义上来说，这位老师为我们贡献了一个有益的事例。

Chapter

7

了解孩子的生活方式

要清楚地了解孩子的生活方式，
靠的不仅仅是敏锐的观察，
还需要老师深入了解孩子的成长历程、
家庭地位、他与父母的关系、
与兄弟姐妹的关系、家长的教养模式等
详细信息。

针对老师们的心理培训，有两个主要的教学目的。其一，老师必须学会了解孩子的直接行为目的，也就是孩子的所作所为背后的行为动机。老师想要真正有效且正确地引导孩子，这是基本的前提。若是不理解孩子真正的行为目的，老师就会进入孩子潜意识构筑的心理计划中，这反而进一步强化了老师本想遏制的倾向。不过，对于受过训练的教育者来说，孩子的直接行为目的其实并不难辨识，只要老师用心观察就能一清二楚。

心理培训的第二个目的比第一个更为复杂，需要老师拥有了解孩子内心的基本观念、心理倾向及其生活方式的能力。要清楚地了解孩子的生活方式，靠的不仅仅是敏锐的观察，还需要老师深入了解孩子的成长历程、家庭地位、他与父母的关系、与兄弟姐妹的关系、家长的教养模式等详细信息。要掌握这些技能，老师需要更加深入地培训，在辨识时做更多的准备工作，程序会更复杂，不是仅靠课堂观察和谈话就能做到。

下面这个案例，讲述了几位训练有素的专业人员在确定一个孩子的生活方式和行为目的时的具体过程。咨询师与孩子的访谈，以及后续的跟踪复谈，都是导师在教师学堂上，给所有学员做出的示范。

事例 28

一位母亲，带着七岁的鲍勃和他的老师接受访谈。通常情况下，咨询师与母亲会谈时，孩子须在咨询室外面等待，但是这一次例外，我们让鲍勃也进了屋，安排他坐到咨询室的最后面。学员们坐在他附近，在咨询师与他母亲和老师讨论他的问题时，观察他的反应。

母亲在讲述中提供了以下背景信息：鲍勃还有个弟弟，比他小一岁半，名字叫迪克。鲍勃九个月时就会走路，一岁开始说话，十六个月接受如厕训练。但是，他的说话能力后来完全没有任何进步，虽然他的身体发育十分正常。他只在极少数情况下说几个词，总是用动作来表达他的意愿。

除了这点缺陷外，他的适应能力很好。在饮食上，他完全没有问题，但不会自己穿衣服。但凡要求他做的事情，除了不肯说话，其他事情他都能很好地完成，而且他看起来是个快乐的孩子。老师说，鲍勃很合作，但他似乎听不到老师说的话，也根本不会开口说话。老师认为，他可能还没有学过阅读，因为他还不会用语言表达自己，所以让他重读一年级。老师还认为，他可能有听力缺陷，因为即使有人叫他的名字，他也经常听不见。孩子的母亲也同意老师的见解，因为她叫鲍勃吃饭时，他也常常听不见。

鲍勃曾经被送到一位语言治疗师那里接受治疗，那位治疗师也倾向于认为鲍勃在语言和听力方面有生理缺陷。

鲍勃的弟弟迪克，在生活上很独立，他非常健谈，但是不太听话。他很容易抱怨和哭泣。鲍勃有时会招惹他，当要求无法得到满足，或者感到沮丧时，鲍勃就会乱发脾气。

我们在这时还不能做出明确的诊断，尽管鲍勃似乎在利用他不会说话来寻求额外的关注。显然，母亲为两个孩子做了许多他们自己可以做的事情，比如，鲍勃可以自己穿衣服，可是母亲仍然要替他穿衣服。鲍勃不可能有时能听见声音，有时又听不见。之前的检查，没有任何病理性的依据表明他有身体障碍。因此，我们推断他的问题是情绪障碍，这反倒有了依据。我们向鲍勃的老师指出，她不应该因为鲍勃无法用语言表达自己就认为他不能阅读，因为还有其他方法可以测试他的阅读能力，比如用书面形式向他发出简单的指令等，不过他们还没有尝试这样的测试。

当母亲和老师离开咨询室后，咨询师要求鲍勃走到前面。他周围的培训班的学员开始讨论刚才在会谈中鲍勃的面部表情。鲍勃似乎对刚才的会谈很感兴趣，可是，当咨询师要求他走向前时，他却安静地坐在那里，仿佛什么话都没听到。咨询师一边再次邀请他走到前面去，一边讲述他对鲍勃的分析与推测。鲍勃扭动着身子，用手捂住了脸，用一只眼睛观察着周围，生怕错过任何事情。讨论继续进行着，随着讲到鲍勃是故意假装没听到他们说的话，以抵制他们给他造成的压力时，鲍勃不由得露出微笑，这是典型的识别反射。于是，旁边一名学员走上前，打算把他拉到前面去，鲍勃立即表示反抗，使劲挣扎，而那位学员不得不抱起扭动的鲍勃，费力地往前走。此时，我们对鲍勃的诊断再无任何疑问了。

当鲍勃坐在咨询师面前的椅子上，立即安静了下来，他变得很“合作”。他回答了所有愿意回答的问题，不过是用“是”或“否”或耸肩的动作表示的。大多数时候，他的脸都是半遮着的。接下来的“对话”相当热烈，尽管鲍勃的“话”都是用动作来表达的。在这样的问答中，他表示不知道自己长大后想做什么（耸肩）；当我们问他是否想长大，他没有给出任何答案。这时，旁边的人就这点进行了一番讨论，鲍勃也在一旁听着。会不会是他不想长大，一直想被家人照顾？他没有回应，但显然不喜欢这个答案。有人问他是否喜欢他的母亲、父亲、弟弟还有老师，他都会摇头。不管是他一时的情绪还是实际的意愿，他都表达了他不喜欢他们当中的任何人。有人问他是否能够阅读时，他没有表示出“是”或“否”，而是做了一个动作，表示他不想对此发表任何意见。然后有人问他是否想知道他为什么用手遮住脸和眼睛，他用力地摇头，表示他不想知道。尽管他给出了明确的回答，但一旁的人还是讨论了这个问题，并指出他可能期待有人把他的手从他的脸上拿开。他还想借此表明自己不在乎别人说什么，只想按照自己的心意来。这时，他立即把手拿开了，这表明他意识到我们的推断是正确的。

之后，鲍勃的母亲和老师进来了。她们一进来，鲍勃立即把手放在脸前，母亲立刻上去把他的双手推到一边（母亲回应了鲍勃的寻求关注）。

我们向鲍勃的母亲和老师解释，为什么他会有那样的行为，以及他为什么不说话。其实，他不仅是在寻求关注和服务，还借此拒绝来自权威人士的要求。他以消极的方式进行反抗、发号施令。典型表现是鲍勃抗拒被带到前面以及用双手挡住脸。我们向母亲解释说，由于弟弟的出生，才一两岁的鲍勃遭遇了“王位废黜”，他便用这样的方式成功地保住了母亲的关注和服务。他没有用公开的形式反抗强大的母亲，而是与她消极地对抗。通过拒绝说话，他不仅战胜了母亲的力量和压力，而且获得了她的服务。实际上，他并不像看上去那般“合作”。他当然明白母亲说的每一句，如果他愿意说话，可能会说得很好。

母亲和老师都对我们的话深表怀疑，老师比母亲还要坚持。母亲不敢相信，听话而顺从的儿子居然试图战胜她，而老师则坚称是鲍勃的听力有问题，而且他是真的不会说话。

我们给母亲提出非常明确的要求：她需要跟鲍勃说话时，说一遍就好，不要重复；叫他吃饭时，也只叫一遍就好。母亲不必真的认为鲍勃听不见她的话。另一方面，她应该多花时间和两个孩子一起玩耍，多表达出自己的爱意。当鲍勃发脾气时，她应该当即离开房间。我们也要求老师必须“假装”认定鲍勃可以听见她说的话，而且他是会说话的。如果他不听也不说，也不要上前纠正或批评他。

两周后，母亲和老师都回来参加复谈了。她们的怀疑彻底消失。母亲已经意识到鲍勃要求她提供额外的服务，但她不再提供那些服务。鲍勃能自己穿衣服，能照顾好自己。自从母亲第一次叫鲍勃吃饭时，他没理睬而错过了一顿饭，之后只要再叫他，他总是能听到。有一天，鲍勃的表弟来家里玩，母亲听到他们在楼上自由地大声交谈，当时鲍勃还以为没人能听到。这时，母亲终于完全相信我们向她解释的，鲍勃这些行为的心理原因。从那以后，母亲再也不理会鲍勃的命令和暗示。几个星期后，鲍勃说话的水平几乎正常了。

本章接下来的内容，均来自教师和学员们在学习和探索孩子的生活方式的过程中，提交的一系列简要报告。每一份事例报告都包括问题叙述、部分背景信息、情况分析，以及最后的纠正方法建议。由于初学者对心理探索技巧的掌握程度不如受过培训的学员，因此每份报告的深度和广度都有区别。

事例分析均采用本章上述案例所示范的做法，并在课堂上以会谈形式研究讨论。讨论的内容，均围绕报告中学员们的解释是否正确、信息是否充足、是否漏掉哪些重要的数据等方面展开。若没有这些数据和信息，想对一个孩子做出准确的评估是不可能的。本章中的部分事例报告，还会成为第 11 章研究项目的主题。

这些事例报告显示学员们的分析处于不完整、不准确的不同阶段。这些报告并非对孩子的最终诊断，而是用于澄清孩子潜在的心理动态进展和可能涉及的问题，换句话说，它们仅用于教学。报告中提出的尝试建议和纠正方法，也不具备临床诊断的确定性。请务必牢记，所有叙述都是教学实验性质的，尽管在讨论过程中这一点并不是非常明显。

我们在讨论中使用的分析技术，以许多人并不熟悉的理论为前提，所以，针对这些报告还有一点需要澄清。我们了解到的有关孩子的成长背景和过去经历的相关信息并不完整，因此，只能在案例的探索过程中，不断加以推测性的补充。但是，我们的推测并非单纯地依靠直觉，而是以一定的科学前提为依据的。

我们已经知道，人类的行为是以目标为导向的，而且一个人的“品性”并非隐藏在人格之中不显露，反而是通过行为和与他人的互动不断表现出来。因此，以下每份描述一个孩子的性格，特别是他的行为的报告，不仅仅体现出他做了什么事，更体现出他是一个什么样的人。任何事情都不会凭空发生。每个人独特的品性与人格，所反映的是他与家人的互动模式，他在课堂上的行为，也会体现出他与老师和同学的互动模式。正因为如此，在许多情况下，我们都不难推测一个孩子在家里、在学校如何与互动对象相处。虽然提交报告的学员可能没有提供任何互动对象的信息，但我们可以推测出各种可能性。当然，我们无法确定这些推测的准确性，而且由于我们并没有对这些案例进行后续跟进，也永远得不到确切的答案。但是，正如阿德勒所说，“朝着正确的方向推测”是对复杂事物进行深入了解的一个必要部分。在实践中，我们可以而且已经通过可获取的任何信息，不断验证这些推测的准确度。在我们设定的教学环境中，只能假设这些没有得到验证的推测是正确的，正因为如此，我们得出的结论只是推断性的。但是，我们的经验表明，如果有机会做进一步探索，我们的“推测”往往会得到证实，而不是被否定。

类似这样的推断，也可以用兄弟姐妹的情况来举例。正如我们认为的，既然孩子的个性可以通过行为以及与他人的互动表现出来，我们可以据此推测出他的兄弟姐妹的性格、父母与他相处的方式，以及其他类似的因素。比如，一个总是喜欢露出笑容、善于展现出魅力的孩子，说明他的家人爱笑并且有魅力。不管老师是否了解到这方面的信息，我们可以相当肯定地推测，孩子的笑容对家中某些重要成员一定很有影响力。如果他不曾用这种办法来博取家人的喜爱，他就不会懂得用这种方法博取别人对他的好感。因此，通过阅读事例报告中针对孩子已有信息的描述，我们就可以推断出一些尚不知道的信息，或是推断出与学员报告中的推断相矛盾的地方。

学员在培训的这个阶段，他们针对各种情况所做出的推测与假设是否正确，这并不重要。哪怕是错误的推测，也比完全不推测要好。有了错误的推测，也就有了做出纠正的余地；如果完全不做推测，就不可能获得更深的理解。最重要的是，老师和学员们要熟悉思考和探索的方式，他们必须学会把孩子放在整个生活情境中去了解，而不是把孩子看作一个孤立的个体。我们一再强调，要对孩子周围的人和他们的互动做进一步的探索，就是为了这个目的。

事例 29

汤姆，十岁，我选择他作为我的研究对象，因为他极度紧张，还有严重的语言障碍。

评论：选择这样一个孩子来研究，似乎需要勇气。极度紧张和严重语言障碍是难度很高的课题，对这类患者的心理分析需要仔细的研究和娴熟的技巧。提交这份报告的学员，仅仅是这方面的初学者，虽然她拥有硕士学位，但恐怕她还不足够具备用这种方式做分析的能力。

我与孩子在学校的护士、校医、老师、同学、家长和心理医生都分别进行了会谈。

评论：这位学员从各个方面获取孩子的信息。她是否准备好获得相关的数据呢？

学校护士给汤姆做了检查，认为他的双眼视力正常，但体重偏轻。

评论：在这里报告孩子的视力正常与否，几乎没有任何意义。如果是为了确保所有重要信息都包括其中，是可取的，但仅有上述一篇简单的报告，怎么可能提供所有信息呢？这位老师需要记住，在获取信息时，必须注意每条信息的相对重要性。如果不进行这样的筛选，最终她会得到非常大量的信息，其中不但有很多无关信息，还可能会导致错过应该了解的信息。

校医说，汤姆的身体情况良好。他患有支气管哮喘和鼻塞。校医认为，不应该让他承受压力。孩子的母亲说，汤姆正在接受一位过敏专科医生的治疗，每周见那位医生两次。她还说，汤姆的胃口还算正常，只是有些挑食，他有很多不喜欢的食物。

评论：这里出现了一些重要信息：汤姆患有支气管哮喘和过敏。这说明汤姆是个过度敏感的孩子。既然如此，前面护士提到他体重过轻，以及母亲说他有很多不喜欢的食物，这些信息都至关重要。汤姆喜欢什么，不喜欢什么，他可能无法容忍任何他不喜欢的事物。他曾经，而且直到现在都有饮食上的问题。这一事实体现出一种典型的母子关系。

这家人的住处位于一个中等水平的街区，是一套有六间屋子的公寓。公寓前的草坪修剪整齐，家里干净整洁，地板上铺着白色地毯，而且一尘不染。但是，这样的家居环境很难让人感受到家的舒适与享受，似乎更像是为了令R太太引以为傲——她能让家中保持完美无瑕，并且一切都井井有条。

评论：从心理学的角度来看，这些是大量无关紧要的信息。其实，这位学员仅陈述上一段最后一句就已经足够了。这位母亲显然心气儿太高，可能是个完美主义者，这对理解孩子的处境很重要。

汤姆的父亲在一家钢铁厂工作。在汤姆八个月大时，母亲开始工作，担任秘书的职务。她知道孩子紧张，而且有口吃的现象。她注意到汤姆在吃饭的时候不能端坐不动，总是不停地动来动去。

评论：报告写到这里，终于出现了了解汤姆的第一个重要线索。我们已经知道，他有饮食上的问题，不好好吃应该吃的食物，而且他在用餐时间的焦躁不安非常明显。显然，这种焦躁不安是他抗争的一部分，可能是与母亲的抗争。他对食物的厌恶和焦躁不安，可能有一个共同目的：以一种消极的方式，而不是公开的反抗，来与母亲抗衡，同时借此让她为自己忙碌焦虑。

这位母亲表示，孩子们让她颇为担心。父亲认为，孩子们其实很讨厌母亲，因为她总是对他们大喊大叫。母亲解释说，只要是钱能买到的东西，只要孩子们想要，她都会满足。但她下班回家时，只觉得一身疲惫，偏偏孩子们还要“让她心烦意乱”。

评论：到这里，表明该学员对汤姆的家庭总体情况有了深入的了解。首先，母亲本身就是一个“神经质型”的人，她觉得孩子们惹她心烦。有可能是汤姆在模仿她吗？还有，母亲是“角斗士型”的人，只是她的战斗方式并不是公开的敌对，而是以关心为形式。在她看来，她对孩子吼叫都是为了他们好。她可能没有意识到她与家人的对抗有多激烈，反而觉得是家人都在和她对抗。她和父亲的看法并不一致。我们不难想象，母亲该有多么委屈——她如此努力地为孩子们做力所能及的一切，可是丈夫还那般对待她，这是多么不公平。

汤姆是家中的第二个孩子，他上面还有个哥哥。

评论：不幸的是，这位学员没有详细描述这位哥哥，他可能是了解汤姆的关键人物。我们需要知道他的年龄，最重要的是，他是个什么样的男孩儿。鉴于每个家庭的老大和老二在品性与人格上往往各不相同，家庭中的竞争越激烈，哥俩的不同就越明显。我们可以想象汤姆的哥哥是怎样的人。汤姆扮演的是弱者形象，他哥哥可能很独立，而且“强势”；汤姆与母亲的对抗是消极形式的，那么他哥哥很可能是积极形式的公开叛逆。了解这些情况很重要。汤姆与哥哥的关系，很可能对汤姆的个性发展具有十分重要的影响。

汤姆与同龄人相处似乎很融洽，不论是跟他们交谈还是玩耍，都显得轻松自在。他在交往上的困难，似乎只出现在与成年人打交道的时候。母亲不允许他把朋友带回家，因为“他们会把家搞得乱七八糟”，还会制造出很多噪声。

评论：在这里，我们看到，汤姆具有良好的社会适应能力。他是一个好孩子——很可能像他母亲一样，也就是人们所说的

“好人”。当他跟同龄人在一起时，他觉得处在平等的关系中，也没有人对他提出特别的要求。但是，他显然很难与“尊长”打交道。似乎是成年人与孩子之间“上尊下卑”的感觉，使他在成年人面前表现很紧张。也许，他跟母亲一样，是个心气儿很高的人，恐怕自己达不到母亲的高标准、严要求。母亲不愿让孩子的朋友到家里来，正是这种标准的具体体现。只要成年人不对汤姆提出要求，他就可以放松下来，但是，只要告诉他需要达到什么水平，他就没法完全放松了。

为了确定汤姆与父母之间的关系，我和R太太进行了单独的会谈。

评论：关于汤姆父母之间的关系，更确切地说应该是为了“了解更多细节”。因为我们已经看到，他们之间的关系并不好，毕竟在前面的描述中，母亲已经提及孩子父亲对她的不满。

R太太解释说，她的丈夫经常酗酒。他经常回家之后就开始跟她吵闹、打架。她和丈夫曾多次分居，要么是她带着孩子们一起离开，要么是她丈夫离开，而孩子们都留在她身边。

评论：R太太很有可能是典型的“酒鬼妻子”。这样的女人非常优秀，没有人能达到她们的道德高度。由此，丈夫越发觉得自己卑微与不堪，他要么在酒中寻求安慰，要么以酗酒为武器来反击妻子。他之所以酗酒，是因为挫败与灰心，也因为抗拒与反叛。而R太太，就像一个典型的酒鬼妻子，总是委曲求全，把丈夫带回家。她是那么的“美好”，怎么可能让丈夫对自己完全失望？但是，她又在一直压制丈夫，一点一点地压制他。

我们还可以推断出，汤姆会站在母亲这边，反对父亲，而他的哥哥则可能站在父亲那边。汤姆显然已经知道，做一个好人有多么重要，否则，他会做一个像他父亲（或者他哥哥）那样的坏蛋了。

学校里的心理医生给汤姆进行了智力测试，并将他归类为高智商水平——他的IQ指数高达114。老师认为他是个用功的孩子，也十分遵守课堂纪律。可是，他因为紧张没办法安静地坐一小时上课，似乎必须经常起来活动。老师要求他朗诵课文时，他常常因为过于激动而说不出话来；老师要求他发言时，他总是紧张不安。

评论：我们现在可以理解汤姆的行为。每当他必须展现他的水平时，他会变得紧张又激动，因为他很惶恐，不敢确定自己到底有没有能力展现出足够好的水平，也不敢确定自己是否是一个足够好的学生。因此，他有时甚至都不能说话了。这种对自己能否清晰、出色地展现自身水平的恐惧，很可能就是他语言障碍的根源所在。相反，这又强化了他觉得自己不够好的认知，对于一个心气儿过高的“好孩子”来说，这是难以承受的事情。他越想好好表现，就越会感到挫败，在这样反复的过程中，他的挫败感也就越发沉重。

说到这里，问题是：他为什么会如此焦躁不安，不能安安静静地坐着上课呢？上面关于“紧张”的解释，是无法解答这个疑问的。他看上去焦躁不安，是因为他不想安安静静地坐着。其原因是什么呢？

前面有一个明显的线索，那就是他在吃饭时不能安静地坐着，常常表现出焦躁不安。我们已经推断出，他在用这个办法反抗母亲的要求，同时借此让母亲忙于照顾他。这是所有不好好吃饭的孩子最常见的心理机制。孩子的这种行为固然会激怒父母，但又会迫使母亲为孩子单独烹制食物，然后不断地哄劝、提醒和威胁。R 太太恰是那种很容易卷入与孩子较量的母亲。当孩子不好好吃饭时，过度的责任感让她无法在一旁视而不管。所以，她既让自己成为孩子不当索求的受害者，又反过来企图制服孩子。

汤姆很可能成功地迫使老师们也与他建立了类似的关系。他迫使老师不断地提醒他、纠正他、鼓励他、敦促他，与他交谈，而他看上去似乎很乖顺。换句话说，他学会用温和的表象来掩饰内心的敌意和叛逆。这正是神经官能症和神经质典型的表现[1]。高智商的汤姆，富有创意且足智多谋，他有花样繁多的

1　针对精神类疾病的目的解释，是阿德勒的个体心理学的独特观点，也是本书所使用的参照标准。

行为目的。有时他是在寻求关注，有时他把对方拖入微妙的权力之争，还有时他表现得楚楚可怜，完全没有能力完成老师交代给他的任务，而这是因为他心气儿太高，又对失败过度恐惧的结果。

尽管采集到的信息并不充足，但我们还是对这个男孩儿所处的困境及其前因后果，都有了一个基本的了解。现在，让我们看看这位老师和学员是如何评价这个案例的，以及提出了哪些建议。

评价与建议：汤姆几乎没有安全感，因为母亲在他大约八个月大的时候就去上班了，这意味着汤姆只能和陌生人在一起，得不到父母的喜爱与亲情，而这是形成安全感不可或缺的要素。父母也许给了他很多物质上的补偿，以弥补与孩子相处时间过少的缺憾。因此，父母双方都应该尽量多花些时间来陪伴汤姆。

评论：很明显，这位老师并不理解汤姆的困境及其原因。她认为汤姆缺乏足够的安全感，这可能是对的，但这样的说法没有意义。每个行为不端的孩子都缺乏安全感。但是，缺乏安全感，无法解释汤姆为什么会有这样的表现。“感到气馁”一词倒是比“缺乏安全感”更为贴切。气馁指失去了勇气，这也是一个常用术语，适用所有形式的缺陷和不当行为。但是，我们在这里比较两个词语的区别，绝不是玩儿文字游戏，而是给了我们不同的视角。安全感，是一个人从某个地方或某个人那里获得的，或是得不到的东西，这是一个人发自内心的，是无法从外部获得的，虽然环境有可能激发或者阻碍其发展。一个孩子要真正感到安全，需要来自内心的笃定、内在的勇气，和他对自身力量和能力的认知，清楚自己足以应对生活中可能发生的各种事情。

如果这位老师意识到汤姆是个气馁的孩子，她就不会以为汤姆陷入困境的根源是他母亲去上班。母亲不在身边，不会导致孩子“气馁”，但她与孩子之间的相处模式可能会导致他“气馁”，尤其是母亲因为“歉疚”，而用过度呵护来弥补自己因为去上班而对孩子的“忽视”，更容易造成这种结果。母亲去上班，为什么就说明汤姆没有从父母那里得到喜爱与亲情呢？重要的不是母亲陪伴孩子时间的长短，而是亲子相处时质量的高低。付出爱和亲情不需要太多时间，也许在几秒钟内就能充分表达，也可以在孩子与父母的共同经历中时时刻刻地流露。所以，不是因为母亲去上班，而是因为这个家庭中人与人之间的相处模式，尤其是母亲和汤姆之间的相处模式，使汤姆逐渐形成了他对自己、对生活的认知，并据此形成了相应的行为模式。

汤姆对成年人的反应模式，如同他对父母的反应模式。在他心中，成年人都是权威的、苛刻的、难以捉摸的。似乎只要是在成年人面前，他就会变得紧张不安。家人应该允许汤姆带朋友来家里玩儿。如果有接纳他的朋友，可能会让他更有安全感。

评论：诚然，汤姆与父母的相处模式会延续到他与其他成年人的关系中。但是，不难想象，这只会延续到像老师那样对他提出要求、期待他有所成就的成年人身上。与其他成年人相处时，汤姆仍可能是舒畅而放松的状态。这位学员犯了一个常见的错误，把所有父母和成年人都视为权威人物，并认为他们是造成汤姆紧张不安的根源。这样的分析，难免有些刻板，而且不够充分。我们之前的讨论已经指出了汤姆和母亲、老师之间互动模式的前因后果。除了父母对他权威式的、捉摸不定的要求和行为之外，一定还有更多因素，只是，这篇报告中没有表达。

应该允许汤姆带朋友来家里玩儿，这条建议很有道理。但是，我认为应该这么做的理由却不同于这位学员。汤姆的朋友不会让他更有安全感，他跟朋友在一起时心里觉得坦然，他与同龄人之间的良好关系，都不会延续到与成年人的关系中。带朋友来家里玩儿，有助于改善汤姆的处境，但从一个完全不同的角度来看，这可能会促使他的母亲变得不再那么注重完美，学会接纳孩子原本的样子，而不是为他们的缺点感到厌烦。无论是对其他孩子还是对汤姆，她需要学会如何宽容地对待孩子们的天性。若能达到这个目标，必将改变这对母子之间的关系，也让汤姆有机会拥有“不完美的勇气”。这种勇气不但是生活中不可或缺的珍宝，而且是从他的完美主义的母亲身上学不到的东西。

如果把汤姆调换到一个人数更少的特殊班级，他应该更容易适应。在那里，他也许能学会与老师好好相处，也能跟同学们建立更亲密的关系。

评论：这个建议不合适，一是不够了解汤姆处境的前因后果，二是解决方案过于机械刻板。汤姆需要明白他自我认知上的错误观念，并改变对成年人提出要求的方法。这样的训练，在小班固然可行，在大班也同样能做得到。关键不在于班级大小，而在于老师的引导能力以及对儿童心理的理解能力。汤姆必须学会相信自己本来的样子，不可一味地觉得自己不够好、担心自己犯错。有了这份坦然，他就不会再渴望别人的特别关注，也不会再抗拒来自老师等其他成年人的期望和要求。老师和他母亲也要帮助他重新调整与成年人相处的模式，而想要做到这一点，首先需要老师和母亲懂得孩子的心理和困境，并率先改变自己与孩子相处的模式。在这个案例中，母亲是问题的关键，她也需要相应的指导和帮助。

事例 30

九岁的马蒂从不肯学习，也不肯做任何有建设性的工作。他从来不做课堂作业，根本不把完成作业当回事。假如我让他读某页课文，他会直截了当地拒绝。孩子们去操场玩儿时，他不去跟他们一起玩儿，而是去招惹一帮男孩儿，跟他们打架。他的一举一动似乎显得有些愚蠢，说话也是如此，总惹得全班同学哈哈大笑。当老师在台上讲话、讲解问题的时候，他却在找人掰手腕，总会做些莫名其妙的事情。他确实得到了足够的关注。唯一能让他合作的事，是由他组织活动。如果排队时他不能排在第一位，他就很生气，并且会四处发泄怒气。他是一个野蛮、强壮的男孩儿。

评论：我们可以通过马蒂和老师的行为来了解这个男孩儿。她的报告的字里行间都是这个孩子带给她的挫败感。这是典型的权力之争。无论是孩子，还是老师都没有意识到这一点。假如老师意识到的话，她不可能跟孩子如此"配合默契"。很显然，马蒂成功地让全班同学都站在他那边。正因为如此，每当老师说话或阐述某个问题时，马蒂都要做些"愚蠢"或者其他吸引全班同学注意力的事情。他显然是个心气儿很高的孩子，但不幸的是，没用在有建设性的方向上。他很在意自己能否有权力，占据优势，处处想当第一、组织活动，一旦达不到目的就大发脾气。报告写到这里，我们还是对他行为背后的原因一无所知。幸运的是，这位老师已经获得了其他信息。

他有一个兄弟，非常安静，每科成绩都是A。他参加各种集体活动，乐于合作，最不愿意受到任何批评。

评论：报告里没写明这是马蒂的哥哥还是弟弟，不过是哥哥的可能性更大。哥哥也是一个心气儿很高的人，但他与马蒂不同，他通过有效的方式表现。我可以肯定的是，哥哥的杰出表现与马蒂的一塌糊涂必定是有关联的。面对哥哥出色的成绩，马蒂只会对自己越发灰心。另一方面，我还可以推断，哥哥是个“好”孩子，但在身体方面不如弟弟马蒂健壮，且处处需要依赖别人对他的认可。而马蒂则相反，他仿佛可以靠自己的单手掌控这个世界。他不会轻易妥协，显然是一名优秀的战士。对于这样的孩子，如果老师能提供合适的机会，让他为班级的利益做出贡献，以展示他强大的实力，老师就能赢得这孩子的心，并让他把一身的能量都用到恰当的地方。想做到这一点，老师必须停止与孩子的权力之争，当孩子发起进攻时，不再像往日那般“应战”。

许多人习惯地认为，像马蒂这样的孩子，内心必定充满了敌意，所以需要肆意宣泄。他们可能会问：如何才能让他做出转变呢？是否意味着他不再打架？或者，要把他转变成一个“好”战士？他内心的敌意要怎么办呢？找什么来取而代之？是要压制，还是加以升华？要不要给他买一个沙袋或者一把玩具枪，让他有发泄敌意的渠道？这样他就不需要在课堂上肆意宣泄捣乱了。

这些都不是问题的真正答案。敌意，并不是孩子体内的一种力量或能量，它可以像气球里满满的气一样被“放出来”。马蒂想要的是赢得自己的地位，找到自己在群体中的位置，他的敌意、他与老师的对抗都是为了实现这种目的。在某种程度上，他成功地挑战了老师在班级中的领导地位。他不是“充满敌意”，而是利用敌对的情绪为自己谋取利益，变得更有力量，并且取得成功。他不是想打架，而是把打架当作宣泄的途径，他横扫四方，也是为了展示自己的优势，通过“男子汉”的做派赢得自己的“胜利”和“成功”。

从这个角度看，我们只需给他提供一条在群体中获得地位的途径，就可以让他“向好的方向转变”。如果他发现通过老师指明的路径，就有希望找到自己的位置，他就不会再与老师作对，也不会反对老师的观点了。老师现在最应该做的是给他提供一个机会，让他通过贡献来感受自己存在的价值，而不是靠战斗和反抗。马蒂的基本动机，就是渴望成为重要角色，成为第一。他最终一定会改变这种观念，转而顺应环境的需要，目前而言，他的这份渴望可以被引向正确的方向，从而做出有益的贡献。

事例 31

六岁半的迪克，在学校里安静而消极，经常注意力不集中。很多班级活动他都不参加。虽然他会做安排给他的事情，但不喜欢与人交往，总是独自做事，比如玩儿小汽车、画画、看书。他从不打扰老师上课，他听见铃声时，也会按照铃声的指示做事。因为他上课不听讲，所以老师在课堂上叫他、说明课堂作业内容时，常常需要再三重复。他和其他孩子相处不错，还有一个格外要好的朋友，那是一个跟他同龄的邻居男孩儿。

评论：虽然迪克没有扰乱学校秩序，但让人操心。这一点，加上老师每次都要反复提醒他，我们不难看出，他正在寻求关注，并且得到了关注。就连独自玩耍也让他显得与众不同。

家庭情况：迪克有三个姐姐，分别比他大三岁、六岁和八岁。父亲是一个安静的人，母亲是一个忙碌的家庭主妇，她把全部精力都放在几个女儿的各种活动上。三个女孩儿都很勤快，分担了所有家务，迪克因为太小了，什么都不用做，更何况他是个男孩子，哪里会做家务事呢。全家人在用餐时间及其他时间闲聊的内容，总是关于几个姐姐的事情。一家人相处融洽、友爱而和谐。只是，每当老师按惯例给家长打电话，邀请家长去学校参加活动或班级聚会的时候，以及老师要进行常规家访的时候，迪克的母亲总是不在，因为她要去买生活必需品。

印象：迪克生活在一个以年长女性为主的环境中，而且没人对他有什么期望。他的所有需求都得到了照顾。于是，他学会不留意任何关于自己的谈话，躲进自己的小世界里。他没有给家人提供能得到认同的服务与贡献，与他有关的任何事也没人会当成重要的。

他是愿意好好听讲的，也有能力去认真完成任务，但是，注意力不集中这个习惯已经根深蒂固，哪怕是他感兴趣的事，他也会不时地回到自己的梦幻小世界中。

评论：对家庭成员的详细描述，让我们看到了生活在四位女性年龄都比自己大的“母系社会”里的小男孩儿。有人也许还会指出，父亲也很安静，家里这两个男人显然是多余的。迪克有两大缺陷：第一，他是家中最小的孩子，什么家务也做不了；第二，他是个男人，在这个家里，你能指望男人做什么！

到目前为止，迪克没有带来大麻烦。不过，仅仅将迪克的行为归咎于“注意力不集中”，似乎还不够确切，因为这不能解释他为什么“让自己不留意任何关于自己的谈话”，以及他为什么要“躲进自己的小世界里”。这是两个很重要的问题，可这位老师却没有试着去回答。如果老师朝这个方向思考，可能就会发现，迪克恐怕不是真的“愿意好好听讲的”。他的消极心态，“注意力不集中”，不仅是因为“回到自己的梦幻世界中”，也是他在群体中寻找自己位置的一种独特方式。正如这位老师所说，迪克没有为家人提供服务和贡献而在家中找到自己的位置，这一点判断得非常准确。迪克找到自己位置的途径，是做自己喜欢的事，然后让别人来好好照顾他。所以，他的行为目的是获得别人的关注和服务。

在一次与迪克母亲的谈话中，我问她是否感觉到忽略了迪克。她承认确实如此，但她没有意识到，对这个如此乖顺、安静的孩子来说，她这样做是多么不公平。

评论：毫无疑问，迪克受到家人的忽视和无视，但这只是事实的一部分。这位老师与他母亲交谈时，本应该探究迪克在家中是否得到任何过度服务，包括穿衣、吃饭等。正因为老师错过了这一点，所以她没有发现也没有指出迪克母亲和姐姐们为他提供了多少特殊服务。

我要求迪克母亲和姐姐们给他安排一些家务事，由他全权负责，并且要独立完成，她们不能帮助。我还要求母亲在每次用餐时至少给迪克一次机会，让他说说学校里都发生了什么事，并要求姐姐们让他参与她们的谈话。我还要求母亲要像她为女儿们所做的那样，多花点儿时间，也去参加迪克学校的活动。

评论：这些建议看上去都不错，尤其是建议迪克全权、独立地承担一定的家务，这是很有必要的。但是，真要做到这一点，还需要付出更多的努力和监督。还有一点也很重要，就是要了解，在四位女性中谁是最想继续给迪克提供过度帮助的人。换句话说，虽然老师建议自己应该多为迪克做事，这一点有她的道理，但她忽略了家人应该少为迪克做事这一点。她之所以会有这样一个盲点，原因在于她没能意识到自己也给了迪克过度关注。

事例 32

七岁的托尼总是显得与众人格格不入。他想要纠正每个人身上的缺点和毛病，但拒绝做别人要他做的事。只要有谁说话像是在取笑他，他就去打那个人。他走路时容易跌跌撞撞，甚至摔倒，还有些神经质。如果老师或同学催促、命令、纠正他，他立即就会发怒，然后偏去做与他们的要求相反的事情。如果他不能按自己的想法行事，他就会离开活动小组。他不能在合理的时间内完成工作，也没有耐心排队或轮流。

评论：上面这段描述，我们看到了一个相当棘手的男孩儿。他四处树敌，也四处防御；他想做很多事，却总是遭到挫败；他渴望掌握权力，更想占据优势，而且满心抗拒与叛逆。我们来看看老师能否从这一团乱麻中理出头绪。

分析：托尼是家里唯一的孩子，父母年龄偏大。他们对孩子的要求很高，处处期待完美，哪怕他没有不当的行为，父母也要批评他。托尼想在班级里占有一席之地，但他认为只有做到完美、超凡卓绝，才能占有自己的一席之地，因此，当他不够完美或没有得到特别关注时，他就觉得人人都在指责他。他无法忍受任何的批评和意见，总是与之对抗。他不按时完成学习任务，因为他想表明他不必按照别人的要求去做，他想证明自己与众不同。他故意不按要求完成任务，反而以一种不寻常的、格外引人注目的方式只完成任务的一小部分。通常，那些任务对他来说完全没有任何挑战性。

评论：托尼是独生子，而且父母对他期望很高，这两句便说明了很多事情。他应该是从小备受溺爱，凡事都按照他的意愿来。他可能深信自己是独一无二的、与众不同的。如果有人不认同他独一无二的位置，对他来说就是不公平的。他的行为中含有报复的意味，因为他无法确定自己是否在班级中占有一席之地，也不确定自己是否被大家喜爱与接纳。这位老师推断，托尼因为过于在乎他的重要地位，认为自己必须超凡卓绝，所以他越发害怕，也越发觉得自己不够好，这个分析应该是正确的。无论他做什么，他总要追求标新立异，尽管得到的结果并不总是有正面价值的，但至少维持了他的与众不同。这些分析解释了托尼留给我们的“相当棘手”的第一印象。

托尼的智力远远高于平均水平。当别人给予他鼓励和善意时，他会热情回应。他所做的一切，似乎都是为了赢得别人的“谢谢”和称赞，他急于取悦任何可能喜欢他的人。

评论：这似乎证实了我们之前的印象：作为独生子，他会过度依赖别人的评价；他只能通过别人的夸奖来获取自己的地位，而不是通过自己的能力来立足，因为他永远达不到父母的期望值。在他幼年时期，父母只有他一个孩子，他必须想办法在这样的家庭中立足。他急于取悦别人，表明他还没有放弃获得他人喜爱和接纳的希望，但他又不确定自己能否被人喜爱和接纳。因此，每一个负面的评论都会引发他的危机感。

可行的纠正方法：我不应该反复提醒托尼，我应该跟他做朋友，让他觉得我更看重他这个人，而不是他完成的任务。我应该多肯定他好的行为和出色的工作，给他更多正面评价，尽量少给他负面评价。我应该尽量使用自然后果，不再试图强迫他。我还应该给他一些更具挑战性的任务。

评论：所有这些建议都很棒。最重要的是，应该让托尼意识到，无论他完成了多少任务，完成质量如何，老师和同学都会接纳他。他由于心气儿太高，以为若不能做到最好就是自己还不够好，因此，老师必须让他认识到，即使他做不到那么好，他在群体中也有一席之地。要实现这一目标，可能会与“多肯定他好的行为和出色的工作”相冲突。老师肯定有助于他的进步，但老师必须注意不可夸大“出色的工作”对托尼的重要性，否则会强化他“必须事事做到出类拔萃”的错误认知。还有，不可再强迫他，这一点也非常关键。他在反抗高压方面“训练有素”，想必早已无数次击败了父母。还有，给他更具挑战性的任务可能会激发他的热情，但这位老师切不可让他产生这样的印象，即挑战成功就意味着他格外优秀。

事例 33

这个事例中的中心人物，是一个六岁的小女孩儿——安。家中有三个孩子，她是最小的一个。老大是姐姐，今年二十二岁；老二是哥哥，今年二十岁。安的母亲在战争年代孕育并生下她，当安出生时，父亲还在外地服兵役。她的到来纯属意外，非常不合时宜。母亲不得不放弃工作，尽管她很需要挣钱补贴家用。

评论：这位老师是正确的。安从出生开始，就面对着许多不利的条件。摆在她面前最大的障碍，很可能是巨大的年龄差距。她是家中的超级小宝宝，是有好几个“父亲”和“母亲”环绕的“独生子”。这对她成长发展造成的影响，应该比她出生时的特殊环境更大。无论在她出生时，母亲是多么不喜欢她，这种感情以后都有机会发生改变，但在她最初心智成型的关键期，她很幼小，这个特点一直延续到她性格形成的时期。（在这方面，可能有不同的见解。）

安出生时很弱小，健康状况很糟糕。她的哥哥姐姐当初都是很健壮的孩子。母亲尽心竭力照顾她，满足她在身体和情感上的一切需要。当时，安的姐姐十六岁，哥哥十四岁，他们都心甘情愿为这个体弱的小婴儿服务。

评论：显然，这位老师已经放弃了她先前认为母亲不喜欢安的推断。很明显，安和她哥哥姐姐之间的年龄差距成了相当重要的因素。

我第一次见到这家人时，安已经两岁了，但她还不会走路，也不会说话。这位母亲咨询过医生，医生说，孩子的身体没有问题。安以一种半爬半拖的方式“走路”。她只会发出一些无法辨识的声音。此时，她父亲已经退伍回到家。他不仅心甘情愿地为幼小的安服务，而且反对任何人教她更加独立的做法。他觉得，安应该受到最好的呵护。

评论：这个案例向我们展示了一个可能导致孩子发育迟缓的因素。它清楚地表明，一个孩子仅仅通过弱小无助，什么都不做，就可以获得周围人的疼爱与呵护。

哥哥是家里唯一想要鼓励并帮助安变得更加独立的人。当他和安单独在一起时，他不会把她想要的东西递给她，而是鼓励她走一两步，自己过去拿东西。他还试图让安说出物品的名字。他发现，如果安愿意，她就能清楚地说出一些简单的词。但是，当家里其他人都在时，安就会恢复到她一贯的样子。母亲和哥哥就安的情况一起讨论过。从那以后，母亲开始尝试哥哥的做法。

评论：这是一个有趣的情况，包含很多冲突的因素。在这个家里，到底谁是一家之主？是父亲，还是儿子？母亲应该听谁的？很明显，如果母亲使用哥哥提议的做法，安的问题也不会延续到现在。

这家人的邻居中有一些与安同龄的孩子。母亲邀请其他孩子到家里来玩儿，自己或者跟父母一起来，她都欢迎。但母亲很快注意到，安在和其他孩子一起玩耍时总会掉队。她不时地看到安尝试迈几步，听到她尝试说几个词。渐渐地，母亲对待安的态度，越来越像很多年前她对待哥哥姐姐小时候的样子，也越来越能以温和而坚定的态度，拒绝为安提供服务了。很快，安的腿脚越来越灵便。到了四岁的时候，安已经能够顺畅地走路和跑动了。只不过，她说话依旧含混不清，只能说两三个词的短句。

评论：这位母亲显然慢慢学会了摆脱安对她的索求和控制。然而，这个进程太过缓慢了，哪怕安不能清楚地说话，她仍然有本事“发号施令”。

邻居们的孩子都上了幼儿园，可父亲坚决不让安去。等她到了上学的年龄时，她进入家附近的一所小学。开始时，母亲带着她去上学，但很快安就明确地表示，她想和其他孩子一起上学。母亲便让她和一个年龄稍大的女孩儿一起去。邻居的孩子们已经理解安说的大部分话语，能跟她一起愉快地玩耍。安比其他孩子更容易摔倒，也更经常哭泣，不过，她很快就找到一个很喜欢的小玩伴。父亲大部分时间都花在工作上，母亲常常借机尽量“把她推出去”，安从此有很多机会和别的孩子一起玩。安在外面玩耍时，母亲则尽量留在家里面。

评论：毫无疑问，这位母亲的态度是正确的。但是，我们没有看到安在家里生活的任何细节，比如，她是否自己穿衣服，叫她吃饭时是什么情形，在餐桌上的举止如何，有哪些饮食习惯，等等，以及在过度保护的父亲和安的坚决要求下，母亲是否为安提供过度的服务。

安首次入学后的经历并不尽如人意。老师很同情她，甚至教导或允许其他孩子要像对待小婴儿那般“呵护”她，比如帮她穿衣服等。每个人都让着安，任她随意把自己的意愿强加于人，大家从没让她体验过自己的行为后果。

评论：这是一个以弱胜强的绝佳例子。我们看到“弱者”对强者有多么大的影响力：安能让老师和全班同学都为她服务。没有她的积极参与和“引导”，老师和其他孩子怎么可能为她做这么多事情？她只需无助地等在那里，就会有人忍不住上前帮忙。她强烈的无助背后，对求助者和帮助者之间的互动起着微妙的促进作用。

这里有必要多做讲解。同情一个孩子，会对孩子造成什么影响呢？不幸的是，许多老师和家长都不知道。任何为孩子感到难过的成年人，无论这份同情多么合理，都是在伤害孩子。许多情况下，怜悯对孩子造成的伤害，远远超过严重不幸带来的伤害。如果一个孩子觉察到别人可怜他，他就会觉得有理由可怜自己。当他自卑自怜时，他的悲伤、消沉，都会沉重得无以复加。为孩子感到难过，是给他最有害的恶果。假如成年人真能明白怜悯会给孩子带来的伤害，不论这份怜悯多么容易理解，他们都应该停止并慎重考虑。孩子真正需要的不是怜悯，也不是同情，而是我们的同理心。我们可以向孩子表达我们理解他的感受，而不是可怜他。以安的故事为例，老师可怜她，父亲也可怜她，安为此付出了代价。

安现在正在复读幼儿园。新老师可不是那么容易“上当”的。复读的另一个好处是，班上的新同学大多数都不认识安，如此一来，她想在新班级拥有一席之地，就必须开口说话。如今，她已经可以自己穿衣服，说整句的话，能画画、跑步、跳跃等。她的进步相当明显。

评论： 有人可能会认为，这个年龄段的孩子，之所以获得很多的进步，是因为长大了一岁。但是，考虑到安的整体情况，我们必须承认，真正让安取得这么大进步的，应该是了解孩子心理的新老师，是她用自己的态度给全班同学带来了正面影响。

安在家里的进步不如在学校里的进步快，是因为父亲的态度尚未改变，也因为母亲偶尔的故态复萌。一向对她纵容的姐姐已经嫁人，一向对她坚定的哥哥仍然很坚定，继续在她的成长中发挥着重要的作用。

评论： 安能否取得进步，取决于她能否认清自己的处境。母亲可能永远都无法完全认识到，她向安提供了多少的过度保护和服务，父亲对自己在安的成长中起到的负面作用没有任何意识。有趣的是，我们注意到，安在某种程度上成了家庭内部阵营争夺的焦点，父亲和姐姐站在同一阵营，对抗母亲和哥哥的联盟。双方的相互竞争，不仅限于他们对安的不同态度，还有很多其他方面。

我认为，这个孩子表现的是消极—破坏性的“寻求关注”的模式。她之所以形成这样的行为模式，是因为她和太多的成年人一起生活。她的病弱与幼小，促使大家给了她太多的、长久的呵护。哥哥要么是看清了她的行为动机，要么是厌倦了为她服务。哥哥帮助母亲改变对安的态度和行为，从而促使安做出改变。

评论：我无须再多说些什么。目前，我们还不能确定这个孩子的智力发育是否滞后，从心理学角度看，虽然我们没有发现什么依据，但是我认为，这个孩子的智力并不低于平均水平，甚至可能高于平均水平。

安现在的行为，似乎正在迅速向积极—建设性的方向转变。她渴望自己做各种事情。几天前，我去她家拜访，她主动上前与我友好寒暄。她不仅回答了我关于圣诞节的所有问题，而且主动提出她的一些见解，每句话都表达得很完整、清晰。她还请我品尝她家的蛋糕，并坚持亲手拿过来递给我。

我已无须再做评论了，因为已经一目了然。

Chapter

8

改变孩子的行为目的

老师在针对孩子的错误行为目的
做出有效回应时，
还应该将孩子整体的纠正效果
也考虑进去，
其中，“鼓励”往往是不可或缺的。

在上一章，我们讲述了老师该如何努力了解孩子的行为动机，分析孩子在生活环境以及特定情况下为自己设定的目标。我们在本章要讲述，当老师确认孩子的行为目的之后，接下来如何与孩子打交道。孩子的行为目的不同，适合的方法也不同。这里指的不是孩子表面的行为，也不是行为障碍本身，而是根据孩子行为背后的潜在目的，做出特定的回应。比如，如何面对懒惰的孩子？这没有一成不变的规则。孩子懒惰可能是寻求关注的一种方法，也可能是为了击败权威、用作权力之争的一种方法。因此，老师面对目的不同的懒惰的孩子时，需要用不同的回应来帮助他。再比如，同样以寻求关注为目的的行为，尽管具体做法千奇百怪，老师也可以用相同的行为模式来回应。只要理解孩子不当行为或表现背后特定的行为目的，并对症下药，就会带来最好的效果。当然，正如前文所述，即便是非针对性的通用方法，也能起到作用。

本章中的事例报告分为四组，每组只讨论一个行为目的。每份报告都只阐述与本章节主题有关的内容：当认清孩子的行为目的之后，再决定哪些回应方式是恰当的，哪些是有害无益的。本章不涉及情况多变的课堂教学活动，也不以指导老师在课堂上采用的具体方法为主旨。

有人可能会对这种心理疗法的效果表示怀疑。毫无疑问，孩子不会仅仅因为老师在某些情况下让他达不到目的，就放弃他早已形成的行为目的。然而，如果老师让孩子不断地感受类似的体验，让孩子最终明白他的行为不可能达到目的，孩子的确有可能会重新考虑并加以改变。重要的是，在孩子重新考虑时，老师要引导孩子转向更具建设性的行为方式。因此，老师在针对孩子的错误行为目的做出有效回应时，还应该将孩子整体的纠正效果也考虑进去，其中，“鼓励”往往是不可或缺的。

下面这个事例值得我们认真思考。有些老师想跳过一些重要步骤，企图“一步到位”，结果会怎样呢？我们来看一看。

事例 34

请看下列事实，解决办法是什么呢？彼得，十岁，上五年级，是一位天生的领导人，深受同学们的喜爱。他不喜欢所有科目，但喜欢哗众取宠。只要不是他组织的活动，他都拒绝参加。坐在他周围的同学都会因为他而分散注意力。就学业而言，他只是因为压力或惧怕而敷衍了事。只要能让师长把权力暂时交给他，他就会不停地撒谎。

应该如何应对这种情况呢？

评论：这位老师似乎在了解她所报告的事实之前，就开始寻找解决方案，但没有先做分析。

彼得的行为不难理解。他显然对任何权威——尤其是他的老师——满心憎恶。他是同龄人中的领导者，他所有的行为都是为了哗众取宠。老师希望全班同学专心听讲，可他偏要让老师感到挫败。只有在压力过大或后果太严重时，他才会做出让步。但是，就像在任何战争中，人们会采用一切方法去打败敌人，他为了达到击败老师的目的，同样不择方法，甚至不惜欺骗。

如果这位老师意识到他这些行为背后的含义，就会尽量避免做任何可能加剧双方对抗的事情，同时也设法走出权力之争，并获得彼得的支持。但是，老师做了什么呢？

我已经尝试了书中所讲的一切方式。我尝试积极组织各种课堂活动，从而让课堂变得更加有趣。我尝试跟彼得谈话，和他讲道理，派他完成一些特殊任务，希望他逐渐感受到自己的重要价值。

评论：除了最后一项外，老师的所有努力都是徒劳的。只要彼得对学校课程不感兴趣，让课堂变得再有趣也无济于事。我们不难想象，老师跟彼得谈话、讲道理时的态度和情绪，这已经从老师的报告中反映出来了。老师可能会对彼得说教、解释、哄劝，一般来说，基本都是在说彼得已经知道的事情，并且会以一种居高临下的方式说话，这就是这种“谈话”的常规形式，也正是它们根本不会有效果的原因。派给他一些特殊任务，让他感受到自己的重要价值，这的确是一个很好的办法，但我们也不难看出，为什么这个方法对彼得没有用。在与彼得的所有互动中，这位老师很可能都采用了这种居高临下的方式，在给他分派任务时同样如此，这样使彼得更加坚定了反抗老师的决心。老师想改变彼得的认知，将他的破坏性的行为引导为有意义的正面渠道，这种想法当然很好，但如果不了解彼得的行为目的，老师就不知道该如何进行转向引导。

最后，为了找到解决问题的办法，我走到彼得跟前，使劲摇晃他，连他的衬衫都扯破了。我对他说，他知道在课堂上必须做什么，每个班级都必须有组织、有纪律，他必须好好配合。

评论：在这里，老师公开宣布了自己的失败，只是她自己可能还不知道。老师认为自己的做法能让"问题得到解决"，实际上她在明确告诉彼得，她实在拿他没有办法。告诉孩子必须配合是一回事，引导他好好配合是另外一回事。老师的这番举动得到什么结果呢?

彼得回到家，第二天他的母亲就怒气冲冲地来找我，说她要让孩子的父亲去找校领导来处理这件事。我告诉她，我必须得到她的配合。既然我每天应收到三十一份作业，为什么这三十一份作业中没有她儿子的那份？于是，她答应配合我的工作。

评论：老师发现，得到母亲的配合比得到孩子的配合更容易，这并不奇怪，毕竟，母亲和老师都必须与彼得的叛逆做斗争，母亲也能理解老师对彼得采取强硬的措施。虽然彼得成长为现在这个样子，很可能是父母的问题，但他不肯交作业，却不是他们的问题，老师应该来引导他交作业。若是这位老师能找到正确的途径，彼得本来是可以做到的，可是使劲摇晃他、扯破他的衬衫，再加上空谈大道理，显然不属于正确的方法。当然，我们能理解并同情这位老师的沮丧与绝望。

在这个例子中，我们清楚地看到，老师的反应是她和孩子之间互动的一个组成部分。在这样的互动中，孩子的行为目的发挥着主导作用，老师则处于被动，落入孩子潜意识的、精心策划的并且有效的策略之中，尽管孩子意识不到自己的想法。老师应对孩子的“策略”，必须慎加斟酌，否则，她不是孩子的对手。

1. 寻求关注

事例 35

帕特，一年级学生，是一个被祖父母娇生惯养的男孩子。我给了他一个建议，每次他无理地索取我的关注时，我都会当着全班的面叫一遍他的名字，并报出我这么做的次数。（比如：“帕特，回到你的座位上。这是我今天下午第五次不得不叫你的名字了。”）他对我这条建议的反应很独特，实际上，他特别喜欢这个“游戏”，每次都会开开心心地回应我：“撒老师，撒老师，看着我，这是第二十三次了。”

评论：这个例子似乎表明，在面对过度寻求关注的孩子时，前面讲述的这种应对方法可能会适得其反。但是，如何证明这一点呢？

这的确是一个好例子，它恰恰证明了一种方式恰当与否，其实更取决于老师在执行时的具体做法。按照我们前面的建议，老师可以与孩子商议，就孩子认为在一堂课的时间里需要多少次的特别关注“达成协议”。然后，到时候老师只叫他的名字：“帕特，第一次”“帕特，第十次”，诸如此类。可是，上面例子中的这位老师并没有这么做。如果她真这么做，会阻止孩子的行为，因为他想要的是更多的关注。可这位老师的做法是借题发挥，每次点完名字后都要再训斥和讲道理，从而让帕特“正中下怀”。在我们探讨了老师在操作上的技术错误之后，老师再次提交了新报告。

后来，我在另一个孩子身上也尝试了这个方法。他叫本，是独生子，家庭压力很大。刚来到我们班级（一年级）时，他每天都会哭。那时候，我常常需要提醒他专心学习。现在，他已经很少需要提醒了，我数了需要提醒他注意的次数，已经减少到最低。

事例 36

拉尔夫，十岁半，上小学四年级，他总是一脸困惑和恳求的表情。他的眼睛在乞求得到服务和关注，可是，他似乎从来都不知道他在课堂上应该做什么。

评论：上面“可是”这句，是不合理的推测。孩子怎么可能不明白呢？他一脸不明白的样子，不正是在乞求得到老师的服务和关注吗？我们很容易看出，老师的描述中含有抱怨的意味。

有一天，拉尔夫和同学们正在做课堂作业，内容是把单词和图画剪下来，再贴到一张厚纸上。拉尔夫拿来他的作业给我看，只是贴的东西没有全贴好。他一脸茫然和焦急的表情，似乎希望我赶紧帮他弄好。我问他，他打算怎么做，他回到自己的座位上，手里拿着两张纸，看上去很绝望和无助。我站在离他稍微有点儿距离的地方，于是他转过身来，看着我，仍然是满眼的乞求，想让我帮忙。然后，他开始自言自语。我问他在说什么，他回答了，但声音太小，我根本没听清。我只好走近了一些，终于听到他说：“如果给我一点儿透明胶带，我就可以解决这个问题了。”他的座位距离那罐打开的胶水瓶不到两米远，他也知道谁都可以用那瓶胶水，但他无助地看着我。我问他，可以用什么来代替透明胶带，结果看到他懵懂无助的表情。旁边几个同学的注意力被他吸引过来，他们打算过来帮助他，但我制止了他们。

拉尔夫坐在那里，继续满脸乞求地望着我们所有人。然后，我说：“拉尔夫，你在等我告诉你该做什么，但我也在等你。你已经十岁半，上四年级了，这点儿事情你不需要任何人帮助就能完成。”听了这话，拉尔夫脸上那无辜懵懂的表情立即消失了，他认真地观察我。这时，全班人的兴趣都被调动起来了，我干脆对大家说：“同学们，让我们都盯着时钟，看看拉尔夫需要多长时间才能靠自己完成这项工作。”当我们一齐看向时钟时，拉尔夫跳了起来，直接跑到胶水瓶前，把两张纸贴到了一起。我教了拉尔夫这么久，还是第一次看到他反应如此迅速、如此自信地完成一件事。

作为事后反思——或者是解释——这位老师又补充了一句：“拉尔夫是家中四个孩子里最大的一个，也是唯一的男孩儿。”

评论：这是一个孩子寻求关注和服务的好例子。针对拉尔夫的行为，老师已经给出正确的理由：他是家中唯一的男孩儿，他的三个妹妹和母亲也许都为他服务。（也许他的大妹妹和母亲一样勤快能干，所以他不需要，也没有机会发挥自己的能力。）但是，这位老师真的没有给予他过度服务和关注吗？看上去，她的确拒绝帮助他，拒绝告诉他该怎么做。可是，虽然她拒绝了这个要求，但是依旧忙于跟他周旋。邀请全班同学一起关注他，看他要花多长时间，这是个好主意。但是，在最终走到这一步之前，他们之间早有了很多的“交谈”，正如老师所意识到的——拉尔夫只用他的眼睛和面部表情就能“说话”。换句话说，老师还是掉入了他的陷阱中，满足了他的要求，尽管老师以为自己一直在拒绝“配合”他。只要老师不断地为拉尔夫忙碌，拉尔夫并不在意老师是否在说教。这个例子表明，老师若想避免掉入孩子的圈套中，需要多加观察。

事例 37

五岁的吉恩，是我在学前班里的孩子，他在大多数时间都是正常的、快乐的。有时，他会磨磨蹭蹭，比如，有些早晨，他至少要花十五分钟才能脱掉外套，拿过小地毯，然后站在门口，等着我注意他。当我注意他之后，他会慢慢地走进房间，仿佛在等我喊他“快点”或者过去帮他坐下。

现在我明白，这只是他用来寻求关注的一个方法，所以，我只是提醒其他已经坐好的孩子们，准备开始上课。当我再次看向吉恩时，他已经坐了下来。

评论：显然，老师在早期阶段，一直在关注吉恩。虽然老师忍住没说什么，但她仍然给了吉恩过多的关注，从而“鼓励”吉恩越来越拖延。直到老师不再理睬他的磨蹭，吉恩才发现这个方法已经没有效果了。

有一天，我看了看吉恩，看到他正躺在地板上，双脚朝空中乱踢着。当时，我们正要开始做一个孩子们喜欢的游戏，于是，我说：“我会挑选坐得端正的孩子第一个上来。”吉恩立刻翻身坐好了。可我这次故意没有选择吉恩，但还是设法稍后让其他孩子选中了他。

评论：这位老师这次做得很好。老师无视吉恩的行为，而是开始了孩子们都喜欢的游戏。老师没有直接关注吉恩，也没有提醒他做什么，更没有常见的告诫。

当我第一次看到吉恩的这些把戏时，我曾跟他母亲谈起此事。他母亲一点儿也不觉得意外，因为他在家里也是这么做。我向她建议，吉恩这样做可能是为了引起我们注意，所以，如果我们无视他的“幼稚”和“搞笑”的行为，他就会觉得没趣而放弃了。母亲说，他还有一个弟弟，比他小两岁。我告诉她，吉恩恐怕是在跟弟弟争夺母亲的关注。她表示这的确是有可能的，她会注意观察，以免上当。

现在，几个月过去了，吉恩很少再玩儿这类“把戏”了。他画画很好，和其他孩子相处得也很好。与刚上学时相比，他对玩耍、绘画和游戏的兴趣比之前更浓厚了。我一直鼓励吉恩参加各种活动，他在这些活动中取得的成就，似乎让他对参加活动更感兴趣了。

在报告的最后，这位老师问，她对这个案例的理解和处理是否正确？

评论：对于这个案例，老师处理得非常好。老师不仅透彻地了解吉恩的意图，而且最终找出了正确的回应方式。老师还把自己的理解传达给吉恩的母亲，说服了她，向她提出了正确的建议。尽管如此，这种感悟能力和行事方式，对老师来说一定是不熟悉的，以致她不太确定自己是否做得对。或许，她也在寻求认可？

事例38

玛丽，六岁，她是家里三个孩子中最大的一个。她的弟弟三岁，妹妹两个月大。玛丽在九月份刚入学时，是一个害羞的、依赖的、迷人的小女孩儿。作为班里最小的孩子，她被其他孩子视为“小宝宝”，而不是同学。玛丽羞羞答答地接受了这个“小宝宝”的角色，而同学们很快就开始替她做事，做各种她认为自己不能（或不会）做的事，甚至做她能做的事。

评论：做全班最小的孩子，这当然有好处，但这并不是同学们选择她当全班“小宝宝”的真正原因。这里，我们看到了群体中一种微妙而有效的互动，既有把某个人往某个位置上推动的力量，又有让人把自己往某个位置上推动的应允。形成这个情况，很难说到底是谁先开始的，不过，通常来说，往往是“受害者”有意识或是无意识地，诱使他的同龄人和老师，让他们按照他期望的方式来对待自己。玛丽在这方面表现出了相当大的能力，使班级中的所有同学都甘愿围着她团团转。

后来，我与她母亲进行了一次面谈。通过谈话我了解到，玛丽的父母分居了，在上学期间，她跟姨妈住在一起，周末与母亲一起度过。两个女人都格外疼爱她，玛丽没有任何机会学习自理，从来都不用自己穿衣服，也不用自己收拾玩具，她很少出现不当行为。她们都认为，玛丽是一个非常乖的孩子，跟她“总是惹是生非”的三岁的弟弟，形成了鲜明的对比。玛丽消极但令人愉快的行为模式，使她成为家人的焦点。于是，她把这种行为模式也带到了学校。

评论：这几项事实充分“解释”了玛丽的行为模式。姨妈和母亲都因为她的可爱和被动“上当”了。父亲在促使这两个女人过度保护孩子方面是否起到作用，目前还不清楚。弟弟的行为，可能是为了吸引她们关注，只不过，他采取了与玛丽相反的方式，也让她们为他忙碌，或许还是这个家庭中的“男性至上”的做派。也许有人会将玛丽的行为归类为消极—建设性的寻求关注模式，因为她成功地让所有疼爱她的人相当满足和快乐，而她弟弟的表现应该归类为积极—破坏性的寻求关注模式。

有时，玛丽会站在自己的储物柜旁边，看上去很伤心，有两次还哭了起来，直到有人过去帮她脱下外套，放进柜子里挂好。到了玩耍的时候，她会独自站着，直到有同学过来，邀请她一起玩儿。上阅读课时，老师让她用语言描述一幅图画，她把手放进嘴里，甜甜地对着人笑。

为了让她从这种消极状态中走出来，玛丽很快被选为课堂小帮手。今天早上，她的任务是帮忙派发纸张、铅笔、剪刀和课本。对于得到这项任务，她感到非常高兴。没过多久，她就立即直接走到自己的储物柜前，脱下外套挂好，然后急匆匆地走进教室，开始忙碌。她在小组活动中更积极了，对课堂作业也更感兴趣了。

评论：这真是一个很好的方法。这位老师没有指责玛丽的缺点，而是成功地让她通过“做事情”获得了她需要的关注。玛丽通过“做事情”体验到的满足感，让她最终决定放弃以前的做法，不再以消极的姿态诱使别人来关注她，从而获得满足感。

玛丽以消极模式寻求关注的行为开始发生改变。她生日那天（这是我们班的惯例），她坐在“生日椅”上，听着全班同学为她唱生日歌，她非常开心。然后，她主动讲起话来，告诉大家她收到了什么生日礼物，以及她的生日派对是怎么安排的。到了讲故事的时候，玛丽仍然坐在“生日椅”上不下来，她问我，可否由她给大家讲一个故事。讲完故事后，当她看到大家这么喜欢听，她感到非常高兴。此后，她成为阅读小组中的积极成员，而且可以独立完成课堂作业。

评论：这些亮点证实了老师提到的变化。孩子们的歌声让她非常开心，这是她以消极模式得到关注时的惯有反应。她主动跟大家讲述她的礼物和生日计划，是以积极的方式维持大家对她的关注。她请求为大家讲一个故事，完全是以积极—建设性的方式。老师的最后评论表明，玛丽已经进步了，她甚至不需要关注也能积极参加活动，这正是理想的结果。也许有人想知道，这一切仅仅是因为老师让她在班级里感到正面体验，就足以实现的吗？还是老师成功地帮助玛丽的家人也做出了相应的改变？

老师最后总结道：我觉得，玛丽发现她可以通过“做事情”而被大家接受，成为集体中的一员，最终得到关注时，她便逐渐摆脱了消极—建设性的行为模式，更多地表现出积极—建设性的行为了。

我们还可以再加上几个字——而且她不在意是否得到了关注。

上述这些例子，提供了对于“寻求关注”为显著特点的孩子，老师应该如何恰当应对的基本指导原则。不论孩子具体的行为模式如何多变，只要其基本动态模式相同，这些指导原则均适用。老师主要的努力和解决方向，是将学生的破坏性行为转变为建设性行为，并且将消极行为转变为积极行为。

老师首先要仔细辨识孩子行为背后的目的，并且避免让自己屈服于它，孩子寻求关注的要求，老师要么故意无视孩子，要么以孩子意想不到的方式回应。孩子要吸引老师和同学关注的动机，可以被老师引导进课程安排中，使其成为教学活动的一部分，从而使“过度关注”转变为“合理关注”，也使孩子获得满足感的渠道从“不当行为”转变为“正当行为”。当老师不了解孩子的行为目的时，孩子可以通过惯有的恼人模式，从老师那里获得满足感。现在，老师已经了解了孩子的行为目的，原本惯有的行为模式不再管用了，他也就没有理由继续那么做了。

在前面这些报告中，有两种寻求关注的方式可能要再做一些解释。其一，因为孩子心气儿过高而寻求关注（事例32）。这类行为虽然是以获得别人的认可为主，但不一定都是积极破坏性的行为。我们所说的“寻求关注”，是指孩子对老师关注的需求。不过，心气儿高的孩子往往渴望在群体中争夺某种特殊地位，这也是孩子争强好胜的原因，但不一定要得到老师的过度关注。只有孩子认为需要成年人的积极支持，他才能在同龄人中获得他想要的位置，他才会表现得格外依赖于特别关注。我们同样清楚地看到，心气儿高在“第四行为目的”的形成中也起着重要的作用（事例33）。我们会在稍后的讨论中更透彻地阐明这一点。

其二，可能需要稍加澄清的是，孩子渴望得到他人服务的行为，也属于“寻求关注”。孩子在乎的，不是父母或老师具体为他做了什么，而是他们都在为他做事，这样他才能获得归属感、满足感，感觉自己得到了他想要的关注。他会利用一切方法来证明他的“不当要求”，包括各种不必要的协助和帮助，都是“合理要求”。

2. 权力之争

如果老师面对的是一个挑战自己权威的孩子，这种情况就完全不同了。如果老师要纠正孩子的这种行为，首要原则是让自己从权力之争中走出来，这样孩子就失去了努力的意义，这就好比只有风，但没有帆，让他的风，无帆可吹。只有这样，才有可能将孩子的行为重新转向更有建设性的方向。如果对权力的渴望是因为孩子心气儿太高，想追求某种特殊地位，从而感受自己的重要价值，那么，引导他重新自我定位的方法和上述对待心气儿高的孩子寻求关注的应对方法类似。只要老师不想跟孩子对抗，孩子当然不会上前迎战。

事例 39

阿尔是一个八岁的孩子，非常聪明，刚刚上四年级。对他来说，常规的课堂作业根本不具有挑战性。他不肯好好完成作业，却常常来到老师的讲桌前，寻求更多的关注。他对每个人都持批评的态度，比如，我在黑板上写了一道题：“看英文，写出数字：four hundred seven。”他走过来纠正我，说我忘写了“and”这个单词。他说，正确的写法应该是“four hundred and seven”。

评论：阿尔的行为具有寻求关注的一些特征，但他表现出来的挑剔，甚至连老师也不放过，这表明权力之争已经开始，尽管眼下可能还局限于知识领域。如果老师没意识到这一点，做出的应对措施不够恰当，那么孩子可能会将这场权力之争扩展到他的行为领域。

每天早上，我会在黑板上出五道题，孩子们一进教室就要先完成这些题。然后，我会当场批改他们的作业，他们此时会按照课本上的内容完成另一份作业。如果我在批改作业时发现了错误，我会请那个孩子把正确答案写在黑板上。通常，孩子们出现错误的原因都是粗心大意而不是不懂，只有当孩子真不知道怎么得出正确答案时，我才会帮他找出问题所在。然后，我会给每个孩子打分。如果只犯了一个错误，我会给“S”（satisfying，满意）；如果五道题都答对了，就能得到“E”（excellent，优秀）。

这天，我给阿尔打了分，他说：“你给我的评分错了，你给了我‘S’，我应该得到‘E’。”我记得他做错了一道题，便指出他作业中的错误。按道理，我应该让他站到黑板前，写出这道题的正确答案，但是，在阿尔之前，另一个孩子也犯了同样的错误，而且已经在黑板上写出了正确答案。阿尔仍然坚持自己的答案是正确的。那是一道加法题，正确答案是48，但他写的是47。我说：“也许我给你的评分是错的，到我桌前来，我们一起看看你的作业。”我们一起找到了他的作业。我看向他，他看向我——他的作业上写着47。他说：“我以为我写的是48。”然后，我们俩没再说什么。

评论：很明显，阿尔试图让老师跟他争执，也许他已经学会如何通过跟人争执来击败对方。他此时又执拗又倔强。老师没有跟他争论，而是邀请他过来一起看他的作业。老师在这份报告中，最关键的信息是结尾那句：“然后，我们俩没再说什么。”老师们其实很容易利用这样的大好时机乘胜追击，针对孩子的错误行为批评他，让他吸取教训，但老师每一次这样的“胜利”，一定会让孩子坚定下一次赢回来的决心。这位老师做得很好，没有让自己陷入与孩子的权力之争中。

最近有一天，我忘记告诉班上的同学们观察月食。我觉得这是一个好机会，可以将阿尔引向建设性的方向。于是，我打电话到他家里，告诉他当晚观察月食，第二天要向全班汇报他的观察结果。我认为，这是一个一举两得的机会，既能让阿尔借此为班级做出贡献，又能帮他在集体中获得他想要的地位。他一直觉得，自己不是班级中的一员，总是抱怨其他同学不跟他一起玩儿。

第二天，阿尔精神振奋地向全班汇报了他的观察报告。他还带来参考书籍，那是他家里收藏的一本关于太阳系知识的小册子。他的报告和表现都非常出色。我们决定在学校出版的月度校刊上发表阿尔的这篇报告，并署上他的名字。

评论：在引导孩子转换动机时，最重要的就是抓住这样的机会。这需要老师的机敏和想象力，更需要对问题的透彻认识。

事例 40

俄尔，八岁，去年在另一所学校上学，他转学过来时留了一级。一般情况下，我都能和他保持良好的关系，但有时候他的叛逆、破坏性的行为和对权力的渴望，也让我不得不暗自惊讶。

他学习很好，但破坏性也很强，他特别不喜欢做手工，也不喜欢做课堂作业。前几天，他明确地拒绝做课堂作业。那天，我正在对全班同学讲话时，他却在跟旁边的男生说话。我挪开他的座位，继续讲话。他挑衅地说："我想要坐在这里。"我笑着说对他说："好。"

评论：老师展示了她是如何与俄尔"保持良好的关系"的。她采取了行动，而且没有用说教的方式。当俄尔出言挑衅时，老师并没有被激怒，而是带着会心的微笑让他假装成为胜利者。

放学后，我让俄尔留堂了，把没完成的课堂作业递给了他，让他完成在课堂上没有完成的作业。他说已经完成了前面的四句话，因此只要做最后两句。当他完成最后两个句子时，我看了看他的作业，说："很好。"他目瞪口呆地看着我。我让他带着课本站到黑板前面，把最前面的四句话抄到黑板上，他满心欢喜地照做了。

评论：刚开始俄尔拒绝做作业的时候，老师是怎么做的？

她缄默不语，而不是大呼小叫。当俄尔补上了作业，老师称赞他完成的部分做得很好，完全不提他做得不好的地方。这个男孩儿显然还不习惯老师的教育方式（从他转学过来留级的经历中就可以推断）。老师坦然地以友善相待，始终没有让自己卷入跟俄尔的权力之争中。结果，老师最终换来了他的合作。

第二天，我注意到俄尔在奋笔疾书，完成一项课堂作业。课间休息时，他主动把作业本拿来给我看，告诉我他已经完成了作业。我对他说，我刚才注意到他在那里很用心地做作业。

评论：前一天，老师没有成功地“让”俄尔写作业，但是今天却成功地“激励”他完成了作业。其间的巨大差异，值得我们牢记心间，当孩子挑战我们、发起权力之争时，我们应该怎么做。

事例 41

特殊班的内德，八岁，他正在干巴巴地、一个词拖着一个词地朗读课文，根本不去理解句子的意思。有一次，他读到一个句子的中间时，不再往下读了，而是跟别人聊起天来。我说：“哦，你怎么读到中间停下来了？你必须从头开始再读一遍。”

他说：“我不要！我已经读过前面的，决不要再读一遍。”

“好吧。”我回答，“但是，让我来跟你说，为什么我要你重读一遍。本来我应该这么读这句话：‘看那只小鸟立于树梢。’

可是，我是这样读的：‘看那只小鸟——喂，你觉得会下雨吗？今天天气多好啊，你说呢？——立于——你画的这张画真不错啊！我很喜欢！——树梢。’”我看了他一眼，“如果这样读，你能听懂这个句子吗？”内德笑道：“你真有趣！”我表示认同他的评价，跟他一起笑了。

“你看。”我解释说，“你一直这样一个词拖着一个词读，我知道你讨厌阅读。若你把一句话的单词都拆开来读，阅读就会成为一件令人厌烦的事情，但是，如果你把整个句子连起来读，意思就能表达出来，就像在说话一样。现在，你要不要试试把整个句子连起来读一遍，看你能不能找到感觉？”

他照做了，并用读整句的形式，朗读了他刚才没读完的课文。我觉得他对阅读有了一种全新的感觉，于是告诉他，我觉得他今天进步了很多。

评论：这个例子生动地描绘出，虽然孩子表面上在朗读，但实际上他满心抗拒。内德在句子读到一半时停下来，显示了他试图让老师挫败，而他公然拒绝重新朗读时，已经毫不掩饰他对老师的反抗了。

这位老师是如何摆脱困境的呢？首先，她没有被内德的挑衅激怒。老师分两步解决了问题。先用“镜像术”向内德展示出他的行为有多可笑，然后用幽默让他大笑。只此一步，就缓解了原本紧张的气氛，并让内德有了与她继续合作的意愿。但老师要做的不止这些，她还做了第二步，老师表达出自己理解内德讨厌阅读，然后鼓励他朗读整句，从而消除他觉得阅读毫无意趣，只是服从命令的厌恶情绪。其实，这同时也消除了内德认为自己不会朗读的错误认知。

事例 42

老师在报告的一开始写道：“我们已经学习和讨论了不少观念和原理，而这份报告将揭示出我在应用时的困惑和错误。希望通过实践，我能有所进步。”

查尔斯，十五岁半，是七年级的学生。他又小又瘦，比其他同班学生年长将近三岁。他来自一个大家庭，哥哥姐姐都已经结婚。此外，他还有一个比他小一岁的妹妹跟他同班，家里还刚刚添了一个新生儿。

评论：在报告中，关于查尔斯家人的这些信息，很难让人对他的情况了解很多。查尔斯和妹妹的关系是亲密的。虽然妹妹已经努力赶上了查尔斯，但仍没有超过他，她的智力发育偏慢。他们都有好几个哥哥姐姐，是大家庭中较小的孩子。这大概是我们从上文中可以得出的最重要的细节。

四个月前，我被分配到这个班，接替前面的代课老师。当时查尔斯全无合作之意，在教室里随意走动，随心所欲地说话。我要求他回到座位上好好做作业，他也常常不予理会。即使他偶尔听从，也显得很自负，而且坐不了一会儿又站了起来。他总是在小组活动的时候捣乱，要么乱扔东西，要么经过别人身边时顺手给别人一拳。尤其在时间最长、持续两个半小时不间断的那堂课上，虽然他不是唯一扰乱课堂秩序的学生，但绝对比其他学生更闹腾、更无理。

评论：从查尔斯的行为描述来看，他属于对抗权威的那类孩子。虽然在他的恶意和打人行为中也含有报复的成分，不过，显示自己的力量似乎是最突出的。

由于对查尔斯所知甚少，一开始我几乎没有对他采取任何行动，只是一直盯着他，尽量表现得友善和礼貌，试图把他带入正轨。其他老师都是用教板来维持纪律[1]，还有人建议我，既然我有教板，那就该好好使用。但我不愿意动用教板，尽管查尔斯的确是一个很棘手的孩子，让我烦恼不已。

评论：在对孩子成长背景“所知甚少”的情况下，这位老师“不作为”的表现，不仅是正确的，而且是智慧的。若把使用教板当成寻常的训诫方法，有可能会导致学生们都更加叛逆。当老师不知道该怎么做时，没有轻举妄动，这一点值得我们欣赏和感激。

1　20世纪50年代，美国学校仍盛行用“教板”来训诫学生。——译注

我曾尝试利用班级讨论，让全班同学参与和评判，但学生们的争论有时非常激烈，相互指控和各种各样的反指控，常常让场面混乱而嘈杂。我有点儿担心教务办公室设置的、覆盖所有教室的双向广播系统。有好几次，我们班集体讨论有关秩序和纪律的问题时，都因为太吵闹，而直接收到了教务办公室的噤声命令，结果我们只得终止讨论。

评论：有关组织班级讨论的技巧将在后面的章节中进行探讨。显然，这位老师还不知道如何有条不紊地开展班级讨论。

我注意到，查尔斯会去找年龄更大、身体更壮的男孩儿们一起玩儿，一有机会就拔拳相向。有一次，他甚至拿出了一把刀，那是一把弹簧刀。我平静地告诉他，不要让我再看见那把刀，否则我只好没收它。他答应我不再把它带到学校来。我并不认为他会一直遵守承诺，不过，之后我没有再看到他拿出那把刀。

评论：查尔斯显然受到盛行的“男子汉气概”的影响，想要做一个“剽悍”的人，才意味着自己是个“男子汉”，有自己的位置。在我看来，老师对查尔斯的做法颇为得体。他显然成功地促使查尔斯遵守相应的校规，其中的秘诀就是他的平静和坚定。毫无疑问，如果老师再次看到这把刀，就会没收它。老师给查尔斯的，不是空洞的威胁，也不是激怒他，而是能让他接受一份忠告。查尔斯对这种平静而坚定的态度做出了应有的回应。

有一次，在我无数次平静而坚定地提醒查尔斯后，他还是离开座位，我真的很气愤，忍不住质问查尔斯，他离开座位要干什么。他说，他的课本不见了，正在找。十五分钟前，我刚刚布置了课本上的作业。我用坚定而克制的语气，平静地说："好吧，你最好赶紧回到你的座位上，以免一会儿连椅子也不见了。"全班同学都笑了起来。查尔斯沉着脸，生气地回到座位上。这时，有学生建议我用教板。"用在别人身上。"查尔斯咕哝着，看谁敢拿教板来打他。

评论：起初，这位老师在查尔斯身上遭遇了挫败。尽管老师对这个挫败没有意识，但他已经在报告中告诉我们失败的原因。无论提醒有多么礼貌，日复一日地重复，也终会失去效果。他这样的做法注定会失败，因为他已经被激怒了，而这意味着他投降了，承认他对这孩子无能为力。这恰恰是查尔斯要的感觉。如此一来，查尔斯成为发令人，而老师只能服从命令——他最终决定站出来质问。老师本来可以立即停止上课，直到查尔斯回到座位。他还可以坦然地表示自己输给了查尔斯，然后让查尔斯继续去找课本，但这位老师选择使用幽默来解决，倒也奏效了，至少他获得了全班同学的支持，让整个局势变得更有利。总的来说，借助全班同学的群体压力，是一种有力而且有效的方法。有些老师不明白利用这一点，那么很可能全班同学就会支持捣乱的孩子，若是那样，老师就会成为被嘲笑的对象。当然，如果是全班人——包括查尔斯和老师——都一起笑起来，那就更好了。

还有一次，我把查尔斯叫到教室外面，想就他的行为讲讲道理。我训斥了他。他哭着说，我总是让全班同学都嘲笑他。我觉得他的话很中肯，认为他的批评似乎有一点儿道理，我对他说："你可能误会我了。我无意让全班同学嘲笑你或嘲笑任何人，只是想让你加入小组活动，而且希望全班同学也同意我的想法。如果你认为我在嘲笑你，我愿意道歉。"查尔斯说："没关系的，是我弄错了。"

评论：这是一段有趣的对话，即使双方的互动描写得不怎么生动，效果显然也是很明显的。

首先，事实证明，利用全班同学都来嘲笑查尔斯的行为，是很有用的。查尔斯承认了自己的失败，这位"硬汉"竟然哭了。在这个时刻，老师充分利用了自己的战略地位。他没有进一步追击，反而采取了战略性撤退。首先，老师否认了他想让全班同学都嘲笑查尔斯。这当然不是实话，事实上他就是那么做的，不论他是有意还是无意的。然而，老师平静地说自己不想伤害查尔斯，只想让他加入小组活动，并且真诚地向查尔斯道歉。因此，查尔斯的风无帆可吹了。作为对老师谦逊态度的回报，他赶紧自愧地表示是自己弄错了。

我们必须重申，像这样单一的行为，虽然可能会产生一时的效果，但不可能延续多久，尤其对方是一个十五岁半的大男孩儿了。但是，只要日复一日，每一步都能朝着正确的方向走，就能逐渐建立起平等友好、相互理解的关系。若缺乏这份友善与平等，老师就不可能真正帮助他的学生。

每当有机会，我都会对查尔斯说，他的作业完成得很好。我看到了他的进步，欣赏他的合作态度。但是，他有时还是会在班上惹是生非。

评论：难道老师希望查尔斯立即彻底变成一个好孩子？他的要求似乎太高了吧？

在另一次课堂上，一位老师用教板狠狠打了查尔斯，疼得他当着全班的面哭了起来。他控诉那位老师打伤了他的脊椎，直到老师威胁他说，要找相关人员当面验证，他才收回了自己的话。

评论：查尔斯必须与其他人抗衡，并非所有人都会跟这位老师一样，发挥正面的影响。

在我看来，查尔斯的瘦小体形让他倍感烦恼，所以他要以勇敢来弥补体形上的不足。他总是表现得十分强悍，我还听过他曾向别人吹嘘他与警察有过摩擦。他说，他喜欢肯，因为肯是个什么都不怕的人。

评论：老师的推测也许是对的。要彻底了解查尔斯形成如此心理的根基，仍需要对他进行相当深入的心理探究。不过，在查尔斯身上，我们能清晰地看出，他想让自己显得更具有“男子汉气概”。通常，这种追求基于他在家庭氛围中的某种文化趋势的影响。还有一种可能，也许他的瘦小总让他认为，自己是这个家庭中的“小宝宝”，这大概让他深为反感。老师对他想通过勇敢而弥补的心理假设是合理的。

在与查尔斯的一次简短交谈中，我曾不经意地提到，如果体形是衡量“男子汉气概”的唯一标准，那么猿猴比我们更有男子汉气概。他觉得我说得有道理，我鼓励他要好好利用自己的大脑，因为他其实很聪明。

评论：又朝着正确的方向迈进了一步。

查尔斯继续进步。他故意激怒我的行为已经越来越少了。然而，班上的学生则表示了对我的不满，认为同样的事情，发生在查尔斯身上我会纵容，发生在别人身上我却会斥责。我给查尔斯安排了一些日常工作，他很乐意去做。

评论：这位老师虽然赢得了查尔斯的配合，但显然没能赢得全班同学的配合。老师曾借助全班同学的支持来应对查尔斯，并很快让查尔斯败下阵来。但是现在，老师可能改变了方式，所以才给了查尔斯这么多的优待。作为一个老师，若不能赢得全班同学的支持，则不可能有效地解决班上的某个同学的问题，也不可能从整体上解决问题。

在我接任这个班级的前两个月里，我两次因为班级“纪律差”而受到教务办公室的批评。一次是因为我想让学生体验自然后果，一位学生不遵守纪律，他想站到教室门外，于是我让他站在教室门外，等他觉得可以跟小组同学一起学习了再进来；另一次是在长达两个半小时的超长课时内，我让全班在两个半小时的课堂中间“休息”了一会儿。当校长走进来时，一个学生正好把手伸进了课桌，并从里面拿出了一根香蕉。校长看着他说：“下课了吗？”然后转身走了。第二天，我就收到了警告，让我严抓纪律，在工作上多用心。

评论：整个教育体系都正在经历巨变的时代，教育的措施、方法和标准的不同比比皆是，这本身也是“教育革命”的一部分。这样的差异，不仅存在于不同的学校之间，而且经常存在于同一学校之内、同一学校的教职员工之间。在一个不仅有教板制度而且要求教员必须遵循该制度的学校里，不可能顺应新式民主教育趋势的教学方法。老师想要采用与过时的传统举措相反的新方法，不但需要勇气和信念，而且需要毅力。一个人的职业生涯因为采纳“新观念”而受到威胁，这需要老师拥有相当强大的内在力量。

两个月后，我不得不——很不情愿地、十分难过地——使用了教板，这是两次警告之后还不听从的自然后果。我曾经夸口说，在我的教室里，任何一位同学都不会挨板子，可最终我还是食言了。我第二次使用教板，是查尔斯第二次与一个强壮的女孩儿打架，他再次触犯校规。因为查尔斯上一次被另一位老师打板子时很不情愿，现在轮到我来打板子，不免有些顾虑。我主动问查尔斯，谁先上来挨板子，他还是那个女孩儿？查尔斯问：“你要打她哪里？”“和往常一样，左手的手心。”“你要打我哪里？”“跟往常一样，你的手背。”“打多少下？”“一下。”“哦，不行。”查尔斯说，“你休想碰我一下。”他回到他的座位上。

我不想跟他卷入这场权力之争，任他回到自己的座位上。有人低声说：“去吧，查尔斯，我都被打过一次了，没事的。”另一个人说：“他没那个胆量。”这话让查尔斯腾地站了起来，怒火中烧，他双拳紧握，泪水盈眶。他差点儿要打碎那个男孩儿的下巴。

我让全班同学都专心做自己的事，不要关注别人的事。我还说：“如果说谁有勇气和胆量的话，查尔斯的胆量绝不比班上的任何男孩子的少。当查尔斯认识到这是他的错，准备好接受他不当行为的自然后果时，他会来找我的。”

查尔斯平静了下来，全班同学也重新开始学习。两分钟后，查尔斯过来了，说他准备好了，并要求我带他到教室外面的走廊里执行。他回来时显得相当自豪，似乎认为这下他很有“男子汉气概”了，也成为“挨打兄弟会”中的一员了。

评论：这件棘手的事情处理得很好，老师将打板子的规矩变成孩子愿意接受的自然后果。诚然，使用教板打手，这实在不应该算作“自然后果”，但是，老师在执行打板子时的说辞，几乎消除了本来容易出现的师生之间权力之争的苗头。老师让这件事变成了他与查尔斯之间达成的“协议”，甚至让男孩儿自己决定“惩罚”的场所，以强调他不对男孩儿行使权威。当查尔斯和班上其他同学险些发生冲突时，老师的解决方式也值得赞赏。老师本来处于具有挑战的困境中，但巧妙地让自己脱了身。他充分发挥了自己的洞察力和想象力，不但完成了他想要做的事情，而且避免导致任何可能的冲突。在此之前，大概没有人相信像查尔斯这样的男孩儿会心甘情愿地接受惩罚。

从表面上看，查尔斯并没有因为这件事而愤愤不平，他更加配合。有一次，他甚至还批评他同班的妹妹在课堂上说话，不专心听讲。还有一次，他还主动让我用教板打他的手来惩罚他，但是我没有同意。

评论：查尔斯的确有了变化，他正在逐渐放下“男子汉”就该粗犷的观念，取而代之的是更多的合作意愿。接下来很自然地，可能会有人问，他的这种变化有多深刻呢？他主动提出接受惩罚，似乎表明他内心深处仍然认为自己是个坏孩子。他还不太相信自己在社会上享有受人尊敬的地位。

在另一次课上，查尔斯被一位身高超过一米九的女老师打了板子。她说，从那以后，查尔斯不再在她面前惹麻烦了。

评论：这里值得思考的是，查尔斯不再惹麻烦的原因，是否与教板有关？另外，我们也必须把他在这位老师的影响下取得的进步考虑进去。

然而，通过这件事，让我看到查尔斯的内心深处。有一天，我布置了一篇自由命题的作文，例如，写“让我快乐的事情”或“让我不快乐的事情”，以及“长大后我想成为怎样的人”。查尔斯说：“这还用写啊，我直接告诉你就行。我想成为全国最坏的亡命之徒。我想要十几把枪、二三十把刀，把所有人都打死。”我问他：“为什么？”但是，我的提问被同学们的讨论声淹没了。

评论：这是一个男孩儿的雄心壮志啊！查尔斯说话时故意夸大其词的表现十分有趣。他能说出这样的话来，表明他已经意识到自己过去在做什么。虽然之前彰显“男子汉气概”的思维模式仍然存在，但已经不再那么根深蒂固了。他的“宣言”无非是在以搞笑的方式吹牛，而不是他的真实愿望。

在前段时间的课堂发言中，查尔斯常常提及他如何从警察以及商店巡视员眼皮底下成功逃跑的往事。他有过少年犯罪的记录，也曾是学校“改进班”的学生[1]。有一次，他透露说，在他们搬到这里之前，他父亲曾经在南方与一个人发生过冲突。

评论：我们现在了解到这个家庭的氛围确实是“男子汉气概”。

在遵守课堂纪律方面，查尔斯已经做得越来越好，几乎没有故意违抗的时候了。我觉得，在这个由平均智商数只有80的学生组成的、有许多行为问题的班级里，我已经带领他们取得了不错的进步。

在四月份的成绩报告单上，我给查尔斯的评语是，他各个方面都在不断进步，尤其在完成学习任务、承担相关责任方面进步很大（尽管他有时会为了赶时间而去抄别人的作业）。但是，当评定他的行为模式时，我还有一些犹豫，因此，我给他

1　帮助各种“问题学生”改掉缺点的特殊班级。——译注

的评语是“他有两个方面仍然需要帮助，需要更多的努力：一是他不够关心所在小组的集体利益，二是他还没有认为自己是个有价值的人。”

评论：这位老师确实取得了相当大的进展。不过，他是否清楚地意识到查尔斯为了按时交作业而不惜抄作业，这到底意味着什么。这是查尔斯心气儿高的又一个证据。不过，老师对查尔斯的行为模式评定是正确的，查尔斯尚未让自己融入社会，虽然他已经减少对抗这个社会群体的代表——老师，但他还没有认为自己是一个有价值的社会成员。

所有低于平均分的分数都需要老师写备注。我犹豫了很久，终于下定决心，按我的想法下笔。不过，我还询问了另一位老师的意见，看他觉得我对待这个学生的做法是否恰当。那位老师也认为，使用教板的制度是过度的，他就是查尔斯声称打伤了他脊椎的那位老师。这位老师每隔一天见到查尔斯一次，在由他主持的四十五分钟的活动课上，我觉得查尔斯并不怎么记恨他。查尔斯在他的课上完成了一件很好的作品，为此还得到了他的表扬。这位老师认真地思量一番，然后告诉我，他认为我的做法都很恰当。我又思考了两天，终于在查尔斯的成绩单背后的评语栏中写下了评语，陈述查尔斯在各个方面都有很大进步之后，我写道：“查尔斯对待集体利益的积极态度有待提高，这也许是因为他对自己的积极态度还不够。他似乎认为自己不重要，但我认为，查尔斯是我们班上的一个重要成员，与班级里的其他同学一样重要。这不是因为他有时不肯合作、强硬，而是因为他是查尔斯。”查尔斯看过之后，下课出门时问我：“这是谁在我的成绩单上写的？”我说：“是我写的，查尔斯。”他一个字也没说就离开了，此后也没有再提及。

评论：秉承着他处理其他棘手问题时同样的敏锐感，这位老师写下鼓励性的评语之后，又写下了有启发意义的话语。从心理层面上来说，他的做法完全正确。他表述的方式，足以给查尔斯留下深刻的印象。如果查尔斯完全领悟老师话语中的含意，并因此扭转对自己的错误认知，他就能获得真正的新生。

最近，查尔斯和一位女老师——也就是D夫人——卷入了一场权力之争。老师在楼道里训斥另一个男孩子，那孩子扮了个鬼脸，查尔斯笑出了声。D夫人一把抓住了他，打算把他的头跟那个男孩儿的头往一起撞。两人随即展开了一场权力之争。查尔斯对她说，她不可以拿他的头撞墙或者撞别人的头，因为她没有权力这样做。女老师坚称她有这个权力，还说：“我有没有权力，不是你这个小孩子说了算。”查尔斯挣脱了她的手，女老师追着他跑，两人冲进了我的教室，继续扭打，都非常愤怒。

我担心这么扭打下去后果不堪设想，便伸手静静地放在查尔斯的肩膀上，让他冷静些。他停止了挣扎，D夫人松开了抓着他衣领的手。等查尔斯平静下来之后，我建议他和D夫人一起回到她的教室里，试着在不发脾气的情况下解决他们之间的问题。下课后，我去了他们的教室，只见两人又开始了争执。查尔斯坚持说，她没有权力让他错过要搭乘的校车，而女老师则坚持说，她有这个权力。查尔斯推倒了一张桌子，并威胁说一会儿要冲出去。我再次介入其中，让他平静下来，并告诉他，如果他能立即规规矩矩的，他就不会错过校车，否则就得有人开车来接他回家了。他当然不愿如此，立即安静了下来。我告诉他赶紧去追赶校车，回家后好好想一想，等第二天来上学再说。

第二天早上，查尔斯仍然处于抗拒的心态，他不愿承认昨天是自己在惹是生非。他告诉我，他没有嘲笑老师，而是因为另一个男孩儿在做鬼脸，所以，女老师没有打他的理由。幸好这位老师没有动手，“如果她那么做了，她一定会后悔的。”

我还没来得及让查尔斯认识到他在这件事中的错误，D夫人就出现了。她问我，查尔斯是否认错了。我把她拉到一边，告诉她查尔斯仍处于抗拒状态，他不认为嗤笑另一个男孩儿，就该被她惩罚。D夫人承认，她当时是很生气，也承认她不该那样伸手抓住他，不该因为他个头小就那样说他。但是，她昨晚已经和丈夫商量过这件事了，他们都认为不应该让查尔斯逃脱惩罚。否则，他以后就有可能存在侥幸心理。D夫人一定要把他送到校长办公室。

查尔斯被叫到了校长办公室，挨了板子，还被要求向D夫人道歉。查尔斯请求在教室外面的楼道里道歉，但是D夫人不同意。她坚持要求，查尔斯要在教室里当着全班同学的面道歉。于是查尔斯站在教室前面，低声对她咕哝了几句就走了。回到我的教室时，他满眼是泪，满身怒气，他喃喃地对一个同学说，他根本不该受到惩罚。

评论： 最需要鼓励的孩子，往往最难得到鼓励；最迫切想要得到尊重的孩子，往往被推到最糟糕的境地。这个例子再次非常清晰地表明了这一点。假如查尔斯曾经在学校里表现良好，那么，在他因为另一个男孩儿的表情而嗤笑时，老师可能只是问他一句干什么，而不至于像 D 夫人那样对他。另一方面，假如查尔斯有良好的自我调整能力，在面对 D 夫人的挑衅行为时做出不一样的反应，比如当即道歉，事情也就能化解了。可是，他们之间对权力的争夺，使他们当即卷入了这场权力之争。

这位老师再次显示了自己有缓解棘手问题的能力，但最终无法阻止对男孩儿的尊严和自尊造成伤害。尽管老师无法控制整个情况，但仍然为保护孩子付出了勇敢的行动。

第二天，在我的课堂上，查尔斯几乎回到我刚认识他的样子，倔强而叛逆。他一再离开座位，作业也只完成了一半。他当着我的面掷骰子，但我要他交出来时，他立即就交了。在课堂讨论期间，他以自夸的形式讲述自己做过什么来“吹牛”，还一直在玩弄一把刀子。接下来，他每周去两次 D 夫人的美术课，课上他画了一张女人的肖像，却给这个女人画上一把稀疏的山羊胡子，看上去像是D夫人的名字首字母的形状。D夫人把画退还给他，说不合格。

在我看来，查尔斯的行为模式已经越过了权力之争的阶段，恶化到报复模式。我认为查尔斯是在为自己感到委屈，应该是这样没错吧？

评论：这位老师说得没错，查尔斯即将把他的主要行为转向以报复为目的。他的确会为自己感到委屈，这也是事实。许多与成年人进行激烈的权力之争的孩子，或多或少都会有些报复对方的倾向。如果对方不肯低头，反而一心让他服软，他就会认为这是不公平的。师生之间的大部分对抗，双方往往都会抱着惩罚对方、以牙还牙的心态，这便接近于报复的行为了。

不过，这个案例仍是权力之争的典型例子。查尔斯刺激老师们卷入与他的一次次较量中，任何试图向他展示权力和权威的行为，都会引起他的激烈反应。

提供报告的这位老师对查尔斯的成长做出了贡献，他不必感到气馁。当然，孩子仍要承受许多不利的影响和经历，比如在上面一段叙述中，他与D夫人的故事就是其中一例。但是，我们仍然相信，善解人意的老师的影响，一定会让这孩子更容易接受与其他人不同类型的关系。即使是查尔斯遭到D夫人重挫的第二天，在他的敌意再次达到顶峰时，老师要求他交出骰子，他仍然选择了上交。这说明他们之间的良好关系没有被破坏，甚至可能因为这位老师在整个事件中一再调解，更加巩固了他们之间的关系。第二天，查尔斯在课堂上的表现，可能只是对这层关系的试探。不幸的是，接下来这位老师能否帮助查尔斯重新回到他之前已经达到的高度，我们没有收到详细报告。也许这位老师没有通过查尔斯的考验，因为他在报告中的最后几句话看上去很气馁，也许这位可以成为孩子们的鼓励源泉的老师，只是一时陷入了气馁。不过，我们仍然相信，在这一学年中老师与男孩儿建立起来的良好关系，一定会在他未来成长之路中开花结果。

在这份报告的最后，这位老师还用钢笔加了一个脚注：

这份报告的结尾不该如此沮丧。我又和查尔斯交谈了一次，对他能再次“回来”，充满了希望。

3. 报复

很显然，强烈的较量欲望和复仇欲望，这两者很难区分。孩子对学校甚至整个社会怀有敌意时，这两种心态往往可能同时存在。不过，在许多情况下，为争夺权力而战的孩子，只有被武力强行镇压时，才会彻底转为一心报复。

区别权力之争和一心报复的主要不同点，是看孩子的敌对和恶毒的程度。在权力之争中，孩子只想战胜或至少打败老师的权力。而在报复行为中，孩子会专找最能令对方感到伤痛的地方下手。

至于纠正的方法，在孩子满心都是报复欲望的情况下，几乎没有任何方法能带来建设性的效果，唯有等待适当的时机赢得孩子的心。这类孩子问题的根源在于他的错误观念，认为没人会喜爱他、接受他。因此，任何能让他转变这种错误认知的行动，都对他有所帮助，只不过语言劝解往往是最难见效的，除非用词非常得当。总的来说，让这样的孩子相信，他有机会得到别人的喜爱和接纳，需要花费很多的努力、时间和耐心。这种努力不仅常常会遭到孩子的抵制，因为他不相信老师会真诚地关心他，而且会遭到其他成年人的抵制，因为他们更关心自己的权威被打败了，而不是为孩子着想。更糟糕的是，即使最有毅力、最有技巧的老师，也不可能打动所有这类孩子的心。在很多情况下，即使成年人持续努力好几个月，也有可能看不到任何实质性的结果。但是，只要能将一个孩子从几乎无可避免的痛苦命运中拯救回来，都能给老师带来足以弥补一切灰心与失望的成就感。

等待打动孩子内心的适当时机，这并不容易，因为在这期间，始终充满着来自孩子的各种挑衅。老师需要防止可能的危险和伤害发生，保护好其他孩子，以最有限的压制和最大程度的平和、友善与坚定维持秩序。最关键的是，老师要清醒地意识到，尽管面对孩子的挑衅行为做出冲动的反应，是可以理解的，但也要努力克制自己的报复性行为。因为这样的冲动行为不但起不到任何的正面作用，而且更糟糕的是，只会强化孩子的错误观念。在帮助这类孩子时，老师需要整个班集体的协助。

唯有老师赢得整个班集体或至少一部分学生的合作，才能迈出建设性的步伐，否则，同学们的对立情绪往往会成为老师良苦用心的障碍。在班级中公开讨论这类问题，通常会卓有成效。

事例 43

彼得六岁，去年他来到我一年级的班上。他出生在欧洲，有一个比他小两岁的弟弟。他上午先去幼儿园上课，一边学习英语，一边熟悉我们学校的环境，以便为他将来进入一年级做好准备，下午，他会来我的一年级的班上上课。他看起来很机灵，学得很快，大家都认为，他可以很快上完幼儿园，为正式进入一年级做好准备。

他来上学时总是衣衫不整，不过体格上并不比其他孩子更弱或者更小。他一直按时上课，其间并没有发生特别值得注意的事情。直到有一天，校长告诉我，彼得和幼儿园老师对抗起来，踢伤了老师的肋骨，造成其中一根肋骨开裂。校长和幼儿园老师都认为，他的年纪已经够大了，不适合再上幼儿园了，应该直接进入一年级“试试看”。我没有意识到他的这种行为意味着什么，只是像对待普通孩子一样，接收了他。

我认为，我像对待其他孩子一样对待彼得。当他寻求帮助时，我会帮助他。我还挑选他当了小组长，正如我对待其他孩子一样。不过，我一定在什么地方疏忽了，因为事情开始发生了变化。

有一天，在课间休息时，我带全班同学到教室外面玩儿。

几分钟后，一个小男孩儿哭着跑到我面前，说彼得把沙子扔到了他的脸上和衣服上。我立即叫彼得过来，就此事问他，试图从这两个男孩儿那里了解事情的来龙去脉。他们互相指责，但都承认他们违反了一条规定，就是该如何使用沙箱。因此，我要求他们坐在台阶上，观看其他同学如何正确使用沙箱。两人都坐在那里，突然，彼得站起来从我身边跑过去，尖叫着说他不喜欢我，不要待在学校里。他径直地跑过操场，朝回家的方向跑去。以前，我从来没有遇到过这种情况，也不能扔下其他孩子去追他，所以我赶紧让一个学生去找校长，将此事报告，以防彼得在回家的路上发生意外。大约一小时之后，彼得的父亲和继母带着他一起回到学校。他们已经和校长谈过了，彼得认错，要向我道歉。我接受了他的道歉，这件事就这样结束了。

评论：报告写到这里，我们还不知道彼得的行为目的是什么，是因为他没能按自己的意愿行事而卷入与老师的权力之争，还是因为太过沮丧而想要报复。但是老师反省自己是否有什么地方疏忽，这一点值得我们欣赏，尽管这也许根本不是她的错。课堂之外的因素很可能会导致孩子的心绪烦乱，变得具有破坏性。不过，当孩子突然开始惹麻烦时，老师认真反省和审视自己的行为是否恰当，这的确是一个好策略。很多时候，老师意识不到自己对孩子表现出不当行为时起到的负面作用，只会一味地将孩子变得越来越不顺从的原因归因于孩子本身或其他人。

彼得的作业做得很好，但有些不够整洁。他的识字水平也不错，似乎喜欢上一年级。但是，事情再次变得令人不快。有一次，班上一个男孩儿提醒他，要好好坐在座位上，安心等我回到教室，结果他出手就抓伤了那个男孩儿的脸。

还有一次，在小组阅读活动中，趁着别的孩子们读课文，彼得在他们的作业本上乱涂乱画。在我看来，他在有意伤害他人，所以我就他的事情又去找了校长。

家访员给彼得的父母打电话，我写了一张便条，请他们来学校见面。在与他们的会谈中，我了解到，彼得的父母离婚了，他们双方都不愿意要彼得。他们曾多次将他送往寄养家庭，但因为他太顽皮了，那些家庭不得不将他送回来。他的继母告诉我，她不喜欢彼得，而真心地喜欢他的弟弟，尽管弟弟也是她的继子。她已经厌倦了想方设法地让彼得保持整洁，可每次他都是一身污浊地回家。我试图让她理解，我班上的许多男孩儿都是这样回家的，但她只是向我摆了摆手。她不爱彼得，而且毫不遮掩地让彼得知道。得到这些信息后，我对这个男孩儿有了不同的看法，我知道他想要的是爱、感情和安全感。

评论：当一个孩子在学校中无缘无故地表现出不寻常的敌意时，更多地了解孩子相关的家庭背景，是很明智的做法。老师的发现很重要。我们可以看到这个男孩儿是如何被他弟弟打败的。弟弟不仅抢走了曾属于他的“宝座”，而且赢得了父母更多的喜爱——可能是通过自己的可爱，也可能是通过良好的行为。由于彼得的行为充满敌意和挑衅，我们不难想象他的弟弟必定与他正好相反。

我仍然会用对待其他孩子的方式对待彼得，但在某些方面会稍有不同，以便我能更接近他的内心。他愿意在放学后留下来帮忙擦黑板，把课桌摆整齐，我便同意他留下来做事。其间，我们会有些短暂的谈话，他告诉我更多的关于他的事情，也告诉我他觉得父母有多么嫌弃他，还说了很多他弟弟的事情，比如他们一起玩耍，一起去公园里的儿童之角。这让我更多地了解这个男孩儿，不过，我并没有对他表现出太多的爱意。

评论：对待一个感觉自己不受人欢迎、被人忽视的孩子，这样的做法是正确的。到目前为止，我们尚不清楚彼得与弟弟的关系。在比他小两岁的弟弟面前，他是个领导者吗？这会不会是他喜欢和弟弟一起玩儿的原因呢？他与这个受父母宠爱的弟弟之间的关系，有一些奇怪。

情况顺利地发展了一段时间，彼得在班级发言中有好几次还提及他和弟弟的故事。但是不久后又出现问题了。他似乎变得越来越充满恶意。每次他以这种方式行事时，我都无法让他听我说话，或者跟我对话。有一次，他不喜欢正在做的一个手工作品，拿起来撕碎，还狠狠地踩，最后扔进了废纸篓里。我走过去询问事情的原委，想启发他用不同的方式再尝试一次。

他情绪亢奋，大声喊叫：“不！”我呵斥了他，然后，他哭了起来，跑过去拿起他的外套，朝教室门口走去。我抢先站到教室门口，问他要去哪里。他说：“回家。”我试图阻止他，但是他又踢又抓，还骂我，让我“闭嘴”。我和他对抗着，心想这次决不能屈服于他。我们双方都在奋力较量，以致后来我松开他时，我的手臂都在发抖。我觉得自己这次一定能控制他，他应该能安静下来。虽然我松开手，但仍然把着门，不让他有机会跑出去，我只是站在那里，看着他。

我们就这样对峙了几分钟，然后他跳起来，跑到废纸篓边，把废纸篓一个个都掀翻，里面的纸屑散落了一地，然后他在那里尖叫。我仍然站在原地看着他，同时派了一个学生上楼去叫校长，让她过来看看彼得的情况。校长下来了，想跟彼得说话，但他转过脸去。最后，校长把他带出了教室，我们留在教室里重新开始上课。而彼得一直在楼上的校长办公室，直到最后一节课结束才下了楼。他告诉我，他做错了，向我道歉，也愿意留在我的班级里。用他的话说，是“再给我一次机会”。

评论：这是一位愿意用心去理解和帮助彼得的老师，可是上面这一幕却值得思考。她这是怎么了？是什么让她无缘无故地卷入这场权力之争？彼得所做的只不过是撕碎了他的作品，扔进了废纸篓里。然而，事情开始升温，因为老师过来了，并随即“呵斥了他”。这是一个重要的点，可是，这位老师没有意识到。

我们若是仔细观察，就能发现情况本不至于变得那么糟糕。此时老师应该已经了解到，彼得充满敌意的表现是乱发脾气。没有人在发脾气的时候还能通情达理，此刻最好的——也是唯一可行的办法——是暂时不去打扰正在发脾气的孩子。用不了多久，孩子就会发泄完，之后他就能跟老师对话。从老师和彼得的经历来看，她应该知道彼得一旦发起脾气会做出什么举动。

可是，这个简单的信息，这位老师显然还不知道，她也不知道该如何应对正在乱发脾气的孩子，显然这就是他们关系恶化的原因。但老师却将其归咎于男孩儿内心发生的变化："他变得越来越充满恶意。"虽然老师给出了原因，但她并不知道自己在其中发挥的作用。老师说："每当他以这种方式行事时，我都无法让他听我说话，或者跟我对话。"显然她并不知道，在这种情况下，她不应该过去跟彼得说话。可是，她不止过去跟他说话，还试图让彼得和她好好对话。我们不难感受到，他们之间的气氛已经高度紧张。难怪彼得会变得越来越充满敌意——老师不也是如此吗？她应该怎么做呢？

有人可能会说，老师"呵斥"学生是应该的事情，这样才不会让彼得变成班上其他同学的坏榜样。如果老师"听之任之"，那全班同学以后可能都会这样做。实际上，如果这位老师能保持冷静，接下来的事情都是可以避免的。有这样的孩子在班上，老师若要保持同学们的学习兴趣和平静气氛，可能需要很多的机智与沉着，但这并不难做到。友善而理解的表达就能起到相当好的作用。毕竟，老师曾经理解彼得为什么脾气会这么坏，而且也同情他。老师应该表现出这种情绪，带领全班同学不因彼得的挑衅行为而恼怒，而是形成一个对他表达善意的集体，向这个从未找到自己的归属感的可怜孩子伸出手。

老师没有对彼得施加正面影响，反而让他的怒气影响自己，证明了“确实没有人喜欢他”的错误观念。即使老师没有帮助他的决心，也不应该让孩子觉得自己不被人喜爱。如果老师先给了孩子希望，然后再让他失望，这比从一开始不接近他更糟糕。若真想帮助这样的孩子，老师必须始终保持警醒，既要承受自己在每一次努力之后的挫败，又要承受孩子为了证实自己不可能与别人成为朋友的每一次挑衅。若能承受这两个层面，老师就完全能够掌控局面。

我们的班级恢复了风平浪静，开始继续上课。彼得留在了我们的班级，他知道如果再乱发脾气，他就会被彻底赶出去。

评论：这位老师真的相信，这样的压力会带给彼得自己被接纳的感觉，因此不会再发脾气吗？本来，通过化解乃至消除孩子的心结，就能有效帮助改善孩子的脾气，这才是最有效的途径，可是，老师没有这么做，而是通过“施压”破坏了她和孩子之间的关系。此时，老师对心理学的了解很少，这对彼得来说实在是件很糟糕的事情。

冬天，彼得每天带着他的午餐来上学。没过多久，孩子们来找我，说彼得总是吃他们的蛋糕和水果。我问他们，是不是他们自己给他吃的，他们说是的，因为是彼得找他们要的。我找彼得谈了这件事，他说自己喜欢那些食物，因为他的午餐盒里从来没有那些食物。我觉得有必要和他的继母谈谈这件事，因为我不希望这种情况继续下去。他的继母说，彼得只要三明治，别的他都不喜欢。我告诉她，他在吃其他孩子的食物，并请她给彼得带一些蛋糕或水果。但是，她没有这样做。彼得继续吃其他孩子带来的午餐，甚至有几次利用课间休息时间去储物柜那里，随便拿出别人的食物来吃。

有一天，他把自己的午餐扔掉了，然后跟我说，他没有东西吃。我想了想，决定假装不知道他做了什么事，问他要不要和我一起出去吃午饭（我想，这可能会让他觉得有人喜欢他）。我们吃了一顿非常愉快的午餐。他点了汉堡包、炸薯条和巧克力汽水，这些全是孩子们喜欢的食物。回到学校，下午的课程才刚开始，彼得又闹了起来。我先去了校长那里，向她报告了刚才的午餐情况。可我刚刚回到教室，班上就有孩子过来告诉我，彼得拿了一本书，打两个女孩儿的头，还用教室里的一把椅子打了另一个小男孩儿。这时，我完全不知道该怎么办了，只能执行之前我警告过他的后果。我带他上楼找校长，把事情报告给她。

评论：这是老师不了解孩子时常常会发生的事情。老师离真正理解彼得已经非常近了，却在此时误入歧途。很明显，彼得仍无法相信有人会真正关心他，因此，就在老师带他吃午餐后，他真诚地告诉老师——不是用言语，而是用行动——他不是好孩子，请远离他。可是，老师并不明白这一点，反而直接掉进了他的陷阱中。大多数成年人遇到这样的孩子时，都会出现这种情况。老师不但没有纠正孩子对自己的错误观念，而且认同了孩子的自我认知，并放弃了自己可以帮助他、喜欢他的想法。

如果老师能理解孩子的心理活动，她就能预料到，当彼得做出要和她做朋友的姿态后，必然会发生这样的事情。如此一来，当这种情况真正发生时，老师也不至于那么惊慌失措。这时，老师本可以向彼得解释他的心理背景，让他知道他这么做是想证明自己是个坏孩子。遗憾的是，一系列事件从更早的时候就已经开始了。当老师和他为那份报废的作品争执时，彼得就已经开始失望了。老师还威胁说，如果他再乱发脾气，就会把他赶走。如果是值得信任的朋友，当然不会这样做。

老师对午餐问题的处理方法，也是错误的。首先，老师没有必要因为他没有得到蛋糕和水果而感到难过，也没有必要找他的继母商谈，毕竟他的继母不会好好爱他。在这份报告里，老师没有提及她如何阻止彼得擅自拿其他孩子的食物。从前面的报告中，我们不难推测，老师对这件事可能没有处理得当，可能会说教、责骂和威胁。其次，在彼得刚刚欺骗他之后就邀请他吃午餐，这也不是什么好主意。老师以为假装不知道彼得把午餐扔掉，但是，像彼得这么聪明多疑的孩子，哪里是轻易能哄骗的呢？老师本应该推断出，彼得已经知道老师是假装不知道的。结果，彼得扔掉了自己的午餐，再骗得老师的“奖励”，这样做既缺乏诚信，也缺乏诚意。因此，彼得在试探老师，而老师没有通过他的考验。任何对彼得的问题没有透彻了解的老师，都会像她那般行事。

这件事发生之后，彼得的父母再次被请来谈话，学校的心理辅导员也受邀参加这次会谈。学校在这次会谈上决定，让彼得退学回家，由一位家庭教师上门教导他。这一举措似乎奏效了一段时间，但后来他们发现，彼得的不良行为越来越多，最后请求福利机构出面处理，并从此接管了他。

评论：在这个案例中，最糟糕的是让彼得一直待在家里，他的家庭环境导致他出现不良的问题，而且他的家人没有任何兴趣去改变他的认知。

9 月份开学时，彼得重新注册入学，进入二年级的班，但再次被退学。之后他被送到一所教会学校。最近，我、社区福利机构代表，还有彼得的父母，出席了一次关于彼得的庭审。我简单地说了一句话：“这个孩子，因为父亲和继母对他的虐待，以及他们表现出对他的恶意，便想要伤害那些对他友善的人。”

评论：看清别人做错了什么，这很容易，也许还会让人感到自在。不幸的是，这位好心、真诚、满怀善意、原本对彼得深表同情的老师，本来几乎成功地赢得了彼得的心，给予他一次重生的机会，甚至可能改变他未来的人生，最终却功亏一篑，只因为她不知道该如何对待像彼得这样的孩子。老师的错误不是因为对彼得缺乏深厚的感情，而是无知。老师经常跑去寻求帮助和保护的校长，也对该如何帮助这样的孩子所知甚少。

事例 44

哈尔是兄弟俩中的老大。我第一次见到他，是在我的英语课上。他很少在功课上下功夫，对课堂讨论也没什么兴趣，而且习惯性逃学。他的父母在他十一岁那年离婚。之后，母亲为了维持生计，每天从下午 4 点工作到深夜 12 点。于是，兄弟俩放学后没人照顾。

哈尔和两个同学在抢劫时被抓获，在那之前，他们已经从好几户人家中得到许多物品。哈尔一直是这个三人组的主犯。这三个孩子都被判了缓刑。

在学校，哈尔经常神经质、易怒、不尊重他人。他认为每个人都在跟他作对。比如，有一次考试的时候，我碰巧看了他一眼，他立刻就喝道："你看我干什么？"

评论：这种随时戒备的心态，恰是这类孩子的典型特征。他随时准备跳起来，回击哪怕最轻微的挑衅，报复任何可能伤害或反对他的人（对他来说，反对他就等于伤害他）。一个经常被人轻视，随时准备受到别人的鄙视，经常招惹别人的孩子，他已经形成了这种戒备心态。他所有的行为动机都是报复，他一心想要报复这个没有立足之地的社会，以及那些代表这个社会群体的、伤害他的人。

在我们班的戏剧课上，我要求哈尔朗读某个角色的部分台词。他不但朗读了，而且读得非常好。我称赞了他的朗读水平，并建议他试演高三戏剧表演中的角色。他尝试了剧中的每一个男性角色，每个角色他都表现得比其他同学更加出色。当然，我让他当了主演，不过，前提条件是他必须认真完成所有的作业，而且每次排练都必须到场。

评论：哈尔很有上进心，也很有能力。在他的犯罪活动中，这两种特质都很明显。但是，在这位老师的安排下，他的这两种特质都以社会合作而非反社会的方式体现。当然，孩子的反社会心态应该还不算太深，否则他就不会接受老师的要求和前提条件。老师抓住了这个机会。通常，一个已经气馁，出现反社会行为的孩子，若只是被某个条件限制，让他发挥贡献，通常不可能达到目的。只有等他融入社会后，他才能在没有压力和威胁的环境中接受这样的条件。

在正式演出的那个晚上，哈尔的表演格外出色，得到大家的一致肯定。在这学年接下来的时间里，他循规蹈矩，不但对学习很感兴趣，而且不再逃学，甚至连性格也发生了变化，他变得相当惹人喜爱。学区总监、校长和学生们对哈尔的巨大变化都大加赞赏。

评论： 仅仅让哈尔参加戏剧表演这件事，是不可能让他发生如此根本性的变化的。我们不难推断，这位老师理解他、鼓励他，哈尔和老师之间有许多友善的互动。老师实际做的，一定比报告中表述得更多。我们也不难推断，哈尔的反社会行为可能是受到他之前形成的社会关系的不良影响。加入戏剧表演小群体之后，哈尔很可能改掉之前的不良关系。也许正是因为这一契机，使他最终被班集体所接受，成为其中的一员。他其实非常渴望得到认可，但以前只能在被排斥的角度上得到认可。当然，这一切只是推断，但存在相当的合理性，也唯有如此，才能解释他为什么能迅速且彻底地发生巨大变化。

校长曾建议我，不要让哈尔担任剧中的角色。我必须承认，当时我冒了很大风险，也为此心惊胆战。

评论： 从这句话中，我们看到这位老师的勇气和胆识，这正是对待这类孩子必需的品质。尽管这份报告的结局是美好的，仿佛不像是真实的，过程也简单到令人难以置信，但它确实说明了采取纠正方法时需要有足够的勇气和力量。

事例 45

玛吉，十二岁，是我七年级班上的学生。上一学年，所有人都放弃了她。她经常偷窃，还与老师和同学打架，所有科目都不及格。本学年开始以来，她仍是老样子，两星期内偷了三次东西，还跟人多次打架。

她在家里排行老二，上面有个哥哥。

评论：这条信息很重要。在家里中间的孩子经常感到自己被忽视，遭到不公平对待。也许玛吉的行为就是这种感受的反映。假如我们看到她母亲偏爱另外两个孩子，就更容易理解她的处境了。我们很想了解玛吉的哥哥是什么样的孩子。老师很有必要对玛吉的背景进行更多的了解。

关于这位老师的报告，我需要做一些情况说明。她决定把这个案例以“简短报告”的形式来呈现。作为我们班上的资深学员，她当然知道“简短报告”中每句话的含义。但是，接受培训时较少的人却不容易理解。对她来说，指出玛吉处于家里中间的地位就足够了，她觉得每个人看到这句话时，都能明白这句话的内涵与延伸之意。她这样的假设，我们也会在接下来的报告中不时看到。

前几天，邻居打电话到学校，告诉我们，玛吉正在街上给一群年龄不大的学生分发香烟。第二天，我们在班级讨论中针对这种行为可能的目的进行了讨论，但我没说出具体的名字。

第二天，玛吉的表现就不同了，她的态度更加友善了。她过来问我一个问题时，还拉住了我的手，在课堂上也比以往任何时候都更加合作。她开始主动谈论自己，讲述发生在她身上的所有“不好”的事情，比如她多少次考试不及格、老师多少次把她赶出教室，等等。但是，她从来没有提到过，她是教室里唯一把数学作业完全做正确的人，这是我后来才了解的。

我与她进行了两次简短的私下谈话，还到她家做了一次家访。我们谈论了关于偷东西的事情，我说很多孩子有时也会这么做，但随着他们越来越对自己有信心，这种行为就会自然终止。

评论：请注意，当校方把玛吉在街上给其他学生分发香烟的事情告诉这位老师时，她有什么反应？她只是带领学生们讨论这种行为的目的而已。她甚至没有说出那个“坏蛋”的名字。从心理学角度来看，这种把握分寸的能力，需要老师对学生的心理有相当敏锐的感知。人们很容易在冲动之下借题发挥，说教、警告和威胁。当然，还要让所有人都明白，谁是那个“坏蛋”。但老师并没有这么做，而是相信即使没有提到玛吉的名字，她也能理解。正是因为老师没有提到她的名字，她才更可能有所改进。

第二个重要的细节，是这位老师组织学生讨论的主题。她没有把主题设为讨论这件事的道德意义，为何分发香烟会令邻居反感，人们如何看待这件事，学校是否要对此负责等其他老师可能会选择的主题，而是只讨论了这种行为的目的。遗憾的是，她没有报告这次讨论的详细内容。她也许已经设想过各种可能性，甚至直接引导孩子们去思考，包括叛逆、引起报复、惩罚、因为感到不公正待遇而惩罚，等等。可惜，在这次讨论中她没有提供这样的文字记录。

女孩儿会发生这样的变化并不奇怪。她相信老师是她的朋友，并敞开了心扉。玛吉来问老师问题时拉着她的手，老师提及这个具有重要意义的细节，清楚地表明了她观察的敏锐性。我们可以看到，这位老师用心发掘玛吉积极向上的可能性，并且找到了证据。

老师提到了两次私下谈话，遗憾的是，她没有写出详细内容。老师仅仅提供了最后的结论，突出她们之前没有谈论的话题，而那些话题是一个缺乏足够训练的老师很可能会关注的。即使她们谈到偷东西这个主题时，老师也没有用斥责的语气，而是用鼓励的语气来表达。最后，她还将这个不当行为与缺乏自信联系起来，直击玛吉问题的核心所在。

我努力与玛吉建立友好的关系。她邀请我参加她的钢琴演奏会，我再次向她表达了对她的欣赏，并在第二天的课堂上，貌似不经意地跟全班同学提到玛吉的出色演奏。

在接下来的七个星期里，玛吉都没有出现偷窃行为。上周发布的成绩单上显示，她所有科目的成绩都及格了。她对老师和同学的态度也有很大的改善。

评论： 老师成功地重建了玛吉对自己、对他人的信心。假如老师因为偷窃、撒谎等错误行为对玛吉大加训斥与惩罚，假如她没能与玛吉建立友好的关系，那么玛吉也不可能自由地谈论自己的问题。最重要的是，假如老师没能以玛吉能接受的方式，让她觉察自己的问题的核心所在，那么，我们可以想象，结果会怎样。

4. 自卑

这个行为目的，和寻求关注、权力之争、报复一样，可能不能解释一个孩子所有的行为特征。在有些孩子身上，它们可能是孩子行为的一贯模式；对另一些孩子而言，这些行为模式仅在某些场合或特定情况下才会出现。孩子以为自己无能而倍感气馁，有可能仅仅局限于某些方面的能力，也有可能表现在孩子的所有活动中。孩子常常以无能为借口，逃避参加自己会被评判优劣与好坏的各种活动。学校的课业成绩，就是不断以成绩优劣来评判的，很容易让孩子对自己产生无能的感觉，而且他会逐渐变得对自己的无能深信不疑，最终再也不肯付出更多努力。孩子认为的无能，究竟是真实的，还是想象的，这是无关紧要的。问题的关键是，对这孩子来说，他认定自己是无能的，并且通过与别人比较，来证实自己的无能。

鼓励孩子，不但是纠正所有错误目的的先决条件，而且是针对认定自己无能的孩子最不可或缺的具体措施之一。面对这样的孩子，老师感到最困难的地方，是孩子更容易让老师相信他真的没有能力，而老师很难让孩子相信，他的确是有能力的。老师成功的关键，在于他要对孩子充满信心，坚信孩子一定能战胜自己的失败。对于一个屡遭挫败的老师来说，要积攒足够的信心非常不容易；对于一个更关心自己成败和名声的老师来说，这种努力往往注定会失败。只有那些谦逊、尽力而为，并相信每个人都有巨大的潜力尚待发掘的老师，才可能克服困难，并最终取得成功，收获意想不到的成果。

事例 46

贝西，三年级的留级生。她的学习效率可能很低。比如，做算术题时，她可能会胡乱写个数字作为答案，或者把问题抄在作业本上，但根本不写答案。她还很害怕朗读课文。

评论：这显然是一个气馁至极的孩子，显然她没有按照自己的能力发挥出相应的水平。任何孩子都有朗读课文的能力，除非患有语言障碍症，但我们从上文中并没有看到这一点。

我与全班同学进行了一次简短的讨论，主题是该怎么做一名倾听者。我们决定，给被点名的人一个公平的朗读机会，只有在他真正需要帮助时才给出提示。我们一致认为，如果大家都举手去帮忙，这可能会妨碍朗读的同学尽自己最大的努力。因此，在老师向全班同学寻求帮助之前，大家最好都不要举手。

这次讨论过后，每当我点名让贝西朗读时，全班同学都不再举手。如果她读得很慢，我们就耐心等她慢慢读出来。渐渐地，她开始有了信心，甚至在别人需要帮助时，她也开始举手。

评论：这是一个很好的做法，老师引导全班同学给予贝西在精神上的鼓励和支持。而且，这种并非针对某个人的全班讨论，对帮助贝西这样的孩子非常有效。

通常，我每次都会在黑板上出五道算术题，贝西会比班上其他同学需要更多的时间才能完成。我决定给她足够的时间，允许她用整整一周的时间来完成那五道题。一周之后，贝西答完了题，而且每道题的答案都是正确的。我给她打了"E"，并当着全班同学的面对她说，我为她感到骄傲。第二天，她当天就解答出了所有的算术题，我再次给了她"E"，并在她的作业本上写了一句评语："我很为你感到骄傲。"第三天她又得了"E"，我在她的作业本上画了一张笑脸。那一周，她每天都得到"E"的成绩。全班同学都为她欢欣鼓舞。我让她把这周的作业拿去办公室给校长看，她回来说，校长S夫人也为她感到骄傲。从她通红的脸上，我可以看出她满满的成就感。

评论：老师是如何改变贝西的心态和表现的？首先，老师发现了贝西感到气馁的原因。她发现孩子一直害怕朗读的原因，是每当她失败时，其他同学都会迫不及待地帮忙。老师制止了这种情况，于是，贝西摆脱了对朗读的恐惧。然后，老师帮她消除了所有压力，并给她充足的时间以自己的速度来解答算术题。只要贝西发现自己有能力解答问题，她答题的速度就加快了，达到和全班同学一样快速的水平。

这位老师还看到，需要从一开始就认可孩子、鼓励孩子。换句话说，老师给出的赞赏，不是以孩子取得的成果，而是以孩子的气馁程度为依据的。其他孩子也得到了“E”，可是不需要对此大加渲染，因为他们已经不再需要这种肯定了，但是，贝西还需要。而且，老师已经通过组织班级讨论建立了良好的互助氛围，所以同学们没有嫉妒贝西得到的称赞。相反，他们为她欢欣鼓舞，认为那也是他们自己取得的成就。

在这个例子中，还有一个不太明显的因素。即便是因遭受挫败而完全放弃的孩子，也有可能抱有好胜心。贝西为自己的成就表现出来的骄傲，表明她实际上是一个心气儿很高的孩子。老师利用了她的潜在的好胜心，尽管她刚刚进入这个班级时丝毫没有表现出来。

事例 47

八岁的罗尼，身材瘦削，脸色苍白，胆小软弱，因为一年级阅读课不及格，被安排进我带领的特殊帮助班。他在第二学年里的首要任务，是掌握拼读基础，战胜识字困难。他的阅读处在一年级和初级二年级的水平。

第一周时，罗尼的动作和表情十分紧张和沮丧。他满心惶然，没有安全感，但非常努力地完成任务，在遇到新情况时总会表现出极大的依赖性，双手颤抖，满手是汗，完全看不到他的笑容。

第二周时，他母亲过来跟我面谈了一次，她承认对罗尼的确是保护过度了。“我太娇惯他了。”罗尼是她的第三个孩子，前两个孩子都夭折了。父母均是国外出生的，不同的文化背景，使孩子对父母的依赖时间太长。母亲一直全身心地照顾他，担心再失去这个孩子，尤其是他的健康状况一直不好。无论如何，都要保证让罗尼活下来。所以，母亲为他做每一件事、关心他、为他着想，也替他做一切决定。

评论：罗尼的背景简介，提供了一些重要的细节。罗尼一出生，家人就如珍似宝地呵护他。他缺乏安全感、依赖性强、柔弱无能的原因，都在这简短的描述中说明。任何一个在哥哥姐姐夭折之后出生的孩子，都会处于一种不安全的情况。在罗尼的故事中，他前面已经有两个夭折的孩子，再加上父母文化背景的影响，加重了母亲对他的过度娇惯。他没有机会体验自己的能力。

罗尼有一个比他小一岁的弟弟，叫帕特。弟弟争强好胜、精力充沛、积极主动，与柔弱、安静、消极、不爱活动的罗尼相比，弟弟更强壮、更高。罗尼每次试图与帕特竞争时，都只能败落。

评论：由于罗尼童年的经历，他的弟弟发现要超越哥哥很容易。帕特越是积极主动、争强好胜，罗尼就越是软弱无能。他们相互刺激，朝着相反的方向各自发展。罗尼体弱多病，而帕特又高又壮，这恐怕不仅仅是巧合而已。这种结果又成了罗尼自卑感的另一个来源。

我试图平息这位母亲的焦虑，告诉她罗尼的学业成绩很好，她不必因为他完成功课花费的时间而担心，也不必担心弟弟帕特超过他。我更担心的是，罗尼无法放松自己，以及他做功课时的紧张态度。我还为他对别人的依赖而感到担忧。

评论：在这个报告中，老师没有明确写出，她实际上是如何向母亲传达信息的。缓解母亲的恐惧和焦虑固然很重要，但不应该通过不真实的陈述来实现。在上文中，没有陈述表明罗尼在学业上表现良好。当然，我们完全同意老师的观点，那就是在现阶段，罗尼的学业远不如他个人情绪和适应能力的发展更重要。老师的努力方向是正确的，这一步调整之后，就能最终带动罗尼在学业上取得进步。

罗尼进入我们班级后的第二周，有一次，他要去文件柜里拿一张纸。他用力拉了拉，但柜门并没有像平常的门那样轻易打开，必须先将门把手向上推动一下才能打开。他看着我恳求说："我打不开。"我回答说："罗尼，如果我这样做，这门打不开（我用手臂演示了这个动作），我会换个方向试一试。”经过几番尝试，他拿着一张纸，带着胜利的微笑，回到他的座位上。

评论：真不错。在罗尼求助后，老师既给了他提示，又没有进行详细说明，为他依靠自己的能力做尝试提供了空间。对罗尼来说，能否解决问题，取决于他自己。我们也可以看到，他是如何利用“依赖”来索取他人的服务的。

罗尼完成书写作业总是要花费更多的时间。他仍然像初学写字的孩子一样，每个字母都写得偏大[1]。不过，罗尼写的字很漂亮，就像是画出来的一样。有一天，我告诉他，小学三年级阅读水平的孩子，写字时只占一个空格，而不是他现在写的占两个空格。我称赞了他的阅读能力，并认为再过一个月他可能会准备好进入三年级的阅读课。我夸奖他的字母写得很漂亮，并建议他将字体改为正常大小：“你说，用三年级的水平来书写单词，会不会很棒？”我写了几个单词做示范，又花了十五分钟在旁指导他。接下来在第一堂课上，他就立即“上道”了。因为字写得小了，再加上从这件事中获得了自信，他的书写速度顿时大幅度提高。

1　初学写字时，作业本上的格子特别大，每个字母、每个单词都要写得特别大。等初级的书写练习过后，作业本上的格子会越来越小，老师也引导孩子书写时要朝“正常”字号的方向逐渐缩小。——译注

评论：这位老师的做法的重要之处，是她强调了罗尼书写漂亮，尽管仍有不足之处，以及把焦点从对与错的模式，转向高年级与低年级的对比（三年级的水平）。她没有强调罗尼书写上的问题（字体太大、书写太慢），而是向他展示出他进入更高水平的可能性（三年级阅读）。同样重要的是，老师花时间向罗尼展示她想得到的结果，以确保他不会因此感到压力，相信自己有能力做他本该做的事情。通过这样的方式，老师消除了罗尼的沮丧和对自己能力的怀疑。

有一天，在一次拼写测试中，罗尼转过身来（我在他身后），满眼惶恐地看着我，非常焦急地说，他刚刚弄断了铅笔，铅笔芯折断了！我说："罗尼，天还没塌下来呢。"我笑了，他不好意思地回以微笑。罗尼还没来得及等我回答该怎么解决他的问题，自信而嘴快的同学肯插话："去削铅笔，罗尼。"我补充了一句："罗尼，如果再有这种情况发生，你只需说'对不起，我要去削铅笔'就可以了，知道了吗？"他点头表示同意，眼里闪过一丝光亮，然后去削铅笔了。

评论：老师的态度固然是鼓励性的，然而她在处理这件事时表现出太多说教。正因为如此，罗尼通过他的"求助"，获得了过度关注，这始终是有害的。如果肯告诉罗尼该怎么做之后，老师还想说什么，那不如告诉肯，罗尼自己能明白该怎么做，这样就足够了。这会压制其他孩子的优越感，同时也鼓励罗尼照顾好自己。

这位老师还忽略了另一个细节：当学生打扰了课堂秩序时，老师先不要说话或解释，这会让孩子达到寻求关注的目的。老师可以告诉罗尼，他可以申请离座，自己去削铅笔就行，但是不该在此时这样说。在这种时刻，老师说得越少越好。如果必须做出解释，可以在之后班级常规讨论时进行。在讨论时，老师可以把“如果铅笔断了该怎么办”当作主题。这时，学生们自然会纷纷发表他们的见解。但是，如果有人干扰课堂就不同了。这时候，老师应该通过行动阻止，如果必须说点儿什么，也仅限于针对此时她必须采取的行动。

刚开始时，罗尼在一年级和二年级阅读方面都有困难。当他打下坚实的拼读基础后，我高度赞扬了他对元音、辅音以及其他读音组合的掌握。第二个星期，我给了他一本六十四页的单词拼读练习册。这是给他常规课程与作业之外的“课外读物”，可他只用了两个星期就读完了这本书。第一天，他读了二十页，我称赞道：“罗尼，你的阅读速度都赶上一架喷气式飞机了。”他笑了，嘴角都咧到耳边了！这本练习册的正确率，平均达到了“A–”。

他的阅读进步似乎证明，良好的拼读基础可以在攻克单词和独立阅读方面给孩子带来巨大的好处。在感恩节时，我给罗尼布置任务，让他拼写出本学期学过的一百一十九个单词，结果他一个单词都没有拼错。（我的标准是，如果字母 i 漏写了上面的点，或字母 t 中间小横线的位置不正确，我是会判“错”的！）你可以想象，我对他的作业大加赞赏！我在他的作业本上写了一个大大的“A+”。他的脸上全是笑容，手不再哆嗦了，也不再冒汗了。每次我给他布置任务时，他都是一副“胸有成竹”的表情。

评论：尽管这位老师帮助罗尼取得了显著的成绩，但她的做法引出了许多问题。通过罗尼的背景介绍，我们怀疑罗尼是个心气儿高、追求卓越的孩子，就连他书写上的不足，即坚持一年级孩子书写时的超大号字体，也表明了他的完美主义倾向。当老师为了“鼓励”他，称赞他的字写得多么漂亮时，她称赞的也是罗尼的完美主义。会不会这位老师也是一个完美主义者，所以才对字母不正确吹毛求疵？也许他们是同类人，这才是他们相互理解和回应的基础？无论如何，我们不禁担心，如果罗尼以后没能得到一个大大的“A+”，他会不会再次陷入灰心？这就是这种“鼓励”方式的危害所在。

此外，罗尼得到了这位老师的特别关注，他可能会再次变得依赖她，尽管他不再依赖老师的帮助，而是表扬，可这同样是有害而且危险的。老师的错误做法，源自她对罗尼家庭背景的误解。她与罗尼母亲交谈后，并没有想到或者意识到，罗尼在家中获得的特殊地位。由于老师没明白罗尼想要获得特殊地位的愿望和能力，便在她的班级里也为罗尼建立起同样的关系模式。有人可能会问，老师对罗尼的影响会比罗尼对老师的影响更大吗？老师教会罗尼拼写和阅读，从这个角度来看，她已经取得了成功。如果老师的首要目标是罗尼能掌握学校要求的课业，她当然可以对此非常满意。然而她自己也认识到，她更在意的是罗尼在调整情绪方面的进步，而不是学业上的进步。老师可能会指出，即使在情绪方面，也就是罗尼的紧张和紧绷的表情，她显然已经取得了成功，因为罗尼的颤抖和手心出汗消失了，也笑得更开心了。但是，他的这些进步，是通过更好地融入班集体而实现的吗？还是通过依赖这位能“理解”他的、频频对他大加赞赏的老师而实现的呢？

这些都是老师必须警惕的陷阱。其中的微妙之处，只有老师充分了解孩子的心理动力机制后才能得以掌握。导致孩子陷入沮丧的因素和缘由可能是多种多样的，因此，虽然鼓励孩子始终是有益的，但若将其用作解决问题的具体方法，则必须根据每个孩子的具体动机做出权衡。在本事例中，老师虽然在鼓励罗尼方面做得很好，但在帮助他调整适应能力方面还有待提高。

事例 48

泰德和内德是一对双胞胎兄弟，八岁。泰德因为生病，缺了不少课，因此远远落后于弟弟内德，这让他产生了自卑感。当老师点名让他回答问题时，他会当即建议老师让他弟弟来回答，因为内德更聪明。实际上，内德的智商比泰德低。当这两个孩子来我班上读三年级时，我已经了解到这个情况。

最近，泰德拼不出“smart（聪明）”这个词。我指导他说出这个词，他终于发出了正确的音。我对他说，他其实很聪明，能很快准确地掌握这个词的发音。他激动地回到自己的座位上。几分钟后，他又上前向我道谢。

评论：老师简单的鼓励就深深打动了泰德，这大概已经足以概述整个故事了。泰德先是因为缺课而受到影响，因此成绩落后。而且不幸的是，测出他的智商比同胞弟弟的更高，可弟弟的成绩却比他好。我们不难想象，这两个因素加到一起，会对泰德的老师——可能还有他的父母——产生破坏性影响。他们会忍不住指责泰德，没有发挥出应有的能力，批评他的表现不好，并向他提出要求、施加压力。这套做法一再重复，只能让泰德越发感到挫败。对孩子说，“我知道你可以做得更好”，是一种不真诚的“称赞”，因为它背后还意味着“你为什么做不到呢？”这明明是批评而不是鼓励。很显然，这位老师的做法不同于泰德经历过的一系列糟糕体验，否则，为什么泰德对老师没有任何附加条件、简单的一句称赞，会如此心怀感激？一句鼓励的话应该产生的好效果，往往会因为被附加条件而影响效果，比如“如果你能一直这样做……”，等等。

通过很多这样的鼓励，泰德获得了自信。他现在不仅能顺利完成功课，而且再也没说过他觉得内德比他更聪明的话了。有时，他的成绩甚至比弟弟的还要好，倒是弟弟现在可能会出现一些需要我认真对待的问题。

评论：在这种此消彼长的情况下，老师做好准备内德可能会遭遇困难是正确的。显然，这两个男孩儿一直处于竞争状态，不然，泰德就不会因为自己落后于弟弟而陷入如此沉重的沮丧中。现在泰德取得了进步，他弟弟便有可能因此陷入沮丧。老师的确应该留意这样的变化，并随时准备好妥善应对，就像她帮助泰德摆脱沮丧一样。

这个事例还指出了通常导致孩子因气馁而放弃的重要因素。对孩子来说，他本身有多优秀，做得多好并不重要，最重要的是，他与别人相比是更好还是更糟糕。孩子的自卑感，觉得自己不够好的信念，往往与他的真实水平无关。在有些实例中，孩子可能是因为真的无法赶上别人。但也有很多孩子，比如泰德，是因为他人对他的能力的期望，导致他感到绝望而放弃。正是他“应有”的能力，促使父母和老师对他提出高不可及的要求。还有一种情况，孩子因为心气儿太高，想要出类拔萃，当他达不到自己希望的高度时，就会对自己感到绝望，认为继续努力没有任何价值。父母和老师往往给孩子传递这样的信念：他本来就应该足够优秀，孩子则会深刻地认为自己没达到本应达到的高度。这两者结合在一起，导致无数孩子放弃努力，一味地相信自己不能和别人一样“做得好”（形成竞争），或者自己应该“做得更好”（形成压力），或者和自己期望的一样好（心气儿高）。

因心气儿高而遭受挫败，也许是导致孩子放弃自己的最常见的原因。很多孩子从小被培养出一个信念：只有超越别人，才能突显自己存在的价值，往往会导致孩子逃避和放弃。孩子一旦放弃努力之后，他的好胜心就完全被掩藏。正因为如此，当我们对一个根本不肯尝试的孩子，说他的问题在于好胜心太强，许多家长和老师都很难接受这样的心理学解释。然而，一旦这样的孩子能战胜心中的沮丧和挫败，他们的好胜心就会显露无遗。

Chapter

9

班级讨论

班级讨论的关键因素，

一是要共同承担责任；

二是认真思考讨论主题的过程；

三是针对要解决的问题，

探索各种可能的方案。

每位老师在组织班级讨论时可能有不同的技巧。既可以积极主导，也可以旁观辅助。不过，无论老师怎么做，他必须知道什么时候不能再让孩子在没有指导的情况下继续讨论，什么时候不能打扰他们讨论的兴致和方向。班级讨论的关键因素，一是要共同承担责任；二是认真思考讨论主题的过程；三是针对要解决的问题，探索各种可能的方案。共同承担责任可以通过向孩子们提问“我们能做些什么？”来实现。老师应该以提问的方式来激励孩子们朝着正确的方向讨论。苏格拉底式提问，就是以点出问题的方式引导孩子们思考，值得老师们借鉴与效仿。

有些老师会按照自己的风格，向全班同学介绍进行班级讨论的具体做法。下面是一些事例。

老师熟悉班上的同学们之后，就可以开始组织班级讨论。初期讨论的内容可以是请学生们建议教室里如何布置，新学期最初几天喜欢做些什么，课堂活动如何安排，选举班干部并分配职责，等等。如果老师认为应该把这些问题当作“作业”布置下去，那必须在布置作业之前跟孩子们讨论一下这种做法的好处和坏处。如果学生们认为这种作业只是“形式主义”，没有任何实际作用，那老师需要尊重并听取学生们的意见。对于低年级的班级而言，有些很简单的事情也需要讨论，比如，去洗手间以及在楼道里要遵守的规则等。

老师一定要邀请所有的孩子发言，让每个人提出自己的意见或者建议。如果有的孩子十分害羞或完全被动，老师可以主动询问他的看法。同时，老师必须认真地对待每个孩子的发言，否则不如不征求意见。除了应该征求每个孩子的意见之外，邀请全班同学评论这些发言也同样重要。最初的几次班级讨论之后，老师可以在讨论会上推出有关准时到校、爱护物品、完成课堂作业等问题，作为探讨和互助的主题。

许多年幼的孩子也愿意参与讨论，但是由于在家中他们要么是发号施令的人，要么是必须无条件地服从的人，所以他们往往不知道如何参与。他们很少体验气氛友善的讨论。如果孩子们还没准备好讨论班集体中真正的问题，老师可以通过讨论阅读课本中某些故事角色，来引导孩子们如何理解别人的行为，如何分析一个人在社会关系和人际交往中的问题。在阅读课本中，能找到许多这样的故事，比如《小象蒂比的帽子》（*Tippy Elephant's Hat*）就是适合这种指导性讨论的绝佳故事。这个故事里讲了一头喜欢抢走并且弄坏别人的帽子的小象。下面是阅读该故事后的一次讨论。[1]

---

1 选自琼·莫里斯（June Morris）所著的《新街与新道》（*New Streets and Roads*）中的故事。芝加哥，斯科特·福尔斯曼出版社（Scott Foresman），1958。在此感谢加里教育系统的伯尼斯·格伦瓦尔德夫人（Bernice Grunwald）为本章提供的所有事例。

事例 49

老师：蒂比弄坏了每个人的帽子，大家对此有什么看法？喜欢它这样做吗？

（大部分孩子都会表示不赞成这种行为。）

老师：为什么不喜欢呢？

孩子：这样做是不友善的。

老师：为什么这样认为呢？

孩子：这对别人不公平。

老师：蒂比为什么要这样做呢？

孩子：它觉得这样很好玩儿。

老师：有些同学觉得这样既不友善也不公平，为什么有人喜欢做这样的事情呢？

孩子：也许它喜欢让别人不开心。

又一孩子：它不在乎做的事情是否正确。

老师：为什么有人喜欢让别人不开心呢？

孩子：也许是我们让它生气了吧？

老师：蒂比对那些来动物园看它的人生气了吗？它是不是宁愿没人来看它呢？

孩子：我觉得它希望有人来看它，否则它怎么玩儿别人的帽子呢？我不认为它是因为我们让它生气了，它就是觉得这样玩儿很开心。

老师：蒂比除了玩儿得开心之外，还有什么收获吗？

孩子：没有，因为它妈妈和动物管理员都为这件事情骂了它。

老师：有多少人觉得蒂比不喜欢被妈妈和动物管理员骂？

（令人惊讶的是，只有几个孩子举手。）

老师：那么，它喜不喜欢挨骂呢？

孩子：我认为它喜欢。

另一个孩子：我也这么认为。

老师：为什么呢？

孩子：嗯，可能是为了吸引关注吧，它喜欢得到关注。

老师：我也觉得好像是这样。除了这些人之外，它还能吸引到谁的关注？

孩子：所有其他动物。

另一孩子：我想，它是想让其他动物都嫉妒它。

老师：得到这么多关注，它会有什么感觉呢？

孩子：它认为它是动物们当中最牛气的，应该比它们得到更多的东西。

老师：也许你说得对。它认为这能使它成为一个大人物。你们认不认识像蒂比这样的孩子呢？

孩子们：认识。

（细心的老师注意到，许多孩子垂下眼帘，回避老师的目光或者偷偷笑。这些都是“被抓了个正着”时的反应。）

此时，往往会有某个孩子站出来，承认自己就是这样。一旦有孩子勇于承认这一点，其他孩子也会有勇气谈论他们的错误行为。这样的讨论往往能带来一些正面的影响和效果。

阅读课本里的每个故事几乎都适合进行这样的讨论，老师可以借此带领孩子们分析某个角色的行为动机和人际关系。只要善于引导，老师便可以成功地提出与班级相关的问题，让大家讨论，同时还不必让“问题学生”在这样的场合“公开亮相”。

通过讨论故事中的角色，能训练孩子们学会审视和理解自己以及其他孩子的行为。当他们都接受每个人都会犯错误、错误是可以改正的这一观念，认识到讨论自己的问题时不必为之难堪，老师就可以拿出某些具体孩子的具体问题让全班进行讨论。

经过全班一段时间的讨论训练后，孩子们就应该拥有自己的“行政机构”了，也就是选举学生会，并由学生会来组织每周一到两次的讨论会，讨论任何他们想讨论的问题。这条建议向来会受到孩子们的热烈欢迎。学生会的工作，虽然刚开始孩子们会混乱频出，不过经过几星期的努力之后，最终会变得高效有序。老师要给予孩子们足够的信心，不必因为一开始的混乱而感到沮丧。

学生会干部应由班级选举产生，每批两到三名成员，任期通常为两个星期。同学们所有的苦恼和建议都应该首先提交给学生会，然后由学生会提出来，让全班讨论。学生会的意见往往比老师的更有效。比如，约翰敲桌子，打扰了全班上课，若是由学生会提出讨论，解决问题总能比老师训斥约翰的效果更好，解决程度也更令人满意。全班同学每两星期选举一批新的学生会成员，这样班上所有的孩子都能有机会任职。

训练孩子们以有序、民主的方式进行讨论，这无疑需要时间。当孩子学会接受整个群体的价值观时，他对自己、对与他人关系的观念就开始发生改变，而他自己原本的问题也会随着这些改变而得到解决。

在新学年第一学期，老师必须以班级普通成员的身份积极参与。当讨论偏离了方向时，老师需要将讨论引导回原本的方向。老师还应该提醒学生会成员，有些孩子尚未得到机会表达他们的观点，有些孩子说话占用的时间太长。有时，老师可能需要与学生会成员举行一次特别会议，指出班级中存在的具体问题，需要他们提出来加以讨论。由学生会主持的讨论会议必须定期举行，并且应被视为校园日常活动的重要组成部分。

孩子们可以提出任何他们关心的事情，包括可能对他们构成威胁的事，比如考试，或是家长跟老师讨论学生的不当行为等。

老师与班级的关系越融洽，同学们越能自由地提出任何让自己感到困扰的事情来进行讨论。有些孩子还会提出他们在家中遇到的困难，在班级里讨论。下面几个例子是班级讨论中遇到的一些家庭问题。

帕翠问，她是否应该邀请一个女孩儿参加她的生日会，那个女孩儿之前并没有邀请她参加自己的生日会。同学们建议她不必在意那个女孩儿之前是怎么做的，如果她的确想跟她交朋友，那就邀请她。帕翠接受了这个建议，并在后来的讨论会上报告说，她已经和那个女孩儿成了好朋友，一起度过了很多愉快的时光。

哈利想知道其他同学在家里需要做多少家务。他认为妈妈给他安排的家务太多了。这引发了全班同学关于家庭归属感和责任感的讨论，最终的结论是，拿各自家庭中的工作量比较是行不通的，因为每个家庭情况各有不同，不论如何，我们每个人都必须根据家庭的需要尽自己的一份力量。

阿苏问大家，她被要求跟弟弟同一时间上床睡觉是否公平。在讨论中大家发现，每次她必须比弟弟承担更多家务时，她就会在家里表现不佳。她希望跟弟弟平分家务。全班同学认为，既然她想平分家务，她就没有索取跟弟弟晚上睡觉时间不同的特权。如果她想被当作长姐对待，想要拥有更多权利，那她也必须比弟弟承担更多责任。阿苏接受了全班的建议，立即与父母进行了沟通。

事例 50

这是某次班级讨论的部分实录。

我们班是三年级，33 班，现在要召开班级讨论会，我们的老师姓盖。我叫玛丽亚，是学生会成员之一。班上每个同学都有机会进入学生会。若有人想在讨论会上提出问题，应先在议事本上报名，我们会按照议事本上的记录点名发言。我们并不总是讨论问题，也会说说谁取得了进步，谁上学不再迟到，我们还会讨论木偶戏和班级聚会，还会对讨论结果进行投票。

玛丽亚：请大家安静下来。我们的讨论会现在开始。以下是今天在议事本上写下了名字的人（说出了几个名字）。

第一个女孩儿：我要说的是关于洗手间的事情。有人总在里面乱写乱画，我觉得这样很不好。我知道是谁写的，但我不想说出他们的名字。

玛丽亚：好，有人对此想要发表意见吗？

一男孩儿：呃，我认为无论是谁做的，我们都应该要求他不可以再这么做了，不管他是谁。

另一男孩儿：我们应该给别人改正的机会，如果他们继续乱写乱画，下次就再开会讨论办法。

另一女孩儿：我想说一件事。我认为保罗在听讲方面有进步，他的课堂作业完成得也更快了。

玛丽亚：还有谁想要对此发表意见？

又一女孩儿：嗯，我也认为保罗在完成作业和上课听讲方面的确有进步。

另一女孩儿：以前，我在另一栋楼里就认识保罗，他不太喜欢上学。他在阅读上有些吃力，曾经是个坏孩子，现在他好多了。

玛丽亚：还有人要说什么吗？

一男孩儿：我也觉得他比以前更喜欢学校了。

玛丽亚：保罗，你怎么看？

保罗：我觉得我进步了，我更喜欢学校了。

玛丽亚：下一个发言的人（叫名字）。

提问题的女孩儿：呃，每次我上学路过皇后乳品店时，如果我走旁边的小巷，总有几个男孩儿想过来打我，可我又不敢走前面的路，因为那里有只又老又高的大狗。它总是对我乱叫，我很害怕。

另一女孩儿：我觉得她住得离我们的教堂很近，她可以从教堂的院子绕过去。我想没有人会介意她从教堂的院子里穿过去的。

男孩儿：你可以打电话给那个狗的主人，你经过他家门口时，告诉他先把它拴起来。

提问题的女孩儿：约翰，我会采纳你的意见的。

玛丽亚：（叫下一个发言者的名字）。

有问题的男孩儿：我想说的是你们帮我解决了我家里的问题。

玛丽亚：很高兴听到这个消息。对此谁有什么要说的吗？

另一男孩儿：是什么问题啊？

有问题的男孩儿：我姐姐过去总是对我指手画脚，但现在，我只会做我认为该做的事情。

老师：哪些事情是你认为该做的呢？我不太明白你的意思。

评论：这是老师敏锐地捕捉问题的一个典型例子。她没有接受孩子以道德标尺做的模糊评判，而是想弄明白他得到“改善”的具体内容。

有问题的男孩儿：比如，她告诉我做什么时，如果那是正确的事，我就会去做。她要我做一些我不喜欢的事情时，我就不会去做。

老师：你不喜欢的，你认为不对的，就不做?

有问题的男孩儿：如果她要我做的一些事情是不对的，那我就不做。

老师：可是以前不也一样吗? 现在有什么不同了?

有问题的男孩儿：以前我会跟她争吵，然后还是按照她说的去做了。现在，只要她说的是不对的，我就不会去做。

老师：现在什么地方不同了?

有问题的男孩儿：我们不再吵架了。她也不再对我指手画脚了。

玛丽亚：(叫了下一个男孩儿的名字)。

乔：每次我去朋友家玩的时候，我的弟弟都会跟着我，还要打我。

另一男孩儿：他为什么打你?

乔：因为我去玩的时候他不想让我去，就打我。他不想让我去玩，这就是原因。

女孩儿：我觉得你不该这么问。如果他知道他弟弟为什么要打他的话，他就不会请大家讨论这个问题。

另一女孩儿：我觉得你弟弟认为你从不跟他一起玩儿吧。

乔：我会跟他玩儿，在家里我陪他玩儿，我们一起玩儿开火车。

女孩儿：我们都知道你在学校里的表现，乔，也许是你惹你弟弟生气了，所以他才打你。

乔：我没有惹他生气啊。每次我都没有招惹他，可他就是要不停地烦我。

女孩儿：你应该多陪他玩儿一玩儿，他就不会烦你了。

老师：现在，我们还没有想出一些具体的办法来帮助乔。毕竟他说这些的目的是请大家给他一些帮助。你们觉得他应该怎么做？

女孩儿：要不你告诉你弟弟，你会陪他玩儿一小时或半小时，然后他就不会烦你了。

另一女孩儿：我觉得乔的弟弟是在嫉妒，因为老师可能说了很多关于乔的事。

男孩儿：你为什么不告诉妈妈，你弟弟老是打你？

乔：我问了他为什么打我，他只说我讨厌你之类的。

玛丽亚：你说得不对。你不应该让乔去找他妈妈告状。

另一女孩儿：她说得没错，乔的确不该找他妈妈告状，因为乔的弟弟可能会因此觉得他妈妈更喜欢哥哥，反而会干更多的坏事。

男孩儿：给你自己买东西的时候，也给你弟弟买一份。

女孩儿：他不应该去吸引太多关注，这样他弟弟就不会嫉妒了。

老师：你们都说了好多他不该做什么，但没有人告诉他应该怎么做。给他弟弟买东西是在贿赂他，这不是交朋友的方式。也许乔已经有了解决方案，你说呢，乔？你觉得可以做些什么和你弟弟成为朋友？你有什么想法吗？

乔：不知道，我还没想好。

老师：有人有什么想法吗？

女孩儿：我觉得乔应该陪他弟弟一起玩儿，这样弟弟就不会对他做不好的事了。

老师：他应该怎么跟弟弟一起玩儿？

女孩儿：友善地对待他，让他做他想做的事，然后乔再做他想做的事。

老师：还有没有乔可以做的事情？乔知不知道他会经常惹弟弟生气呢？他觉得他没有，你们怎么看呢？

女孩儿：也许因为他是哥哥，总在弟弟面前像个“大人物”，所以他弟弟不喜欢他那样。

老师：他弟弟打他时，你们觉得乔会怎么做？

男孩儿：他会大声喊叫，他会生气。

老师：除了生气，乔还可以做些什么？

女孩儿：乔可以向他表明他没想当“大人物”，他想跟弟弟做好朋友。

老师：你的意思是他俩应该学会分享？

乔：嗯，我觉得这是个好主意。

女孩儿：你试试看，如果有效的话你就告诉我们。

乔：谢谢。

玛丽亚：(又叫了下一个女孩儿的名字)。

女孩儿：我认为我们应该再设几个新的目标，我们以前设的那些目标已经有很长一段时间了。

另一女孩儿：我赞同她的话，墙上的这些目标已经贴了很久。我觉得应该换新的。

又一女孩儿：我觉得老师不在时我们应该更安静一些。我们已经有了一点儿进步，但我觉得这方面我们应该做得更好些。

另一女孩儿：我觉得在洗手间里乱写乱画的行为要好好改一改。

男孩儿：我觉得上下楼梯时应该更安静一些，而不是在楼梯上跑来跑去。

女孩儿：我觉得我们在不说话方面已经有了一些进步。接下来我们还可以做到放轻脚步。

另一女孩儿：我赞同她说的。我们来投票吧。(投票通过)

玛丽亚：好，大多数人都同意她的建议。所以我们会将此设为一个目标。今天的讨论会议到此结束，大家散会吧。

评论：这是一个班级讨论的例子，这个班的学生已经学会讨论和解决他们的问题，老师的干预已经很少。孩子们的认真态度和对彼此的关心，读起来远不如现场亲耳聆听更打动人。这样的讨论，让每个孩子都体会到自己是班级里的一员，每个人都对彼此负有责任，即使他们有不同意见，也都能像朋友一样友善相待。

事例 51

我们正在收集算术作业本时，鲍勃走过来，想跟我说什么事情。我告诉他等到我们把本子收齐了就听他说话。

鲍勃说，八岁的表弟跟他一样大，每次来到他家时，他俩都会打架，他想知道怎样做才能不再打架（鲍勃在学校里经常打架，男孩儿们都不愿意和他一起玩儿，他则抱怨说是男孩儿们欺负他）。

我问："你表弟来你家时，你们因为什么事情打架？"他说："为了玩具。"我让鲍勃把这个问题交给全班同学讨论，并请他多告诉我们一些关于打架的细节。他告诉我们说，有一次他向他表弟扔了一个金属废纸篓，把表弟划了一个很大的伤口。我向全班提问，看看谁有好建议可以帮助鲍勃不再打架。

评论：这个案例讲的是一位刚开始组织学生进行班级讨论的老师，她遇到紧急的或者有意思的问题就当即进行小组讨论。我们并不推荐孩子一提出问题就立即讨论的做法。更好的做法是把这些问题留到定期召开的讨论会上进行，在本报告接下来的部分还会讲到这一点。

在讨论一开始，老师的做法是正确的。她让男孩儿把他的问题向全班复述了一遍，并且详加说明。男孩儿也照做了。但是，她跳过了带领孩子们弄清楚鲍勃为什么会打架这个环节，直接进入寻找解决方案这一步。若想保持讨论会的活力，促进同学们不断提出新的想法，更好的做法是在鲍勃向全班陈述他的事情之后，老师先向大家提出一个问题：“你们对此有什么看法？”说完这句话，孩子们自然会踊跃发言，提出各自的想法，包括对打架原因的分析和可能的解决方案。然后，再由老师从大家的发言中选出几条进行点评，找出打架可能的动机和原因。

汤姆说：“鲍勃的记性可真不好。我们在礼堂看了一部关于解决打架的电影。”他继续说，“电影中两个男孩儿为了争骑自行车打了起来。他们争执得很厉害，结果谁也骑不了自行车。后来，另一个男孩儿来到街上，告诉他们，轮流骑自行车就能解决他们的问题。打架的两个男孩儿于是决定分享自行车。一个男孩儿在小街骑一圈之后，就换另一个男孩儿骑。通过分享，他们不用再打架了。”

鲍勃说：“我的情况和电影中的不一样，那些可都是我的玩具！”汤姆回答说：“鲍勃不明白，他的情况和电影里的故事一样。如果他找他爸爸来帮忙，我敢打赌，他爸爸肯定要他分享玩具，而不是跟别人打架。他们不必在同一时间玩儿同样的玩具，完全可以像那两个轮流骑车的男孩儿一样，轮流玩儿玩具。”

鲍勃仍然坚持他的情况是不同的，紧接着他就质问为什么男孩儿们总是联合起来对付他。玛丽问：“男生们为什么要联合起来对付你啊？”此时，铃声响了，讨论也到此为止。

评论：如果老师没有安排固定的讨论时间，这样的中断是必然的事情。总是事情到了紧要关头时，铃声就响起来了。很遗憾，这场讨论卡在这里没能继续下去，而这只会让鲍勃更加痛感别人都不理解他，还联合起来对付他。他与他表弟打架的原因很可能也在于他觉得自己受到不公平的待遇。

实际上，前面的这段讨论不能算是集体讨论。老师不应该允许汤姆独自滔滔不绝地说教并羞辱鲍勃，而应该打断汤姆的长篇大论，至少在他批评鲍勃记性不好时，老师就应该组织全班同学讨论他的这种说法。这次讨论，既没有针对鲍勃提出的问题给出明确的解决方案，也没能改善鲍勃和班上其他男同学之间的关系。玛丽的话提到了这一点，但不幸被打断了。下一次要从原来中断的地方重新开始讨论，只会更加困难。

事例 52

十三岁的蕾蒙娜，觉得班上许多同学都不喜欢她。她经常抱怨大家专找她的茬儿，故意取笑她。一天，她向一个女孩儿借了一支铅笔，在拼写考试马上就开始之前，那女孩儿要蕾蒙娜把铅笔还给她。坐在两排之外的蕾蒙娜把铅笔扔了过去。很快有同学提醒我，学校已经警告过，扔东西是很危险的事情，蕾蒙娜违反了规则，应该受到惩罚。但是，应该怎么惩罚呢？我就这个问题在班里展开了讨论。

有学生认为蕾蒙娜应该接受处罚。我问大家还有没有其他建议，大家对惩罚她有什么看法。有个男孩儿建议投票决定是否应该惩罚她。铅笔的主人特蕾莎说，这不公平，因为班上很多孩子都不喜欢蕾蒙娜。孩子们窃窃私语着，似乎表示不认同，而我对讨论方向的转变有些担心。于是，我说："特蕾莎，请你原谅我，我不同意你的观点。我不认为这个班集体不喜欢蕾蒙娜。"一转念，我想到蕾蒙娜现在就站在我身边，就又说："好吧，让我们来看看……蕾蒙娜，请你暂时转过身背对大家好吗？"蕾蒙娜照做了，我站在她身边。"现在，有谁真心觉得自己不喜欢蕾蒙娜同学的，请举手。"我们等了一小会儿，但没有谁举起手来。

"好，大家都别动。"我说完，转向蕾蒙娜，又说："蕾蒙娜，你愿意转身看看同学当中有多少人不喜欢你吗？"

她缓缓转身，没见到举起的手，愣了愣说："可是，特蕾莎不喜欢我。"

"这怎么可能呢？就是她说投票对你不公平，她是在为你辩护。"

蕾蒙娜转过身，默默地回到她的座位。

评论：这个故事中有几个要点值得一提。首先，老师察觉到整个班级的氛围，并没有把蕾蒙娜的违规行为当作一个单独的事件处理，而是将其视为组织一次有益的班级讨论的好时机，借此来改善其他学生与蕾蒙娜的关系。老师的引导很恰当，既让孩子们自由表达，又主导着讨论的方向。老师表现出来的想象力和勇气，正是与孩子打交道时所需要的基本素质。当有人提议惩罚时，对提建议的人，没有说教，没有告诫。老师直接采取行动，而这个行动对蕾蒙娜来说是具有鼓励意义的。很明显，这样一次经历尚不足以改变一个孩子觉得同学们不待见自己的想法，也不足以阻止她继续招惹别人，然后证明别人确实不喜欢她。虽然如此，这样的经历仍然会让蕾蒙娜和同学们都停下来想一想，甚至重新审视他们的想法和行为是否合理。

事例 53

下面的例子，来自一位尝试一系列班级讨论的老师所作的笔记。

实验中的五个男孩儿，是由他们的班主任挑选出来适应不良最严重的学生。他们的年龄比普通的七年级孩子要大，都属于所谓的后进生。其中四个男孩儿在任何课堂上都经常做出扰乱课堂的行为。不过，罗伊除外，他没有纪律问题，但不论什么科目都不愿意完成作业。

校长告诉这几个男孩儿，如果他们愿意参加这些讨论，他们不但有机会谈谈自己的问题，更好地了解自己，而且可以每星期少上两堂课。

参与讨论的老师，都是这几个男孩儿的任课老师。这一系列讨论的时间在学年将结束前三周，每星期讨论两次，每次约四十分钟，第四个星期时召开总结会，总共是七次会议。会议地点设在教师休息室隔壁的一个空房间，以便给男孩儿们一种不同于上课的感觉。屋里的桌椅围成一圈。

每次讨论结束后，老师会整理好记录，确保在讨论会上的“感觉”以及记录的准确性。这些记录不但是老师事后的研习材料，还能确定下一次会谈从何处开始。

评论：这一系列讨论是为一次特殊实验而进行的，因此具有一定的群体心理治疗的性质。其实，辅导老师、心理指导员和任课老师都应该接受这样的培训，并将组织班级学生开讨论会当成常规课程的一部分，让普通学生都能因此受益。当然，这种定期讨论不可归类为“心理治疗”。尽管在讨论中使用的方法可能与群体心理治疗非常相似，但是该过程无疑仍是一个教育过程。

第一次讨论会。昨天校长向男孩儿们解释时，罗伊并不在场，所以哈利向罗伊讲解了一遍讨论会的目的和计划。我告诉他们，我们像一小群关系紧密的朋友，可以想说什么就说什么。对这间屋子的布置和讨论会的进程有什么建议都可以提。这不同于平常的上课，不但人数少，而且不会安排任何作业。他们在这里所说的任何内容，未经他们的许可，我们不会转告给其他任何老师。

评论：这段开场白，是营造气氛的好方法。不过，这份报告中没有写清楚，老师是仅仅发表了这段开场白，还是以讨论的形式说出这些内容。如果她紧接着进入下面的环节，没有给男孩儿们机会表达他们对这一系列讨论的期望和建议，那么她就忽略了一个重要的环节，就是所有群体讨论时指导者都不可或缺的热身活动。为了充分赢得孩子们的合作，我们必须从一开始就邀请孩子们参与。因此，在讨论开始前，由一个男孩儿向另一个男孩儿讲解一遍讨论的目的和安排是非常好的。老师还应该马上针对这些目的和安排组织孩子们进行一番讨论。也许已经经历过这样一番讨论，只不过老师的记录中没有提及而已。

我要求男孩儿们先讲讲他们各自的家庭，以便彼此更加熟悉，我也能更好地了解他们。

评论：这是一个很好的开端，说明这位老师接受过良好的培训，已经明白家庭地位和家庭人际关系的重要性。

哈利是三个孩子中的老大，有个十二岁的妹妹和一个小弟弟。相比之下，俄尼是六个孩子中最小的一个，上面有两个哥哥和三个姐姐。有两个姐姐还住在家里，不过都有工作，其他几个哥哥姐姐都结婚了。罗伊是八个孩子中的第六个。他还有一个同样上七年级的弟弟。比他大一岁的哥哥被认为是没有阅读能力的人，而罗伊也差不多。雨果是家中老小，一个哥哥已经上大学了，另一个哥哥是我们学校九年级的学生，还是篮球队队员，最近刚被选为九年级的学生会副会长。兰迪没有出席这第一次会议。[1]

评论：我们看看这短短一段信息中都有哪些重要的细节。实际上，如果认真思考，每条信息都有相当丰富的内涵。哈利作为老大，受家人的影响可能比俄尼要小很多；俄尼作为有很多大哥哥、大姐姐的最小孩子，受到的影响必定很大。罗伊的弟弟已经追上了他，还跟他同年级，这可能意义重大。不过，最有意思的是雨果家的情况，他不仅是三个男孩儿中最小的一个，而且两个哥哥显然都非常成功，尤其是他二哥跟他同校。有两个这样的哥哥，他的日子必定不好过。

他们讲了一点儿自己家中的事情。雨果说有时他想离家出走。哈利说他也是。雨果的父亲会拿皮带抽他，不过现在没有那么频繁了，有时他也被父亲关禁闭。其他几个男孩儿也经常被家人关禁闭。哈利谈到他爸爸时说：“他生气的时候，那才叫可怕呢。”

我问几个男孩儿，作为七年级的学生，他们在学校里最喜欢的是什么，最讨厌的是什么。他们说，最喜欢的是每天都有不同的老师上课，最讨厌的是老师对他们不断地唠叨。

---

1 关于这几个男孩儿的家庭信息需要好好记住，这有利于我们在接下来的整个讨论过程中理解每个孩子的行为。

评论：我们或许可以将这些关于家庭和学校的问题视为热身活动的一部分。只不过，提问的方式似乎有些突兀，老师好像是一个接一个地提问题。也许这种做法对这几个男孩儿来说是必要的，但通常来说，最好先问问孩子们想聊些什么，只有他们都过于缄默时，才由老师提出一个话题来聊。当然，也许这里的情况就是如此，只不过老师没有写出来。

我又问道，什么事情曾让他们感觉很好。雨果说，打球时很痛快；哈利说，从脖子到腰部上面的石膏被取下时很痛快。我插嘴说，这感觉像是自由了。他道："啊，对，自由了！"罗伊和俄尼说在游泳或钓鱼的时候感觉最自在。

我们又谈到有关家庭方面的事，然后雨果把话题转到棺材里的尸体。我们接着讨论了大约五分钟的尸体，直到铃声响起。

评论：男孩儿们终于谈论起他们想谈论的事情。雨果在最后一段会谈中担起了主导者的角色。老师紧随他们谈话的做法是正确的。

总体来说，这次讨论会是一次很好的热身活动。几个孩子都参与进来，还激发了孩子们谈话的主动性。类似的做法可以在常规班级系列讨论的第一次讨论会中采用。唯一需要注意的是，不要一次引入太多的谈论主题，这样孩子才有更多的机会充分表达自己。

第二次讨论会，时间在第二天。昨天缺席的兰迪，这次也来了。哈利准确地向他总结了昨天的讨论。俄尼补充道："然后我们以谈论尸体收尾。"

评论：我很好奇，为什么哈利每次会谈开始时都会先说一段"上次谈话提要"。他是主动这么做的，还是有人要求他这么做的？显然，他在这几个孩子中起到建设性的带头作用。我们还可以看到，昨天讨论结束前的自由发挥，激发起部分孩子的讨论兴趣。显然，注重建设性价值的哈利，忽略了俄尼和雨果感兴趣的内容，而这两个人都提到了这个话题。这是两个派系的初期阵容吗？一个有敏锐洞察力的讨论组织者，应该当即把这个问题提出来：同一件事，为什么哈利忽略而俄尼强调呢？

我带领他们回顾了一下上次讨论谈到的自由的观念。兰迪介绍说自己是四个孩子中最小的孩子，大姐姐结婚了，另外两个姐姐在上大学，不过仍住在家里。

评论：这是一条很重要的信息，作为众多女性中唯一的男孩儿，更糟糕的是，他还是最小的那个，他可能有好几位"妈妈"，有几位可能还格外娇宠他，对他保护过度。

我请男孩儿们说说各自最早的记忆。哈利说他三四岁时有一辆三轮车。那时他妹妹刚出生，那辆小自行车成了他"最好的朋友”。

评论：老师显然没有针对这一点做出解释，尽管因为受过培训，她大概知道这段回忆意味着什么。那时的小哈利，作为家里的老大，被刚出生的妹妹“撵下了台”，觉得自己被推到一边，唯一剩下的“朋友”就是他的三轮车。此时他觉得孤零零的，被家人遗忘了。

雨果记得他曾经从姨妈家出走，那时他母亲离开了，他就住在了姨妈家。兰迪记得骑过一辆自行车，开过一辆属于邻居的小汽车。俄尼记得他在梦游中走出好几个街区之外，然后被带了回来。

评论：俄尼的讲述是对一件往事的真实回忆，而雨果和兰迪的回忆只是一点儿笼统的印象，无法做出更可信的解释，这两者形成了鲜明的对比。不过，我们可以把那时的俄尼理解为一个不能照顾自己的小宝宝，必须由别人把他带回来。我们还可以看出他借此表达了一种敌意，在睡梦中出走，这是一种很微妙的反叛形式。

罗伊记得他的家人住在一个小镇上。男孩儿们打了乌龟的头，印第安人对他们的行为很生气。

评论：对于罗伊来说，这个世界似乎是一个自由自在的世界。以上是老师到目前为止捕捉到的信息。现在，她要和男孩儿们讨论这些信息了。

我建议先聊聊哈利的事，如果他不反对的话。他喜欢从石膏中解脱出来，小时候喜欢骑他的自行车。这说明了什么？男孩儿们说，这说明他想要自由、独立，依靠自己、自己当老大。兰迪补充说："他就喜欢当老大。"

哈利说："呃，也不都是啦。"我们谈到了渴望独立，这愿望好不好？没什么不好，所有的成年人都想要独立。哈利说："我不太同意你们的观点，因为我对妹妹发号施令的时候，她怎么都不肯听我的。"我问："她为什么不听呢？"他立即回答说，她也想自己做主。

兰迪："你知道我讨厌什么吗，我最讨厌一个人待着。我喜欢露营，跟一群哥们儿一起露营。"我问："不要女孩子？"他答："那当然了。不过，如果领队让我一个人做什么事，我就很讨厌。你知道的，如果你让我一个人坐在教室里，那比挨打更让我难受。"

评论：这位老师错过了一个向男孩儿们澄清一些重要观点的机会。为什么哈利向往独立而兰迪讨厌独处？这是因为，哈利原本是老大，后来被"撵下了台"，这让他觉得自己不能再依赖任何人，而兰迪是家中的老小，只有通过别人的宠爱才能拥有自己的地位，完全依赖他的母亲或者姐姐们。不过，总体来说，这场讨论进行得很好，激发了男孩儿们参与的兴趣。

我们还谈了所有人都喜欢被别人关注。哈利说："校长先生就说我是这样的。可我不是这样的。如果他让我一个人待在一间屋子里，我会告诉他我很乐意。"

我问："你为什么要这么告诉他呢？"他不知道，但俄尼评论说："他想让自己显得比校长先生还牛。"我问哈利他是怎么想的。他咳嗽了一声，道："我觉得吧，是我想当老大。"我说道："那感觉很强烈，一下子没控制住，是吧？"我称赞他今天表现得非常勇敢，允许我们大家来谈论他。

评论：这是一次令人印象深刻的讨论。关键在于老师问到哈利跟校长顶嘴的目的。俄尼在一旁插话让哈利终于认识到自己的问题所在。

就在此时，雨果戳了戳罗伊。我说道："现在有人在向我们展示被人遗忘有多么难受。雨果，你认为这人是谁啊？"他道："俄尼。"其他几个男孩儿都笑了起来。他又看了看自己身后。我们都认为这个人就是穿着黄色运动衫的孩子（雨果穿的衣服）。我又说："是的，他耍了一个小花招，我就上当了。我是怎么上当的？"他们说："你刚才跟他说话了。"

评论：我们不难看出，男孩儿们在判断别人的行为目的时有多聪明，尤其是老师给出一点儿暗示后。这个例子展示了老师该如何引导孩子自己得出重要的结论。

我有事不得不提前离开，所以剩下的十分钟，他们吵闹得厉害。后来雨果说道："哎呀，我可真喜欢这样的谈话。"（英语老师报告说，哈利和雨果在接下来的课中格外扰乱课堂。）

评论：目前还看不清这次讨论与后来的扰乱课堂之间是否存在因果关系。不过，这也是有可能的，与其说是因为这次讨论，不如说是因为最后十分钟的吵闹。

一星期后，举行了第三次会谈。男孩儿们开始时似乎安静不下来。雨果拿出他的悠悠球，并向我们演示了几分钟。后来球卡住了，我们一齐笑话了他，然后他就安静下来了。

评论：这是一个良好的开端。很明显，老师把雨果的调皮行为当作组织群体活动的焦点。他玩悠悠球时，大家都看着他。正是这种融入性的活动，引发了大家的笑声，营造出了小组氛围，从而促使小组"安静了下来"。

我问他们是否还记得上次说了什么。哈利一开始什么都想不起来，兰迪和雨果记得谈到哈利想要自己做主，喜欢自由的感觉。哈利想起我们谈到他从石膏中解脱出来的事情。

评论：一直主动提供“上次谈话提要”的哈利，突然不记得上次以他的事情为中心的讨论内容，这岂不是很有意思？其实，这样的事情在心理治疗中很常见。这种先是全然忘记，然后回忆起来的有限记忆，是否表明哈利并没有从上一次讨论和解释中获益？不，完全不是这么回事。他只是需要一点儿时间，才能完全整合和应用在讨论中获得的感悟。

我又说道：“上一次，我们讨论了家里的老大，今天我们可以讨论一下家里最小的孩子。”雨果指了指俄尼。俄尼、兰迪和雨果都是家中的老小。我请他们谈谈做家里最小的孩子是什么感觉。哈利和罗伊有妹妹，有弟弟，所以他俩对此也有一定的了解。

评论：老师把讨论主题从一个重要方面转到了另一个重要方面，这种转换很好。有意思的是，雨果在事情关系到自己时，再次像上一次那样指向了俄尼。在一群孩子中，找出他们共有的问题，这在群体讨论中是极为重要的环节。这么做不仅可以维护每个当事人的面子，还可以让他们觉得在群体中得到更高的接受度。

兰迪急于发言。他说：“姐姐们总是让你做这做那。别人总是说，‘他是家里的小宝宝。’我最讨厌别人那么说了！”俄尼表示认同。雨果说：“你有更多的特权啊。每次出门，哥哥姐姐都要待在家里，妈妈就带你一个人一起去，看起来妈妈最疼爱你，‘因为你是最小的’。”哈利认为最小的孩子在圣诞节时能得到更多的礼物，而且不必送礼物给别人。“等你长大了，你必须自己掏钱买礼物送给她，你还不知道她会不会送礼物给你。”[1]

评论：这位老师没能充分利用此时显露出来的一个重要事实，即兰迪只看到当最小孩子的坏处，而哈利只看到好处，两人都不愿意看到自己在家中因地位而得到的好处。只有雨果意识到他自身地位的有利价值，还可能充分加以利用了。这几个孩子有可能已经明白每个人都倾向于认为别人在家中占据了更有利的地位。这样的领悟只有在群体讨论中才能获得，因为每个成员在家中的位置各有千秋，所以在讨论时就能进行比较。

我问男孩儿们，他们更愿意被人当作大人物还是被当作小孩子。当然，他们个个都希望能被当作大人物。“你怎么让别人知道你已经长大了？男孩儿会做些什么来显示自己已经长大成人呢？”雨果说，穿上工程靴。兰迪说，把你的裤子拴得很低，要往下拉。说罢他起身示范。雨果说，有时可以说点俏皮话。

1　对话中的“你”，实际上指的是“我”。这是英语对话中一种常见的表达习惯。后面的例子中还会有这样的指代法。——译注哈利说，你要有本事惹人发狂。

雨果喜欢惹某位老师生气，说她生气时看起来很有趣。我问："为什么这会让你觉得高兴呢？"我们讨论了为什么我们惹别人大发其火时会觉得自己很强大。兰迪补充道："你还可以跟一个小孩儿打一架，赢了也会觉得自己很强大。"哈利说："衣服也可以的，就像那谁谁（另一个男孩儿的名字）。他穿了青年装，那天我陪他一起去买了一条腰带。他举止像个大人，但他的腰太细了。我现在可以笑话他假冒青年了。"

我又问，他们是否一定要跟人打架而且要打赢，才觉得自己很强大。雨果说："谁说的？你要是跟一个比你大的人打架，就算打输了，也会觉得很强的。虽败犹荣，因为你个子小啊。"兰迪爆料说，雨果上星期日、星期一和星期二做了件很酷的事。"哦，怎么回事？"他笑着说："啊，我现在还不能说。"

我说："你知道，在这里说什么都没关系的。你会介意他说出来吗，雨果？"他摇摇头，兰迪说："他离家出走了。"雨果很快补充一句："我这是为了好玩儿。他们什么招数都用上了，还有侦探呢。"我请他悄悄跟我们说说事情的来龙去脉。他说自己违背家里的禁令，去了采石场游泳，被母亲捉了回去。她还拿父亲威胁他，"等着吧，等你爸回家，看他怎么收拾你。"他等了一会儿，可父亲没有回家，他就和另一个孩子一起出去骑自行车玩儿了。结果，他们因为双人骑车而被开了一张交通罚单。这让他更加恼怒。"我不得不开始担心，若现在回了家他们会怎么处置我。我想，如果我暂时不回家，他们就不会太严厉地处置我了。所以我就住在拉尔夫家了，知道我在那儿的只有几个人——罗伊和帕特。”

我问结果如何，他是否得到了想要的乐趣和关注，他答道：“是的，当我回家的时候，孩子们都问我玩儿得是否开心。我说，当然了。但是，也不是那么有趣，因为我老是一个人待着。”我们又聊了聊喜欢和群体在一起的话题。我问雨果，这次离家出走，他是像个长大的人，还是像个小宝宝。兰迪说“长大了”，而罗伊说“小宝宝”。我问罗伊为什么这么认为，他答：“因为他害怕。”“长大的人不也一样会害怕吗？”罗伊说：“没错，但是，他选择了逃避，而不是留下来承担。”

我们说话的时候，雨果正在剥一块糖吃。听到罗伊的回答，他几乎把自己蜷成一个球，躲在桌子底下。我称赞雨果，他允许我们谈论这件事是很勇敢的表现。

评论：有人可能会问这样的讨论有什么好处。这段话一直围绕着一个人怎么才觉得自己很强大的问题。通过这种意愿来衡量一个人的行为，尤其是反社会的行为，这是非常重要的。而且，这样的谈话避免了这类孩子早已习以为常并且充耳不闻的道德说教。老师可以帮助孩子通过这种方式明白自己的行为动机。于是，罗伊在这个场合提出的问题，就不可避免地出现了：一个人是否真的像他自以为表现得那么强大。当孩子们的讨论集中到行为动机时，一扇通往重新内省的大门便打开了。于是，这孩子可能发现，他实际上并没有达成他以为通过自己的所作所为能达成的目的，他还可能会思考是否有更好的办法来实现他的愿望，也就是做一个强大的人、一个重要的人、一个希望自己成为的人。道德说教和谴责不可能达到这样的效果，因为孩子明知道他做错了，只不过他不在乎罢了，或者他不知道该做什么来达到他的目的。

对于上述讨论，我唯一觉得遗憾的地方是，并非所有男孩儿都参与了谈话。俄尼是否在场，他一句话也没说；哈利和罗伊的话也偏少了。更明智的做法应该是只要遇到要点，老师就要主动引导，让每个人都说说自己的想法，以确保整个小组所有成员都参与进来（有些辅导员反对这种施加外力来引导方向的做法，他们更愿意看到未经过安排的、自由导向的讨论。不过，那些不太认同自由导向的老师，不妨试试我上面的建议）。

我问雨果，大家称他为“嘟嘟”[1]有多久了。男孩儿们解释说，他们一直这么称呼他，因为这是他的昵称。雨果回答说，他刚开始上学时，老师问他叫什么名字，他说叫“嘟嘟”。老师纠正他说：“不对，你叫雨果。”他回答说：“可是，我以前从没听谁这样叫过我啊。”他的家人至今仍叫他“嘟嘟”，因为他父亲的名字也叫雨果。

1 这也是称呼小孩的小脚丫的“童言”。——译注

评论： 讨论到这里，老师没有立即跟进，错过了一条重要的线索。雨果这孩子，从小被剥夺了他真正的大名，剥夺了使用他父亲名字的权利。在家里，他只能用小宝宝才有的乳名。这让他和两个颇有才能的哥哥之间的反差更大。这也解释了他为何那么渴望变得“很强大”，为何在这次“出走”过程中表现得像个受到惊吓的小宝宝。所有这一切，老师本可以通过一场指导性的讨论提出来，从而让他和其他男孩儿都能明白。不过，也许这位老师此时慢慢来也自有她的道理。

我们又讨论了一会儿关于离家出走的事情。哈利说他父亲也曾这么干过，结果只是家里少了一张要吃饭的嘴。这也不一定是一件坏事，有时孩子这么做无非是为了向父母讨回一些公道。我建议明天，也就是我们下一次的讨论主题，可以是我们应该怎么向父母和老师展示我们已经长大了。兰迪插了一句：“就像你的年龄应有的那样——不必太成熟，也不要太幼稚。”

评论： 推荐下一次的讨论主题也不错。这样的建议不算命令，也不会扼杀孩子们自发谈论的兴致。

第二天，第四次会议。我让孩子们回顾一下昨天讨论的内容。雨果说：“我们谈到了为什么我要离家出走，为什么我还是个小宝宝。哎，你们说，为什么每个人都像侦探一样，在你出走后问你那么多问题啊？”兰迪回答说：“他们这样做应该是为了帮助你。”我又问，我昨天有没有批评过雨果。兰迪道：“呃，一点点吧。”其他人都摇了摇头。哈利说：“你没有批评，只是解释一下，让他知道自己为什么这么做。”我紧接着说：“你是说，我解释了出走或躲起来是为了吸引关注，或者是为了向别人表明我们想要自己做主，或者我们想要找回面子，是不是？若是你们不想听任别人的摆布，想按自己的意愿去做，除此之外你们还可以怎么做呢？”

哈利说：“如果我不想上学，我就会生病，比如头痛。当我要去做些好玩儿的事情时，我从来不会头痛。”雨果说：“你也可以贿赂别人。我哥哥总是贿赂我替他洗碗，但我不上当。”我问道：“兰迪，你姐姐要你做什么事时，你会不会向她们展示她们强迫不了你？”兰迪立刻回应道：“我才不理她们。”俄尼、罗伊和雨果都一致同意不理睬是个好办法。

俄尼说：“你也可以装傻。”“装傻可以达到什么目的呢？”哈利和俄尼都觉得，装傻时别人就不会指望你做事了——“就像多萝茜一样。”多萝茜是他们班级里学习最差的学生。

评论：现在讨论真正进入正轨，也触及行为背后重要的心理机制。男孩儿们的表述很充分，也很坦率。请注意俄尼的那句话，即装傻可以用来逃避做事情（俄尼是有很多哥哥姐姐的大家庭里最小的孩子，显然上一次的讨论他没有参与也是因为在装傻。老师应该在这时向他指明这一点）。还有，也提醒注意男孩儿们是如何在讨论中开始认识到其他孩子行为背后的心理机制的，这也给他们提供了一个很好的自我觉察的途径。

我们又谈论了几分钟多萝茜。男孩儿们认为她一定很不快乐。他们还认为，有些人不肯说话是因为他们说什么都是错的，总有人取笑他们，所以他们就不再试着说话。

哈利插话道："我认识一个不肯喝牛奶的男孩儿。我觉得那真的很傻。"我问道："他为什么不肯喝牛奶？你觉得是因为他妈妈要求他喝吗？"

兰迪展示了一下胳膊上的肌肉，然后说道："他想要向她展示他有多强大。正因为是他妈妈叫他这么做的，所以他偏不做。"

评论：有趣的是，如果男孩儿们不了解另一个孩子的行为，他们也会采用成年人典型的贬低式批评。哈利不明白为什么一个男孩儿不愿意喝牛奶，所以他称之为"很傻"。请注意老师是如何巧妙地点出其中的目的，兰迪又是如何立即理解了其中的含义。也许是因为他在家里做过类似的事情，所以他才立即就明白了。

到了此时，我说道："我一直想告诉你们，孩子们，在这些讨论中，你们做得有多好。你们提出的看法都非常有道理。我想，可以看看我们有了什么收获。你们都是聪明的孩子，想要得到别人的关注，想要向别人展示你们已经有多么成熟和强壮。

一直以来，你们有不少能达到自己目的的小手段，只不过这也给你们惹了不少麻烦，因为这些手段令别人头疼。既然现在你们已经对自己的所作所为有了更多的理解，我想给你们布置一个作业，为下个星期的讨论做准备。”

俄尼问：“我们需要写什么作业吗？”“不用，我希望你们发挥聪明才智，看看能否想出令人更容易接受的方式，而不是令人讨厌的方式，来达到自己的目的。你们愿意试试吗？”他们都愿意，“我们该怎么做呢？”我继续说：“在家里或学校里，你们选一个地方练习练习，也许从某一门课的课堂开始，是要继续展示你们的强大，还是吸引别人关注，不管怎样要以一种别人乐意接受的方式。怎么样？你们想从哪里开始？”

哈利说：“我想向D老师展示我已经很成熟了。”兰迪想从M老师的课堂开始尝试，“我可以让她看到我已经长大了。”俄尼也选择了M老师的课堂，“我会试试看。”雨果说他会尝试在D老师的课堂里吸引关注，“但是我会以好的表现来赢得关注。”罗伊说他不知道。

铃声响起，我们还来不及给男孩儿们足够明确的帮助，就不得不停下来。我让罗伊多留了一分钟，因为他似乎有些沮丧，我想给他一点儿鼓励。

评论：目前建议男孩儿们以正面行为来追求他们想要达到的目的，似乎冒进，至少在这个阶段时机还不成熟。这位老师的想法没错，男孩儿们开始明白了。她引导孩子们去思考，鼓励他们寻找有价值的方式来达到目的。然而问题是，此时提出来，是否会让孩子产生压力？要放弃简单易行的破坏性方法，去尝试有价值的新做法，这需要足够的勇气和自信。

一个星期后，第五次会议。罗伊没来上学。哈利和俄尼昨天在上音乐课时逃课，被停学了，因为学校发现他们已经不是第一次这样做。哈利到现在还没来上课。

我让男孩儿们汇报一下，上星期我布置的改进作业都完成得如何。兰迪汇报说他上星期一直没被允许上数学课，但星期五时他遇到 M 老师，M 老师允许他回去上课，之后两天她一次也没对他吼叫。

雨果开始谈论他如何用石头打中一只小松鼠。俄尼汇报说，星期五 M 老师说过他一次，仅此而已，下课后她还找到他和哈利，说那天她上课时对他俩感到很满意。他补充说："我向她证明了，我已经长大了。"雨果告诉我们，他和几个小伙伴如何一起躲在一个木头堆里，那里"甚至有一张床垫"。现在其他男孩儿也知道了这事儿，他们决定挖一个四尺宽的洞作为入口，"这样其他人就找不到我们了。"

我问雨果有没有偷懒。他们都说："不啊，他做那些事情非常努力。""跟他一起聊天做事好玩儿吗？""好玩儿，他很有趣。"

"嗯，雨果，你的作业完成得怎么样了？""我忘了。""忘了？为什么呢？"兰迪插嘴道："我知道，D 老师拿一本书打了他。”我请雨果跟我们说说这件事。雨果说，他在铅笔的橡皮头上插了个大头针，只是为了好玩儿。兰迪以为他用大头针戳了他，可他并没有真用大头针，只是用铅笔的尖头戳了戳他。兰迪当时大声尖叫，D老师要没收他的大头针，他不肯给，她就打了他。

“你为什么要戳兰迪呢？”“只是为了好玩儿呗。”我重复了一遍问题，问大家雨果戳兰迪的目的是什么。这一次，雨果低下头，说道：“我想，是为了吸引关注吧。”“你成功了吗？你的做法奏效了吗？”“是的，兰迪大声尖叫了。”“D老师认为你这样做像是个长大的人，还是一个小宝宝？”俄尼说：“一个小宝宝，因为她打了他。”“你的意思是，我们可以打小孩儿，但不可以打长大的人？”雨果回答：“哦，也会打，如果一个人喝醉了酒，警察就会拿棍子来对付他。”“喝醉了的家伙更像是个成年人，还是小宝宝？”兰迪说：“他踉踉跄跄的，就像在学走路的小宝宝一样。你也没法跟他好好说话，他就像是个小宝宝。”

兰迪谈到露营时认识的男孩儿，他说话做事总是像个小宝宝一样。雨果在一旁对他低声说：“你喜欢他吗？”当我问他说了什么时，雨果回答说：“没什么。为什么女孩子十六岁就长大了，而男孩儿还不行呢？女孩儿甚至看起来更高大、更成熟。”

评论：至此，我们可以看出，几个孩子在这个小组中的不同角色。哈利一开始表现出一种建设性的带领者的角色，但不知为何，他退缩了，不再担任这个角色。兰迪现在总能设法给出正确的答案，几乎能很好地配合老师。至于雨果，毫无疑问，是最令人头疼的角色。

在第一次讨论，他将话题转移到棺材中的尸体，后来他用悠悠球来吸引大家的关注。他一边说话一边吃糖果，一次又一次地转移讨论的话题。他也是唯一在场却没有汇报尝试用有意义的方式去做的人，反而汇报说他打中了一只松鼠。而关于他表现得像个小宝宝的讨论变得热闹起来时，他又把话题转到女孩儿身上。不过，在他转移话题之前，老师已经成功地让他对自己的行为有了更清晰的认识。我们不难想象，他已经从讨论中获得了一些东西。他问兰迪是否喜欢露营时言谈举止都像小宝宝一样的男孩儿，这句话很值得品味。雨果当然知道答案，可他还不想继续谈论，因为他还没有准备好更透彻地了解自己，这也是他转移话题的原因。值得注意的是，雨果有多么努力和执着他的破坏性行为。他应该是一个心气儿很高的孩子，一点儿也不亚于他的哥哥们。我们也看到其他孩子对他的努力所表示的赞赏：他并不是一个懒惰的人。不幸的是，他所有的努力都指向没有价值的方向，就如他要挖一个四尺宽的洞用来躲避他人一样。他嫉妒女孩儿比同龄男孩儿成熟得多，也表明他渴望长大。

我们谈论了男孩儿和女孩儿在成长速度上的不同，男孩儿如何在十六岁以后赶上并超过女孩子。他们也讲到了高年级的男孩儿长得高大强壮，但以前他们却是个子矮小的人。兰迪说他有时会觉得自己很强壮，并举了一些例子。

雨果再次打断谈话，插嘴问道："如果你一个人在玩儿积木，你会觉得怎么样？如果玩儿小汽车时弄出好玩儿的声音呢？"于是我们谈到所有的男孩儿，甚至是大男人，有时候也会做出一些令人觉得挺幼稚的行为，只不过如果这种行为没打扰到别人，那也不算什么坏事。

我们又聊了雨果在英语课上怎么做既能得到老师的关注又不惹人讨厌。他提议说，他可以跟D老师说他在棒球队里的出色表现。"虽然我还不是最好的球手，但我已经是最好的几名球手之一。""还可以怎么做？""我可以完成我的作业。"

评论：看看，雨果多么想成为一个重要人物，可当他独自一人时，他却只能玩儿他的积木和小汽车，这情景多么令人同情。

我们又聊了这一点，孩子们其实都希望老师能一直关注自己。我向他们解释说，即使没有老师不断地关注，他们也是值得相处的好孩子。雨果立即回应道："我可以以自己本来的面目进教室。"我请他解释得更明白些，他说："既不像小宝宝那样，也不假装大人物。"

评论：这个男孩儿的领悟能力真是了不起。虽然他的语言还不足以表达出他的深刻认识，然而，若是没有洞察力，雨果怎能如此精准地总结他的基本问题，表明他不曾做自己原本的样子，但他以后可以做到。到目前为止，他的表现一直是一个小宝宝渴望成为一个大人物的样子。

我让俄尼谈谈上音乐课时逃课的感受。“自在啊，爽啊。”兰迪说：“感觉很牛是吧？我也差点儿跟他一起去，但是这次我没有。你听其他孩子说他们从不上数学课什么的，所以你也想要试试呗。”

“孩子们为什么想逃课呢？”“为了表明他们没法强迫你留在学校里呗。”

我们还谈论了为什么有的男孩儿不喜欢音乐。“他们的声音很搞笑，他们讨厌在其他孩子面前唱歌。”兰迪评论说：“他们认为这是娘娘腔。”我们说了一些关于男歌手、男厨师通常比女歌手、女厨师更出色的话题。雨果说他特别喜欢烘焙。

评论：这个事例能很好地说明老师在带领孩子们探索行为目的时，是怎么引导孩子明白行为背后的心理背景的。它还表明了孩子们的感悟力有多么敏锐。通过讨论的方式，引导他们用语言把自己的理解表达出来，从而让孩子们获益。

兰迪有话要说：“我想告诉你，我昨晚差点儿离家出走，但最终没有。”他说，很长一段时间以来，他一直想要一辆简易摩托车，但必须花一百美元首付，他母亲一直找各种理由不同意。

昨天，他发现自己其实还不到骑摩托的年龄。于是，他一气之下冲出家门，在外面转了一圈又一圈，直到大约九点钟才回家。我问他能否用一种成熟的方式来处理这件事，他同意了。

评论：这个孩子的容忍度更高了，很可能是得益于这些讨论。在街上游走时，这个男孩儿可能已经意识到，他冲动地想要报复这个对他充满敌意的世界，不过最终还是改变了念头。

我告诉孩子们，第二天将是这一系列会谈的最后一次活动。“哎哟，别啊。”他们纷纷说道。兰迪建议我们应该多坚持一星期，“然后再一星期，再一星期，直到明年。我喜欢谈论这些事情。”

“我们如果在这里谈论你，你会不会感到不自在？”“不会的。”兰迪回答，“也许我喜欢得到关注吧。当你说‘现在我们要在这里谈谈兰迪’，我真的觉得很开心。”

第二天，第六次会议。罗伊仍然没来。我让孩子们告诉哈利昨天都谈了什么。俄尼说，我们检查了上周布置的作业的完成情况。哈利说他根本没做。

兰迪说我们谈了不少关于要做个长大了的人，还是做个小宝宝，雨果补充道：“谈了许多关于我的事。”

我问雨果是否还记得我们给他的建议，他看起来做得不错。他首先汇报上英语课时他表现出真正的自己。我又问哈利能否跟我们讲讲他是如何完成任务的。他从音乐课逃课开始讲起，详细地讲述了相关细节。被停课之后，他去找老师，告诉她说他不能去上她的英语课了，她说："很好！" 至少他是这么理解她的话的。他的表情看上去像是因此受到深深的伤害，所以他非常生她的气，也因此说他的任务根本没做。他最后说道："现在，她应该先迈出第一步才行。"

我问孩子们，人们为什么会说这样的话。兰迪回答说："把过错归咎于别人。"哈利回答："是为了展示自己的力量。"然后，他不愿意继续讨论这个话题。

评论：针对心理背景的讨论现在完全进入正轨。我们看到，针对孩子们表现出来的行为模式，以提问的方式引导他们讨论行为背后的目的，这种做法的重要价值和收获已经显而易见。

兰迪和哈利之间的相互影响，在两人最后的不同应答中变得清晰起来。兰迪对心理觉察表现出敏感，这在前几次讨论中就已经有所体现。哈利一开始时起主导作用，后来虽也努力过，但似乎察觉自己力不从心，便不肯继续付出任何努力了。他承认自己败给了兰迪。不过，这位老师显然没有意识到这一点，否则他就会采取一些措施让哈利再次加入进来。

兰迪坐在一张转椅上，每次他一动椅子就会吱吱作响。我说："哎哟，那把椅子可真吵。"他立即站起来，将那把椅子推回原处，默默地搬过一张学生课椅，坐在上面。我问："刚才你们谁注意到有谁表现得更好了？这样的事情在两个星期之前是不可能发生的哦。”

俄尼回答：“兰迪放弃了他原本喜欢的东西。”我问：“是为了谁？”他们一起回答：“是为了我们所有人。”雨果却走到那张转椅前，把它拿了出来，坐在上面。我们继续讨论，如果做了影响别人的事情而不必被责备，是件多么令人愉快的事情。雨果静悄悄地把那张椅子放回原处，坐回自己原来的椅子。

评论：现在老师已经赢得了所有成员的合作。男孩儿们不仅愿意跟他谈话，他们也感到被理解，更愿意去理解别人。即便是最支持老师的孩子也不会与其他人对抗，而是愿意帮助他们。没有公开的竞争（除了兰迪和哈利之间微妙的竞争，但遗憾的是老师并没有注意到），这个小群体是一个合作的团队，孩子们渴望学习和成长，老师的引导和处理技巧也相当娴熟和敏锐。

俄尼说：“我不明白你为什么说逃课说明你想显示自己很强大。”我们就此进行了讨论，就像我们昨天的讨论一样，我还补充说，有些人可能是用这样的行为吸引关注，或者报复。哈利没怎么说话。

评论：老师敏锐地注意到并提到了哈利的退缩，尽管老师显然没有意识到背后的原因所在。

我问男孩儿们，除了离家出走外，他们还知道哪些逃离方式。俄尼说到了“在你的心里逃离”。其他人提到把责任推给别人，或者像昨天雨果做的那样，在讨论他不喜欢的话题时转移话题。

经过讨论，我们终于达成协议，再多进行一次会谈。我问他们是否愿意继续完成我上次留的任务。他们说愿意，不过哈利的说法是：“好吧，我也会继续，我会做一点点尝试，但不会花太多力气。”今天，哈利似乎有些拒人千里之外。不过雨果倒像是特别愿意接受意见。

一星期后，第七次会议。我们首先检查了每个人完成任务的情况，讨论了在他们选择做尝试的课堂里表现得如何。他们都说没挨老师的骂。雨果说：“我请老师帮了忙，但我没有打扰别人。”

因为这是我们最后一次见面，所以我问大家，大家还有没有什么问题想要弄清楚。哈利说：“有一个关于我的问题。为什么你们说我是想显示我有多强大？我没弄明白。”我问大家，是什么让我们觉得哈利可能是想显示他的力量，他们纷纷立即回答：“他是家里的老大，他喜欢自由，他喜欢跟人争执、对战。”哈利说：“好吧，好吧，我会想想你们说的话。”我们都认为他应该好好想想。

雨果希望我们能聊聊毒品，他说：“这个对我们有什么影响呢？为什么警察总是问我们这件事？”哈利说：“就是，他们把我抓住，问我：‘你用了毒品，对不对？’我对此根本就一无所知。”我告诉他们我所了解的关于毒品的介绍，以及它对人有什么不良影响。我们还谈了谈媒体对此的宣传。

兰迪问道：“为什么有些人似乎从不赌咒发誓，有些人却什么都要赌咒发誓？”哈利说，他觉得这跟毒品差不多，一旦开始，就很难改正。

评论：当有了兰迪不知道的事情时，哈利立即加入进来，这是不是很有趣的事？这成了他显示自己优势的机会。讨论的组织者若能注意到这些，并及时进行正确地引导，不仅能给当事人，也能给整个小组的其他成员带来印象深刻的感受。老师们最需要培训的技能之一就是，无论是在大班级还是小群体中，都能及时而敏锐地注意到孩子之间的微妙互动。

毒品和赌咒发誓的话题再次引发新一轮针对行为目的的讨论。有孩子评论说，如果他真的能做得好、做得成某件事情，他哪里还需要赌咒发誓啊。我们又谈了谈为何知道怎么修理自行车，会让一个人觉得自己很棒，很厉害。

兰迪提出一个问题，说假如有个人买了辆进口摩托车，他会不会是想吸引别人的关注。我们于是又聊了很多人们为何会喜欢拥有汽车、摩托车、名牌衣装等，不过我也指出，仅仅知道一个人的一件事不足以说明他真正是什么样的人。

评论：最后这句话很重要。老师一方面成功地让男孩儿们意识到某些行为背后的心理原因，她也知道必须提醒他们，不能在不了解情况的前提下随便针对任何人的行为做出解释。这是很有必要的一个防范措施，让孩子们明白——所有想要探究孩子行为心理因素的老师和父母也必须明白——随意使用心理学术语的危害，在社交活动中尤其要避免如此。如果没有接受过专业训练的人在一旁负责引导讨论或指导，就会对别人进行心理解释产生不良影响。

我们的系列讨论到此结束。男孩儿们既快乐又友善，哈利建议说应该来点冰淇淋或其他方式，来庆祝我们的秘密俱乐部活动顺利结束。“明年我们还会再来吗？”然后他补充道，“到时我希望能把内德也带来（内德是他们班级里另一个很活跃的男孩儿）。”我问他为什么，他回答说：“我认为他也需要参加会议。他有时表现得像个大人物。”哈利会不会认为，如果他的行为改变了，其他人有可能取代他在这个群体中的主导地位呢？

评论：这位老师的看法是正确的。哈利似乎从内德身上看到自己的一些问题。他在最后的表现说明这次会谈开始时大家关于他的讨论是正确的。

本学年的最后一天，哈利、兰迪和俄尼一同来祝我假期愉快。兰迪说道：“如果明年我又想离家出走，我会先进来找你谈谈。”哈利说：“我仍然不认为我是那种一直想当老大的人。”然后他咧嘴笑了。

评论：这位老师仅用七次讨论就取得了巨大的成效，实在令人惊喜。在最后的一次会谈中，男孩儿们似乎吐露了好多盘旋在他们脑海中许久的问题。老师自己做了如下总结：

1. 这些针对孩子的行为及其问题的讨论，显然满足了他们真正的需求。

2. 尽管这些男孩儿是所谓的“后进生”，而且对各科学习都不感兴趣，但他们似乎很快就能理解人类行为的心理动机，并对这些讨论很有兴趣。

3. 虽然在场的辅导员是他们某些学科的授课老师，但他们似乎愿意坦诚地讨论一切。

4. 如果这些讨论会在本学年更早些时候开始，就会更有益，会谈延续的时间也会更长，对孩子们的良性影响会更明确，男孩儿们也能得到更具体的帮助。

5. 罗伊似乎是唯一一个问题很少得到讨论、受到的影响也最小的人（这位老师在新学年开始后的10月给这份报告追加了一个脚注：本学年，罗伊成了我班上的学生。他在所有科目上的表现都很好，还主动帮助新加入我们班的新同学熟悉环境）。

6. 在这一系列讨论的开始前和结束后，若能进行一些家访活动，效果可能会更好。

评论：这些总结都很好。这样的讨论完全可以在普通班级里进行，并形成常规制度，而且也会取得与本事例类似的效果。

有些人可能会反对培训普通老师使用这种心理指导。他们认为，让未经过足够专业培训的老师组织这样的讨论似乎太过冒险，担心产生负面影响。这种怀疑依据的前提是，初经培训、只有“半吊子水平”的老师可能对学生造成更大的伤害，甚至比从没接触过这类知识的老师更加糟糕。但是，一个在心理学方面略有所知的老师，真的会比一个完全不懂的老师对学生更有害吗？我们难道真的觉得，在进行这种性质的心理讨论时，老师的技巧不够成熟、有些错误，会造成比当前学校里的现状更糟糕的后果吗？这真的比许多老师不断地说教、指责、威胁对学生造成的伤害更大吗？我认为，掌握一点儿心理学知识，似乎比老师们对心理学一无所知的现状更可取。

当然，对这种讨论方法感兴趣的老师，还是应该掌握一定的防范措施。只要充分发挥自己的常识和能力，引导孩子们自由地表达自己，并且只针对孩子的“行为目的”而不是“原因”进行心理解释，这样就能处于安全区内。哪怕老师的某些解释并不正确，也不会对孩子造成多大的伤害，因为这种讨论营造的高昂士气、团结气氛，以及让孩子有被尊重、拥有发言权等感觉，便能给孩子们带来非常积极的影响，远远超过任何可能的伤害。

正是因为如此，鼓励普通老师尝试这种小组讨论是安全的。虽然以专业水平来推进此类讨论，老师肯定需要经过大量的培训和经验，但是，我们不必对老师们提这么高的要求。在上述这篇报告中，负责实验的老师犯了不少错误，任何受过严格训练的群体心理治疗师肯定都能轻轻松松地避开。尽管如此，这位老师依然取得了令人钦佩的成果，给予了孩子们很大帮助。

事例 54

这是一个与青少年进行小组讨论的例子，参与者是四个女生和六个男生。这次讨论也是以辅导员培训为目的的一次示范活动。

带领者：来到这里，大家感觉如何？（通常以这样的问题作为讨论的热身）

男生：我挺喜欢的，但是有些紧张。（然后是关于他们为何会来这里的讨论）

另一男生：因为我们就是普通的孩子。

带领者：这里的这些人是做什么的？

男生：他们都是观察员。

带领者：他们是帮助青少年的工作人员。你们认为他们认识的青少年中有像你们这样的普通孩子吗？

男生：应该有吧。

带领者：到现在为止，女孩儿们还没有说话。你们是怎么看的？

女生：我们是来看示范的。

带领者：示范什么？

女生：你。（众人笑起来）

带领者：你想看我示范什么呢？

女生：你组织小组讨论的技巧。

带领者：很好，这就是我们来这里的目的。你们愿意帮助我吗？（大家都说愿意）

带领者：有什么问题想拿出来讨论吗？

女生：聊聊课外活动怎么样？

带领者：课外活动有什么问题呢？

女生：我们没有时间参加课外活动。我们要努力保持好的学习成绩，这对我们大多数人来说都很重要。我们希望能有些社会实践活动，我们中一些人参加了这样的活动，却因此少了完成学校作业的时间。

带领者：那么，你希望学校做出怎样的改变呢？

女生：减少上课的时间。（笑声）

带领者：大家是怎么看待这个问题的？你们呢，有这方面的问题吗？

男生：可能每个人都有同样的问题吧。可能女生更看重一些，因为她们参加的课外活动要比男生多一些。男生主要是参加体育活动。我们对校园生活的看法跟女生不太一样，不太参与跟学校有关的事情。

带领者：你们希望有更多的时间去运动、玩儿车什么的，对吗？

男生：我并不想让自己的生活以玩乐为主。因此，我宁愿多花些时间在功课上，将来会对我们有更多的好处。

带领者：（叫另一男生）我想，也许你更认同应该少些上课时间、多些体育活动吧？

另一男生：没有啊，我不觉得是这样，我觉得应该更平衡一些。

带领者：嗯，是应该更平衡一些。怎么做更平衡呢？

男生：学校应该做好安排，以便有时间做其他事情。

带领者：你们觉得有这种感觉的年轻人很多吗？（赞同声）

女生：下了课，老师还要留家庭作业，晚上有很多这样的作业要完成。我认识的一个女生，写作业要一直忙到深更半夜。她放学后做的所有事情就是写作业。我认为老师应该在课堂上多留些时间让我们写作业，这样就可以看到自己会犯些什么错误。

带领者：很多同学都有这种感觉吗？

女生：是的。

带领者：你们有学生会吗？

几个男生：有的。

带领者：你们有没有把这样的意见告诉学生会？

男生：我想是因为大家都觉得学生起不了什么作用吧。提了意见也没多大意义。

带领者：为什么没意义呢？

女生：学生会做不了那些事。

带领者：他们为什么做不了呢？

女生：他们能做不少事，可不能让学校做什么事。

带领者：为什么不能呢？这不是学生们想要的吗？

女生：因为学生想要的不代表就是好的。

男生：就是。

带领者：那减少上课时间好不好呢？

女生：很多时候是老师留的作业太多了。

带领者：同学们喜欢做作业吗？（大多数人大喊“不”）

带领者：你们觉得做作业好不好呢？

女生：我觉得还是应该留一点儿家庭作业，因为你不可能在课堂上把所有的事情都做完，你不可能有足够时间完成各科的所有任务。不过，你可以在课堂上完成一部分作业，放学后你就有时间去做其他事情了。

带领者：你们呢？对家庭作业有什么看法？都同意她的观点吗？

男生：我不同意。我认为家庭作业是很有必要的，因为我们现在的任务就是学习，我们努力的目标就是好好完成学校功课，取得好成绩，多学点儿东西。我觉得要多学点儿东西的话就要多做些家庭作业。

带领者：为什么需要好成绩呢？

男生：我想要好成绩是为了上大学。

带领者：你为什么要上大学？

男生：为了能找到一份好工作。

带领者：有多少人是因为喜欢学习而学习，而不在乎成绩好不好的？

男生：是指喜欢哪个学科吗？

带领者：你们有没有特别喜欢的学科，不论自己的成绩如何？

女生：有啊。

带领者：哪一科？

女生：数学。我喜欢解代数公式。

带领者：你们呢？

另一女生：我没有，我想不出来，真的。

带领者：你们呢？（几个答案：英语、西班牙语、数学、生物、制图。）

男生：我什么都不喜欢。（笑声）我可以找些更好玩儿的事情做。

带领者：你们是怎么看的？上学就是为了取得好成绩，然后上大学，然后过上更好的生活吗？这样的学习动机是正确的吗？这就是我们要上学的理由吗？

女生：我觉得，我们去学校是为了学习如何思考。

带领者：如何思考？你认为你学会了如何思考吗？

女生：我希望我能学会。

带领者：你们有这样讨论过学习的成绩和目的吗？

女生：我和我的朋友讨论过。

带领者：我们换个话题吧。你为什么对某些学科感兴趣？

男生：因为对我来说那门课是最有趣的。

带领者：为什么你觉得是最有趣的呢？我想知道。

男生：你问倒我了，我也想知道呢。

带领者：（对另一个男生）你呢？你对数学和英语感兴趣，为什么呢？

男生：因为我能学得很好，而且看上去也挺有趣的。

（另外几个男生和女生表示，喜欢一门学科的理由，或是因为很容易，或是能弄得懂；不喜欢是因为很无聊，或总是一样的东西。）

带领者：（对观察员们说）为什么有些人擅长某些学科、喜欢某些学科，我有不同的看法。你们能猜到吗？

观察员们：学生们喜欢任课老师。

女生：是有这方面的因素，但也不一定。

带领者：他们为什么会喜欢那位老师？

观察员们：因为那位老师能帮助学生成功。

带领者：是的。一个只喜欢某个学科而不喜欢所有学科的学生，通常都是心气儿高的人，所以他喜欢做也只肯做他擅长的科目。我记得你们有人说过，喜欢那一科是因为擅长那一科。如果你没那么擅长，你也就不会喜欢了。你们都擅长自己喜欢的科目吗？

男生：也不算特别擅长吧，只不过我其他功课更差劲了。（笑声）

带领者：你是那一科成绩最好的那个吗？

男生：我上一次数学考试，算是最好的。

（大多数学生承认，他们在自己最喜欢的科目上名列前茅，至少有时如此。接下来是与一个有不同看法的女生讨论，她只喜欢自己擅长的那一科，不过她也会喜欢另一门学科，虽然她不喜欢那一科的任课老师。）

带领者：你喜欢西班牙语老师，但是你的西班牙语学得不太好，因此你不喜欢这科。

女生：我想是的吧。

（几个男生和女生提出成绩不好的问题。）

带领者：为什么会成绩不好呢？你们没有能力取得好成绩吗？

男生：没有尽全力吧？

带领者：这句话是什么意思？

男生：没有发挥出自己应有的能力吧。作业拖了一天又一天，最后也没做完。你没有学懂，也没有好好补课。然后，结果自然是成绩不好。

另一女生：你总是拖延。

带领者：那你为什么不好好写作业呢？

男生：因为还有其他事情要做呗。（笑声）

带领者：你对什么更感兴趣呢？

男生：除了写作业之外，差不多都感兴趣吧。

带领者：为什么你宁愿做其他事情，也不愿做家庭作业呢？

女生：因为其他事情更有趣呗。

带领者：为什么很多孩子喜欢做有趣的事，哪怕对他们没有好处?

女生：因为做起来更轻松啊。可要是家庭作业，那是不得不做的事情。

带领者：你不喜欢做不得不做的事，因为那意味着你必须屈服，那可不好玩儿。许多人认为生活中最重要的事情就是玩儿得开心。

男生：有时候你必须去工作去挣钱。

带领者：那你挣钱是为了什么呢?

男生：有钱就能玩儿得开心呗。(笑声)

带领者：很多年轻人因为不好玩儿就不去做该做的事，认为自己有选择的权利，可以只做自己喜欢的、有趣的事情。可那些不开心就不肯做的人，却是大多数时候感到无聊的人。你们呢？也是这样的吗？（他们都承认，他们也经常感到无聊。）

男生：我几乎没有无聊的时候，因为我总是在找好玩儿的事情。

带领者：学生们不想做作业，不想好好用功，还有其他原因吗?

女生：压力，你身后总有人说你必须完成，你必须取得好成绩。

带领者：结果呢?

女生：大多数时候你不会照着去做。

带领者：很多孩子不愿用功学习或写作业，因为这对他们

来说意味着屈服。谁愿意屈服呢?（一个女生表现出识别反射。）现在你们当中有谁属于这类——我不会屈服?（大家都笑了）

带领者:（对观察员们说）这些是我们必须与学生一起解决的问题。我们必须了解他们的内心逻辑。你们还有其他不写作业的理由吗?

女生：有时候你要照顾弟弟妹妹，或者在家里干活。等你完成这些事情后，你已经筋疲力尽，没有精力再专心学习了。

带领者：你们觉得她说得有道理吗?

观察员们：也许她生气了，产生了报复心理?

带领者：是啊。她很生气，不得不做这些家务，所以不肯写作业算是对父母的报复吧?那她的父母会怎么想呢?

女生：我的成绩下降时他们很不高兴。

带领者：如果他们在家里给你布置的事情太多，你的成绩就会下降，因此那是他们应得的报应，对吧?

女生：是我没控制好自己。

带领者：很多人都说要控制好自己，但如果我们总想按自己的意愿去做，那就不可能控制好自己。因为你想做个好孩子，所以很难承认你是想报复父母。结果只好把你不愿意学习的原因归咎于缺乏自制力。

女生：是啊，我的确有过这种感觉。

带领者：你现在仍是这么想。

女生：好像程度没有那么重了!（笑声）

带领者：既然她没能意识到这一切，我们的工作就是帮她看清楚自己在做什么，然后她才有可能做出改变。她想控制好自己，她并不喜欢自己不用心学习，她只是意识不到这样做是为了惩罚父母。

另一女生：我认识一个女生，她的成绩原来很好，但有段时间她和父母闹别扭，她的成绩突然下滑。会不会也是这个原因呢？

带领者：往往如此，只不过孩子们在这样做的时候，他们并没有意识到自己为何要这样做。我们现在进行的这些讨论，会不会让你们因此意识到自己在做什么，从而做出改变？还有没有其他原因使得你们不愿意学习的？

女生：我会因为老师给我的作业中批改的错误感到非常沮丧而不想做功课。反正做了也是错，那还做它干什么？

带领者：非常好，这正是刚才我们没有谈到的另一个要点。孩子们不愿意努力学习的另一个原因，是因为他们对学习感到气馁。他们不再相信自己能明白，觉得再怎么折腾都是白费力气，是吧？（一些人同意他们有时会有这样的感觉。）

男生：很多时候我只是有点累，所以就把作业往后拖延。

带领者：你是说你经常感觉累。如果这时有人打电话给你，提议你做一件有趣的事情，你会怎么样？

男生：那我可能就不会感觉那么累了。（笑声）

带领者：（对观察员们）你们在这里看到了成绩不好的孩子们背后的几种行为动机。事情的确是这样。如果孩子们不想学习，不愿付出努力，他们就无法充分发挥自己的能力达到目标。

带领者:（对学生们）我相信你们都可以成为更出色的学生。学习在这里成了不得不做的事，是因为想上大学、想要赚钱才要做的事，却不是因为你们喜欢所以才做的事。可是，学习只有当你喜欢学、真正愿意学的时候，才能取得事半功倍的效果。然而，我们常常有一种错误的“自由”观，认为孩子们有权做他们喜欢做的事，当他们必须做自己不喜欢的事情时，只想逃避，这反而会让你们在学习上变得更困难。你们知道吗？如果你们不再抗拒学习，学习对你们来说会变得更有趣。可你们的抗拒只会使学习成为一件痛苦的事，在学习的过程中也就更不觉得愉快了。如果你们想的不再是“我怎么才能逃避”，而是既然是必须做的那我就好好做，你就不会再抗拒学习了。你们觉得对不对?

男生：我觉得吧，你必须对作业能给你带来什么有更多的认识。

带领者：哦？能给你带来什么呢?

男生：你必须好好想想你的未来。你必须有个目标，可以追求的目标。

带领者：哦？那么请问你，当你强迫自己写作业的时候，你是不是觉得自己能从中学到更多的东西?

男生：不然呢？如果我不做，又能得到什么呢?

带领者：也不比你强迫自己去做少多少。这就是做家庭作业的误区所在。大家都以为如果强迫自己写作业，总能学到更多知识。可是，作业虽然的确完成了，但因为内心抗拒，还是没能取得更好的成绩。那么，什么人能真正从家庭作业中受益呢?

女生：真正喜欢的人，愿意学习的人。

男生:(喃喃自语)哪有这样的人。

带领者：嚯，如果是你自己喜欢的科目，你会喜欢写作业的。

男生：是有这样的科目，但我们谈论的是这件事。我觉得没人会喜欢坐下来写作业。

带领者：你们都是这样的，一边说不喜欢做的事情就不用做，一边强迫自己去做。然后呢，一边强迫自己做，一边满心不情愿，内心十分抗拒。

带领者：我想问问大家，对这次的讨论感觉怎么样?

女生：我觉得很有趣。我今天学到了很多东西，对我应该有很大的帮助。今晚我要写作业了。(笑声)

另一女生：每个人都应该有机会参加这样的讨论。

另一女生：我从中得到了很多收获。我知道我不想写作业，我知道也没有谁喜欢写作业。我只是不知道背后有这些不同的原因。

男生：我倒是知道自己有什么地方做得不对，但我没意识到原来我可以改进。

带领者:(对一个男生)你觉得这次讨论怎么样?

男生：我认为真的很好。我觉得其他孩子也应该有机会参加这样的讨论。如此一来，就会有更多的聪明孩子。

带领者：你们觉得学校应该组织这样的讨论吗?

几个男生和女生：当然了。

男生：我想这会是件好事。

带领者：应该跟谁讨论呢？跟老师，还是跟辅导员？

（大家的意见有分歧。有人说是辅导员；有人说是老师，因为老师更了解他们；还有人说都可以，看谁更了解学生。）

带领者：还有什么问题就问吧，如果没有问题，那么，谢谢大家。

评论：这不是一个典型的小组讨论，而是为了做示范，因此讨论的问题范围比在课堂上或由辅导员组织的讨论更广泛。正常情况下，主持人应该针对每个问题进行更深入地探讨，尤其是问题背后的心理因素；与会学生的发言应该比这次示范讨论更加踊跃，毕竟在这次示范中，带领者还需要顾及如何向观察者们做演示，以方便他们学习。

讨论结束的时候，组织者通常应该询问参与者们，对这次讨论的感觉怎么样，都学到了什么。在下一次讨论的开始，组织者还应该以提问的方式带领大家回顾上次讨论的内容。讨论的过程，也是学习的过程，孩子们会因此更了解自己、了解他人、了解生活。结束时还应该总结一下重点，以便加深印象，下次讨论时的回顾也是为了加深印象。

本章中的许多提问都向我们展示了“引导式提问”的技巧，古希腊哲学家苏格拉底就是通过这样的方式给人类留下了深远的影响。

Chapter

10

集体环境

了解学生之间的关系
和他们不同的动机，
有助于老师了解这些孩子
所构成的班级的整体状况。

老师并非只是与某个孩子单独的相处，他们常常需要面对整个班级群体，因此老师不仅需要具备觉察孩子们之间各种互动的能力，更要具备影响他们这些互动的能力。即使老师尚未掌握错综复杂的社会学中的专业知识，也可以敏锐地觉察到孩子之间的关系、班级的整体氛围。了解学生之间的关系和他们不同的动机，有助于老师了解这些孩子所构成的班级的整体状况。

所有优秀的团队领袖（包括老师在内）都需要具备一项重要的素质，那就是随时随地都能注意到团队中发生的一切。这需要有开阔的观察能力，这种视角的重要性类似于读书时一目十行的能力。越是接受过良好的速读训练的读者，阅读的速度越快，对一眼扫过的内容掌握得越充分。从某种角度来说，这样的能力也是团队领导者应该具备的，他的观察能力越强，越能注意到发生的一切，也就越能更好地做出合理的回应，处理问题的效率自然就会越高。因此，我们必须对老师进行这样的培训，使其能快速对班级的整个局面一目了然。这种“一览全局”的能力，每个老师都有所不同，也决定了老师能得心应手地管理不同人数的班级。在任何情况下，老师都不应该因为对某个孩子的关注，而忽略了对整个班级情况的及时掌握。接受过群体指导方式的训练后，老师能够在与每个孩子相处的同时带领好整个班集体，不必单独解决某个孩子的问题。

我们来举个简单的例子，看看老师如何让嘈杂的课堂平静下来。如果老师大喊大叫，那只是往嘈杂的环境中增加更多的噪音。但是，如果老师放低声音，或者对孩子们说一两句有趣的话后就不再说话，学生们就会相互影响着安静下来。要采用自然后果，那意味着直接行动，而不是更多的指令、谴责。事实上，老师越是少说话、多直接行动，管理课堂的效果越好。说教和责骂不仅没有效果，而且有害无益，只会让班级里的学生意志越发消沉。实际上，掌握技巧的老师无须多言，就足以维持好课堂秩序。比如，在学期开学之初，可以带领全班制定好规则，例如当老师举起手来时，无须说半个字，全班就能安静下来。

课堂上的任何不当行为，老师都不应该忽视。任何干扰课堂的方式，哪怕在教室最后面的角落里，也会影响整个班级，成为班级氛围的感染源，传染焦躁的情绪或无聊的感觉。老师往往会因为不知道如何处理而选择忽视，以为如此就能避免与学生发生更多的冲突。但是，如果老师懂得利用群体压力，引导干扰课堂秩序的孩子回到正轨，就可以有效地避免学生注意力不集中、吵闹以及其他可能干扰课堂进程的违纪行为。

孩子们之间的争吵是课堂上一个常见的问题。下面几份事例讲述了几种争执情况，以及老师是怎么解决问题的。

事例 55

七岁的罗纳德是家里第二个孩子。他跑来向我抱怨，说莫娜和蒂姆不让他第一个拿外套。我问他，如果其他人比他早半分钟拿到衣服是否真的有什么不同。不过，我说对了，这对他真的很重要。

我把三个孩子都叫过来，莫娜和蒂姆也有同样的抱怨。我让三个孩子坐在一起，讨论他们能想出什么办法来解决这个问题。

他们商量好之后过来找我，罗纳德说他们决定轮流来。这个星期是他第一个拿衣服，下星期是莫娜，再下星期是蒂姆。

评论：老师指出罗纳德身为家中老二的地位，这的确抓住了事情的关键，有助于我们理解为什么他如此不愿别人领先于他。老师选择让孩子们自己去解决分歧、寻找解决方案，这常常是相当有效的好方法。她没有试图亲自替孩子们解决问题，这也非常值得称赞。

然而，孩子们为解决这个问题而想出的方案，却不是最可取的，因为它并没有从根本上消除原因，也就是罗纳德对“凡事优先”的需要。如果其他孩子不肯答应让他在第一个星期获得先拿衣服的权利，恐怕罗纳德根本不会同意这个协议。接下来几周会发生什么情况，仍是一个悬而未决的问题。

老师的第一反应是质疑成为第一的重要性，她捕捉的问题已经相当准确了。如果她能在课堂上针对这个主题组织几次讨论，一定更有利于从根本上消除产生这类争执的原因，这比找到某种临时解决方案更有价值。

事例 56

哈尔走进教室，把他的外套挂起来，然后拿起一支铅笔和一张纸，走到自己的座位上。阿鲁走进衣帽间，把哈尔的外套拿下来，挂在了另一挂钩上，然后拿起他的铅笔和纸，坐到他的座位上。哈尔来到我的办公桌前，向我告状。我还没来得及说什么，阿鲁就来告诉我说，他并没有拿下哈尔的外套。阿鲁这么快就过来了，而哈尔还没跟我说完，我怀疑他是怎么知道哈尔在跟我告他的状。我请两个男孩儿跟我一起去衣帽间。在那里，我让他俩拿起各自的外套，到楼下去解决争执，等他俩都准备好上课，才可以进来挂好外套，回教室上课。过了一会儿，两人回到衣帽间，挂好外套，静悄悄地走到座位上，开始学习。

评论：这则故事非常有意义。老师明显知道是哪个男孩儿做错了，然而她没有批评任何孩子。有些人可能觉得这样的做法不够明智，认为老师有责任批评那个“罪魁祸首”和他犯下的错误。但是，批评有什么用呢？告诉那个男孩儿他犯错是多余的——他原本就知道他干了坏事，而且几句批评也不足以阻止他以后故技重施。因此，老师必须找到一些更能令他印象深刻的做法，显然这位老师找到了。

也许有人不认同老师在“惩罚”坏孩子时连带好孩子一起。哈尔并没有做错什么，为什么也要被一起请出教室？这正是需要澄清的一个最核心的要点。我们在这里处理的不是一个“道德”问题，而是两个孩子之间的“关系”。的确，在这个故事中，阿鲁对哈尔干了坏事，但老师无从知道哈尔之前是否做了招惹阿鲁的事情。即便哈尔的确无辜，从未招惹过阿鲁，老师的惩罚措施也不会改善这两个男孩儿现在的关系。她这般置身事外，让两个孩子自己解决问题，只会对他俩的关系产生有益的影响。这才是当前问题的核心所在，老师认识到并很好地解决了这一点。

事例 57

内德和山姆都是八岁，是我带领的特殊班里的孩子。山姆正在打字，内德希望能快点儿轮到他，一直在催促山姆。通常情况下，内德只要一哭起来就能得偿所愿。此时，他越是催促山姆说已经轮到他了，山姆越不愿意让出位置。我告诉他俩说，山姆现在想练习多久就可以练习多久，等轮到内德练习打字时，他同样可以想练习多久就练习多久。但是，内德决定采用哭闹的方式，还一边哭一边用眼角瞥我。开始时我不予理会，过了一会儿我说：“内德，我看得出你把眼泪挤出来要花很大力气。可是，不管你哭不哭都对轮到你打字没有任何影响，你为什么不做点儿其他有趣的事情呢？”令我惊讶的是，他真的不哭了，开始做其他事情。看到内德已经不再催着要练打字，山姆没有了兴趣，立即站起来说：“现在轮到你了，内德。”

评论：这位老师明智的地方在于，没有像法官那样去担当裁判。她成功地避免了与孩子的个人冲突。但是，她过于关注内德的哭闹了。这个例子之所以会被选用，是因为它展示了一个孩子的行为与另一个孩子的行为如何相互影响。

事例 58

有一天，我办公室窗外传来争吵声。两位当事人都不知道有人在注意他俩。两人先是大声说话，然后是相互推搡，最后一个人摘下眼镜，一个人也把手上的书交给旁人。我决定是时候做些什么了。就在战斗即将开始时，我赶到两个孩子身边，说道："打扰一下，两位同学。很遗憾你们不知道该如何解决分歧，而是准备打一架。"一个男孩儿抬起头，对我咧嘴一笑。另一个男孩儿仍然怒目圆瞪，一肚子火气的样子。我对他说："我猜你一定是被人欺负了。"他惊讶地抬头看我，问道："为什么？"我告诉他因为他看起来很生气，"我想一定是有人对你做了很过分的事，所以你才气成这样。"他笑了笑说："谁说的——没人欺负我。"两个男孩儿都问他们是否可以去上课了。我回答："当然了。"他们转身离去。

这位老师自己对这个故事进行了评论。

若是以前，我一定不会这么做，而是以大多数遇到这种情况的老师都会采取的典型方式去做。

走近这两个孩子时，我可能会愤怒地喝令他们"不许再吵了”。接下来，也许我还要问他们的名字、要去哪间教室。在我质问他俩到底是怎么回事时（我肯定会这么做的），两个孩子也许会更大声地争吵，以便让我相信一切都是另一个人的错。而我必须以比他俩更大的声音来盖过他俩的吼叫，好让他们闭嘴，告诉他俩一次只许一个人说话。然后我必须扮演法官的角色，判定谁先说，等他俩都说完，我还要再判定谁是该挨骂的人。然后对孩子说教“打架不好”，我很可能再把两个小家伙送到校长办公室，他们也许不得不再听一遍和刚才一样但是来自校长的责问和教训。校长最后会要求两个孩子握手言和，并记住以后要像绅士一样行事。等他们终于可以离开那里回到教室时，他们也许已经迟到了二十分钟，不得不再花时间向老师解释他们迟到的原因。

评论：这位老师轻松地处理了这次打架事件，更少引起孩子的不安和争执，然而达到的效果却不仅仅是顺利结束了这场争斗。在老师用表达同情代替指责与说教的那一刻，这次打架的大部分深层动机便被当即消除了。老师的做法并非压制了熊熊怒火，而是直接熄灭了怒火，至少是这一次的怒火。老师这次给两个男孩儿带来的影响，很可能远比无聊的批评和说教来制止他俩打架要更深刻。最关键的是，以这种方式接近孩子的老师，才更像是以朋友的身份提供帮助，处理问题时才有可能如此奏效。

事例 59

有位老师要求三年级和四年级的学生定期写标题作文，内容大致是喜欢老师的地方、不喜欢老师的地方。以下是从学生作文里看到的不喜欢她的地方。在很多情况下，孩子们抱怨的事情是无法得到解决的，他们不喜欢的正是日常教学活动中的一部分。但是，哪怕仅仅让孩子有机会公开表达自己的不喜欢，便足以在很大程度上减少他们的不满情绪。

当老师要我们考试时；当我们必须读那些“绿皮书”[1]时；当她取消了我们的“自由时光”时；当男生都举起手来，可她仍然只点女生的名字时；当明明是两个人干的“好事”，可她却惩罚全班时；当她让我们写诗时；当我们从图书馆里借来的书上明明配有作业簿，可她却不许我们在上面写字时；当她上午涂口红，下午上课却不再涂时；当她让我们坐在座位上大声朗读或记诵单词时；当她生病换了代课老师来上课时；当我们必须写作文时；当我们必须学习《斯科蒂和他的朋友们》（*Scottie & His Friends*）时。我不喜欢写作文；不喜欢在一个课堂里一坐就是两小时；不喜欢老师让其他班级（四年级学生）做的事情却不许我们做。

评论： 通过这些抱怨的事情的性质，我们不难看出老师与

---

1 指以记单词为主的学习册。——译注

学生的关系。没有一个抱怨表达了真正的敌意。有些抱怨之词含有对不公平的轻微不满，或者至少表达了孩子们觉得自己被轻视了（点女生的名而不点男生的，让其他班级做不一样的事情，下午上课时不涂口红），但大多数抱怨都是关于学校和功课的，而不是针对老师的。根据我们对这位老师的了解，她可能会把这里的每一条抱怨作为讨论的主题之一。

孩子们也列举了他们喜欢这位老师的地方，内容显然更多，这充分体现出这位老师在她的课堂上营造出的友善气氛。

她给我们足够的时间来完成课堂作业；她帮助我们每个人，而不是仅仅帮助某个人；她带领全班同学讨论所学的内容；她给我们讲名人轶事；她允许我们把书带回家；她不要求我们通读整本书；如果她认为我们已经尽了最大的努力，就会给我们好成绩；她会读《游戏伙伴》（*Play Mate*）中的“开心一笑”，还会给我们讲笑话、出谜语；她把我们的作品拿到其他班级、学校和我们小区里展览；她让我们制作各种手工和作品集，拿回家给父母看；她会拿些稀奇东西让我们传看；让我们做各种有趣的事情；允许我们在课间休息时收集以及相互交易各自的邮票；让我们按自己的意愿写诗；她在黑板上写下笔友的名字和地址，好让我们给他们写信；把诗词贴在纸板上，让我们在周围即兴画上图画；让我们做几乎所有喜欢做的事情——有趣的、有意义的事；快下课时她读书给我们听，读《兽医杜立特》（*The Voyages of Doctor Dolittle*）里的故事给我们听，还给我们订阅了《读者文摘》(*The Weekly Reader*) 周刊；让我们看与课文内容相关的电影；让我们在休息时间玩儿从家里带来的桌上游戏；让我们以自己感兴趣的事情为题写专题报告；让我们玩儿大型拼图游戏，还在需要时伸手相助；让我们帮她清理糨糊罐、储物柜等；让我们帮她批阅试卷，尤其是D班的算术试卷；让我们自己选座位；让即将卸任的值日生自己选择一名同学接替他的职位，而不是由她来指定所有值日生；让我们使用超大黑板擦；允许我们用大张清洁纸擦拭课桌；让我们挑选自己喜欢读的书；让我们用她的书；让我们到教室最后面坐一星期；让我们制作月刊报纸，还可以带回家给父母看；让我们使用字典；让我们使用防火楼梯下楼；把我带来的东西拿给全班同学传看，看过之后还给我；允许我们把班上用过的短铅笔带回家。

评论：这是孩子们自发写下的部分内容。激发他们写出一些愉快的体验，可以加深他们对这些事情的认识和欣赏。让孩子公开表达他的不满可以消除他的怒火，让孩子公开表达他的快乐会增加他的愉悦。分享这样的美好感受是有益的，有助于激发孩子们的关爱之心和归属感。所以，在课堂讨论中讲述这样的感受，有助于增进孩子和老师的紧密联结，营造班级里的和谐氛围。

事例 60

我负责的一个班级遇到了问题。上课时总是吵闹不休，有时甚至连布置课堂作业都很困难。这样的状况持续了四星期，我变得绝望。因此，我告诉班上同学，我们必须做点儿什么，而且我一直在思考这个问题，并得出一个解决方案。不过，我还是要花几分钟时间讨论一下，看看有没有其他解决方案。经过讨论后，我决定仍然采用我想出来的办法。后来也确实颇有成效。

评论：即使这位老师想出来的办法确实有效，但她对这件事情的整体处理方式并不好。首先，为什么要等四个星期呢？问题刚出现并呈现出持续趋势时，就该及早组织班级讨论，这样老师也不至于产生绝望的感觉了。老师组织班级讨论的方式也缺乏建设性。她已经想好办法，虽然想跟大家再商量一下，可最后还是决定按她原来的计划行事。她的计划可能很好，也可能奏效，但这不是赢得班级合作、由同学们共同分担责任并各司其职的民主做法。

我是这样决定的：我向孩子们保证，如果他们允许我在上课开始的十五分钟讲解今天的课程内容、分发课堂用品，那我会让他们在艺术课的二十五分钟课堂作业期间一边聊天一边做事情。他们都同意了。我们还达成了另一项协议，假如我想让全班开始或停止做什么时，只需举起手来就好。

现在，当我走进教室，我先举起手，教室里就会鸦雀无声。他们静静地让我讲了十五分钟，没有打断，甚至没有交谈。而他们伏案完成课堂作业时，我也不打扰他们闲聊。这个做法真有效。

评论：我们不难理解这个方案为何能起作用。首先，他们的协议体现了相互尊重和体谅的精神。其二，用举手这个动作建立起来的安静机制总是有效的。若能再进一步就更好了：每个孩子在看到老师举起手时，都安安静静地举手表示响应。这样一来，那些反应慢一些的孩子就会在其他同学的带动下做出同样的事情来。这样的做法，能激发全班同学的责任感，而不仅仅是对老师的服从。[1]

尽管这位老师仍算是“独断专行”，不过她还是赢得了孩子们的合作，因为班上的学生同意了老师所谓的“协议”。

事例 61

这个事例来自我们教师学员的报告，也是我们在教师讲堂

1 分享一下我在美国小学里见到的“改进版”，希望能给我们的老师更多的启发。全体学生闹哄哄时，老师不轻不重地拍掌三下。有同学听到，回应三下。老师再以不同的节奏拍掌四下，这时，有更多的同学注意到了，因此有更多同学回应同样的节奏，四下。老师再以第三种节奏拍掌五下，此时，全体同学都注意到了，回应以相同的节奏，五下。干脆利落，声音响亮，节奏生动，掌声落时，全体鸦雀无声。在一次带领数百学生郊游时，我作为义工随行，亲眼见到数百名学生在不到十秒钟的时间内由“人声鼎沸”变成“鸦雀无声”。在二十至三十人的教室里，因为人数少，所以是更简版的：老师唱道“邦邦邦邦邦”，然后，全班同学合唱“邦邦！”，旋即鸦雀无声。虽然唱词统统是“邦”，但有音调有节奏，明快而有趣。——译注

里用作基础培训的讨论案例之一。她先把看到的问题陈述出来，然后尝试分析原因，最后提出可能的解决方案。接下来，我们在讲堂进行了讨论，并由那位老师继续做后续报告。

我的问题：我带领的一年级阅读预备班，班里总免不了打架。这些打架既有常见的“两人打架”的特点，又有一方明显挑衅的意味。一般来说，打架的焦点人物总是那几个人，只是这些“焦点人物”会随着不同的时段各有不同。打架发生的时段主要集中在课间休息时、排队时，以及需要进衣帽间和上厕所的时候。我的班级流动性很大，因为每当一个孩子的水平足够进入普通班级时，他就会被安排到另一个班级去，而我则会收到一名新的跟不上学习进度的孩子。

分析和诊断：我发现孩子们打架可分为几种不同类型。不同的孩子会为了不同的目的选择不同的打架方式。

1. 闹着玩儿的打架，一般不会伤到人，除非冲突升级。这种打架主要是为了吸引关注。孩子想要吸引的要么是我的关注，要么是某位小朋友的注意。这是一种试探性的举动，一种斗智斗勇。比如，排队时骚扰下相邻的孩子，在操场上开玩笑地抢走某个孩子的帽子，老师在身边时假装玩儿打架。汤米的爸爸在陪伴他时总是跟他“玩儿打架”，以致汤米不知道除此之外还有什么其他玩儿法。还有丹尼，每次跟人“打架”时他妈妈总是冲过去“救”他。这两个孩子跟别人相处时总是采用“打闹”的方式，但没有真正伤害过别人。他们就是以这种方式来吸引关注。

2. 真会伤到人的打架，会表现出以伤害班上同学为目的的敌意。这样的孩子怀有报复心理，根本不在意自己是否会在打架中受伤，一心以伤害对方为目的，甚至以被打伤为荣耀，仿佛“受伤”是一枚彰显自己与这个恶毒世界相对抗的勋章。他们是整个班集体中的“外人”，与每一个“集体内”的人作对。我注意到，这样的孩子专门挑选那些比他高大的对手打架，充分显示出他的这种心态。这类打架常常发生在同一个孩子身上。比如，班上新加入的名叫唐纳德的男孩儿就是这种典型的孩子。他完全不肯融入团队，很少与团队合作，事实上，他总是与整个团队作对。他从不遵守任何群体活动的规则，总是插队；抢别人发言的机会；总是挑打不过的对手打架，故意招惹对方，如果对方不理他，他会更加怒不可遏。当他在打架中受了伤，他就越过操场径直跑回家找他妈妈。

3. 有一些孩子打架是为了当老大，他们的目的不是跟对方交朋友，而是喜欢掌控大权的感觉，喜欢别人向他俯首听命。莱蒂莎就是这样的孩子。她几乎没有朋友，因为她总想牢牢掌控其他孩子，令人窒息。如果他们想要摆脱她的控制，她就会动手打他们。当老师询问缘由时，她从来都是没错的，都是对方伤害、欺负她。最近，莱蒂莎发现，她在这样的战斗中再也得不到我的支持，开始慢慢在“赢回”朋友方面表现出越来越多的想象力。不过，她仍然想当老大。

4. 还有一些打架是为了自卫。这些孩子可能是被上述打架类型的孩子所做出的行为惹恼了。比如，莱蒂莎欺负人时，玛吉多次回击。这种行为应该被视为对挑衅行为的自然反应，算是正当行为。

评论：这位老师的分析，我们在教学讲堂上讨论过，一致认为她的这四种打架类型的划分是正确的。要准确地判断一个孩子属于哪个类别可能并不容易，因为这样的“诊断”需要技巧和经验。但是，这位老师对打架心理背景的分析和理解，基本上是正确的方向。接下来，她又提出了她的行动计划。

利用群体的力量：我尝试了几种不同的方法来应对不同的情况，尽量借助集体的力量。排队的时候，我会告诉孩子们，只有那些友善对待身前身后人的孩子才可以去排队；我会说要看看谁能安静地自己走下楼去；我还会让常常惹事的孩子当小组长。这些方法往往也是有效的。

评论：这位老师的确发挥了聪明才智，这些做法算是“利用集体的力量”。她没有责骂谁，而是鼓励孩子们把“友善对待身前身后人”当作理想的目标。她赋予每个孩子做好自己的责任，实际上这意味着每个人都在照顾他人。最后，对那些通过惹麻烦来寻求地位、获得大家接受的孩子，老师让他们通过担任小组长来达到目的。于是，老师成功地引导孩子们将目标转向有益的方向。

我们还组织了班级会议，讨论打架，也聊聊怎么才能把一场将要发生的争执转变成一起友善地玩耍。我们讨论的主题通常包括“孩子为什么要打架”“打架的孩子会有什么感受”等。我们编排了一部话剧，剧中讲述了一对小仇敌如何变成好朋友。这种方法似乎最有效，而且影响力也最持久。

在操场上，我们想通过团体游戏来营造团队精神，将孩子们的注意力从个人恩怨上引向培养他们的体育精神，让他们在体育运动上追求与别人一较高下的愿望。

评论：这种性质的操场游戏并不少见，但像这位老师这样有意识地利用操场游戏来消除孩子之间的冲突，摒除孤立与对抗的根源，是很值得学习的。这位老师利用班级会议来探索和解释孩子行为目的的做法，也值得好好推广。

对症下药：对于吸引我关注的人，我会漠视他的用心和努力。如果他想引起另一个孩子的注意，我会说诸如“你的朋友希望你看看他”之类的话，通常这话会引来那个孩子的会心一笑。

我会帮助被排斥在外的孩子和同学建立友谊，做法包括重新安排座位，让另一个孩子帮助有问题的孩子。

有时，我也会放任某个总是纠缠不休的孩子“自食其果”。在我看来，这是一种自然后果。当一个孩子来找我告状时，我会让那个惹是生非的孩子“偷听”我的反应，保证他知道我的态度是任他自食其果。有些时候，我会在这种情况下直接告诉孩子，他要打架就打好了，我不会再干涉。

评论：上面最后一段提及的做法，在我们的教学讲堂上引起了热烈的讨论。这位老师在前面的报告中已经写明，她认为有些打架是对挑衅的正当回击。我们都同意孩子在遭受攻击时应该反击，但是我们怀疑这种将打架视为解决矛盾的方案的可取性。我们尤其不认同这位老师对这类打架的“鼓励”态度。她在前面的报告中曾提及，组织班级会议来讨论用其他方式回应挑衅的可能性，这里却说放任孩子打架，这是前后矛盾的说法。不过，前面的报告中也强调有些打架不需要特别关注，可以把那些打架看作是孩子交往的一种方式，通常不会造成多大伤害，所以不必过于在意。我们的文化模式似乎能容忍别人间接和微妙的敌意，但若是公开地表达敌意就难以容忍了。

话说回来，我们都鼓励了这位老师，并请她接下来继续向我们报告事情的后续发展。学期结束时，她又报告了以下结果。

我已经几乎看不见有人打架了，这得益于以下几个因素。其一便是操场的集体游戏，以及我们为操场游戏的具体规则达成的协议。我们还讨论了炫耀自我、索要权力和报复性伤害他人这三种行为的目的，孩子们以话剧形式针对这三种行为进行了角色扮演。

在我们讨论以吸引关注为目的的行为时，参与度不高，进展也不顺利。不过，他们似乎仍然从这些讨论中获得了一定的感悟，明白既可以通过“好”行为也可以通过“坏”行为来获得关注，也知道可以利用这种愿望来做些有意义的事。他们也能明辨吸引关注的行为是建设性的还是破坏性的。

关于报复性的讨论是我最满意的部分。孩子们说出很多真实的感受，而且没有因此遭到任何批评。一个男孩儿甚至坦白说他曾经想烧毁整座学校，以报复我们所有人。在以这种假想为主题做角色扮演时，我们都玩儿得很开心，不过，最开始时我不得不亲自扮演小孩子才能让他们明白我的意思。

孩子们更容易辨识出那些一直想要当老大的孩子。他们举出一个个例子，也都意识到这样的孩子多么不受欢迎。现在，每当孩子之间发生冲突并找我告状时，我们总会在讨论会上向他提供好几种解决冲突的方法，当事人则几乎无一例外地选择了最能被社会接受的那种做法。

评论：遗憾的是，在这篇后续报告中老师没有举出详细的案例。不过，这位老师的另一份案例报告已经选入了前面的章节中（参见事例16）。

Chapter

11

有效进程

如果一位老师能了解孩子的动机，

并知道如何正确应对孩子

带有错误目的的行为，

他能取得多么大的成就。

本章中展示的事例向我们表明，即便老师只接受过短时间的培训，也可以带领孩子们一起取得巨大的进步。提交报告的老师都是教师讲堂的高级学员，报告中提及的方式至少在老师所带的班级里实践了一学期。学员首先提交一份大纲，拿到讲堂供大家讨论，内容包括他目前在学校遇到的问题，对该问题学生心理背景的初步分析，以及他采取的初步行动计划。之后，该学员还需要向我们提交后续报告，供大家继续讨论。接下来的报告均是这个过程的最终版本，还有我做出的评论与讲解，以加深读者对本书的理解。

事例 62

肯是一个八岁的孩子，上三年级。他的问题是不肯融入整个班级。即便在操场上，他也不愿意加入任何集体活动。他非常安静，没有八岁孩子应有的生机和活力。在教室里，他很容易被人遗忘，一动不动且面无表情地坐在那里，仿佛是一尊雕像。他的学习成绩很差。

他正在接受语言治疗师的治疗，按照他的履历记录所述，他存在严重的发音和发声障碍——无法控制好舌头。为了避免说话，他只是以点头或摇头来表示认同或否定。在他点头或摇头时，他仍然面无表情。

他的学习成绩处于中下水平，阅读、语言和体育方面的成绩都很差。他写作业时的习惯也不好，速度很慢而且总是出错。

背景介绍：肯有两个哥哥，二十岁的皮特和十八岁的迪克。学前班的记录显示他那时会晚上尿床。一年级老师记录："肯的身体发育是正常的，但是他的社交意识和处事心态低于他年龄的平均水平。他的集体意识也很差。"

体育老师一直很关心他，所以建议我将肯的案例拿到教师讲堂里讨论。体育老师一再尝试让肯参与到集体活动中来，但肯总是站在场边，要么双手插兜，要么啃咬指甲。

初步分析：为了找出肯适应不良的原因，我打算与他进行一次简短的交谈，以便更清楚地了解他在家庭中的位置。他是家中的小宝宝，显然他一直在以小宝宝的角色来获取家人的特殊服务。

肯的行为不仅让他成为班里的问题学生，而且阻碍了他的成长。他在学校里的低能表现很可能是家人过度溺爱和纵容的结果。他的行为表明他试图以消极—破坏性的方式来获得老师的关注和服务，就像他在家里一样。

评论：这位老师有可能是对的。不过，从目前所知甚少的情况来看，肯大概不是处于索要关注的阶段，而是以自己的无能表现来达到无人打扰的目的。这个"容易被遗忘"的孩子需要的不是关注，而是相反的诉求：最好没人再对他抱有任何期望。不过，这位老师分析的小宝宝角色是正确的，在他前面有两个比他大很多的哥哥，想必这与他的行为有一定的关联。

行动计划：我打算通过一些简短的私下谈话来了解他对学校、小伙伴以及家人关系的感受。持续的鼓励对于培养他的自信至关重要。这个男孩儿需要友谊，需要有人为他提供价值感，把他当作一个好朋友，而不是一个问题学生。

引入集体力量，可能有助于他“走出自己的蜗牛壳”，找到自己在这个群体中的归属感。我在他最有可能做好准备的时候点名让他发言，让他因此感受到自己在班级里的地位，让他通过自己所做的贡献来感受作为班级一员的价值。我会在他做出贡献时、取得成就时，称赞他几句，偶尔还应该拍拍他的肩膀和头，多鼓励他，让他相信自己“可以做到”。

为了帮他培养出更多的自尊心，让他相信我的善意，我绝不可以威胁他。我要尽量避免跟他发生任何冲突。他不肯努力或不愿当众朗诵时，我的唠叨和责骂只会增强他的消极抵抗力。

评论：这个行动大纲有点儿笼统，但方向是正确的。老师看到这个孩子明显的灰心沮丧，看到不可进一步挫败他以及必须要激发他自尊心的重要性。

跟进：9月开学第一周，一位新的语言治疗师来到我的教室，检查肯在语言表达方面的情况。肯不愿离开座位去接受测评。

评论：这段在我们的讲堂上引起相当热烈的讨论。这是权力之争的征兆吗？这位老师报告说，语言治疗师当时让肯站到教室最前面，一些学员认为如果当时让肯站到教室后面去，他可能不会那么不愿意离开座位。他很可能更愿意“消失”，而不是引人注目。

在开学后最初的两星期里，肯不愿意当众朗诵。他会在作业本上完成我布置的书面作业，但我叫他发言时，他只是面无表情地看着我。

9月22日，开学后第三周。今天，肯穿了一件崭新的、色泽鲜艳的法兰绒衬衣走进教室。当他来到我的讲桌边拿铅笔和作业纸时，我说：“我喜欢你的衬衫，肯。多漂亮的颜色啊。”他看了看我，仿佛从不认识我，然后转身走向自己的课桌。稍后，又转回身来对我说：“谢谢。”他似乎很惊讶我会跟他说话。

评论：这真是巧妙的方法。让男孩儿惊讶的不是老师对他说话，而是她指出他很“引人注目”，而且是一种令人愉快的方式。这让他意识到，他可以被注意到，而且自己不会因此感到不舒服。这个惊喜让他明确地向她表示感谢，虽然这句话说得稍微晚了些。

9月23日。我试图看看有多少孩子可以在规定的时间内完成一页的加减法演算。结束后，我称赞一位名叫拉尔夫的孩子，他从开学以来一直是“慢吞吞”的，可今天他是完成一整页的孩子之一。肯正好站在我身边，于是我问他是否也能做到。他没有回答我，但是点了点头。

9月28日。我坐在讲桌旁看着孩子们纷纷过来领取他们的作业纸和铅笔，这时肯朝我倾斜身体，给我看他缠着绷带的手臂。我问了他两次后，他才告诉我发生了什么事（我知道，我应该只问一次）。

评论：老师说得非常正确！这件事刚刚发生，她就已经意识到，在肯回应之前，她已经陷入了他的圈套，为他做了多余的事情。这是一个需要关注并且不愿意为自己做任何事情的孩子的典型行为之一。

每当我点名让一个孩子起立朗诵时，我会提醒他站到黑板前面去，这样大家都会专心听他朗诵。这一次，肯不但站到黑板前，还站在那里等大家把目光都集中到他身上。他甚至拿起教鞭，指了指没有认真注意他的孩子。啊，那个姿势好有“活力”！他不再一味消极了！

他朗诵得很好。待他声音落下，我问全班：“有没有人发现肯什么地方出了错？”大家一致认为他没有出任何错。然后我又问：“有多少人认为肯在答题和朗诵方面做得很好？”肯看着他们一个个举起的手，对他们的反应表现出很大的兴趣。

评论：报告中没有说明为什么肯突然愿意朗诵了。但这里的亮点在于老师不仅自己称赞了肯的成就，还让全班同学都表达了他们的赞赏。这让肯有了自己被集体接纳的感觉。

今天来了一个新同学，是从外州转学过来的男孩儿，名叫谢利。我把他安置在肯的对面，问肯是否愿意做谢利的向导，在功课上带一带他。肯点头同意，不过，他没有在谢利做课堂作业时帮他，也没有帮他把课本翻到我们正在学习的那一页。好在后来我还是看到肯和谢利坐在了一起，用他笨拙的方式教他如何把作业纸折出八行的格子。

在操场上肯也没怎么帮助谢利。体育老师发现谢利站在场外。可是，肯也向谢利指了洗手间在哪里，以及在哪里排队去下一堂课。

评论：我们在讨论这一段时向这位学员指出，也许正是这份安排让他有机会感到自己比新来的男孩儿知道得更多，从而激励肯做好心理准备，迈出站在全班同学面前朗诵的关键一步。这位老师在讨论中报告说，当时她看到肯没有好好完成她交代的任务，心中已经失望，几乎要过去亲自帮助谢利了。好在她在几乎就要犯错之前的最后一刻忍住了，仍决定让肯尽自己所能去做。

9 月 29 日。我尽量多给肯机会到黑板前朗诵课文，通过这种方式为班级做贡献。我没有发现他有严重的语言缺陷。他的朗诵有些拖拉，语气也单调，我倾向于认为这是由于他缺乏语言练习的缘故。

今天，我要挑选10月份的值日生。我允许同学们举手毛遂自荐。我看到肯也举手时，便问他想承担什么任务。他说，他想要当点名表递送员。我觉得这份任务挺适合他。他需要把点名表交到每一位任课老师手中，放学时再把当天的点名表收集起来，交到办公室。第二天早上，他还要去把点名表拿去交给出勤老师。

肯在写字母“m”的时候有些问题。有时他会写出两个拱顶，有时写三个。这说明他对规则的抗拒，他更愿意顺着自己的心意来，这次这么做，下次那么做。

评论：这是拼读和写字能力差的孩子都有的特点，更何况这还是一个在其他方面也“做不好”的孩子。

他想让我在楼道里注意到他。他设法靠近我站的地方。我通常会点点头，偶尔我朝他眨眨眼。他只是看一下而已。

9月30日。今天，我获得了人生中的一份惊喜。课间休息结束时，我像往常一样站在楼道里。肯走进楼道，看到我正在看他，他在行进的人流中停顿了一下脚步，然后，对我眨了眨眼。他做这个动作时的滑稽样子，让我觉得这是他生平第一次这么朝人眨眼睛。

评论：这个细节充分说明老师对孩子心理活动的洞察力，她意识到肯终于认识到要做点儿什么来吸引关注的重要意义。不管这个转变的幅度有多么细微，多么不足挂齿，这是他从消极到积极的转折点。

语言治疗师今天来到教学楼，把肯带去她的办公室。她认为肯没有太大的语言问题，只是一个不愿意说话的“小宝宝”。他在一些字母发音方面确实有一点儿困难，但并不严重。如果他肯好好合作，治疗师可以帮他改进，但她觉得这个男孩儿有些迟钝，她宁愿把时间花在愿意合作的普通孩子身上。

评论：这次诊断结论，与第一位语言治疗师的诊断相反，倒是证实这位老师的感觉是对的。莫非从第一位治疗师做出诊断后，肯的语言障碍发生了变化？

10月1日。今天在排队时，我注意到肯从洗手间出来时，他的拉链只拉了一半（再次通过做了一半的事情来引诱我为他服务的小把戏）！我悄声告诉他，回洗手间去做好该做的事。

评论：老师的这种处理方式值得称赞。她没有说“拉上你的拉链”（这本来是肯希望她做出的反应）；她也没有当着其他孩子的面说什么（这会让他感到羞辱）。她把照顾好自己的责任还给他。

在朗诵时间，我经常点肯的名。有几次是他主动举的手。今天是他担任点名表递送员的第一天，他做得很好。他在我面前挥了挥那些点名表，好让我看到他没有忘记把点名表分发给老师们。

评论：他的行为仍然表明他想要索取更多关注，但是，他正在从被动转向主动，从无价值的行为转向有价值的行为。

10月5日，这是开学后的第五周。肯已经可以做到第一个完成算术作业了。其他人还在埋头答题时，我让他把他的答案抄到黑板上。

评论：现在，我们可以很清楚地看到这个男孩儿的心气儿有多高。有谁能想到一个如此木讷又消极的男孩儿，居然有这样的动力呢？我们再次注意到老师的敏锐的感知力。她立即抓住机会，在他完成任务时强调他是第一个完成的。

负责递送点名表的另一位女递送员今天早上忘记了她的任务。肯把她负责的那份替她拿了过来，还刻意让我知道是她忘记了这件事，而他已经帮她捎来了。到目前为止，他一直执行这份任务。

评论：这是显示肯心气儿高的另一个例子。他正试图显示自己能比别人做得更好，而且要确保他的出色被老师注意到。

上个星期，肯的拼写作业得了一百分，我在他的作业上写了一个“好”字，还画了一张笑脸。他告诉我说，他要把这件事告诉妈妈。今天他过来报告说，他给妈妈看了，妈妈又给爸爸看了，他的两个哥哥也偷偷瞄了一眼。

评论：这孩子对老师关注的渴望是显而易见的，而他的能力显然也不差。不过，这大概是他生平第一次受到表扬。

10月6日。在算术课上，我分发作业纸时第一次看到调皮捣蛋的肯。他趴在桌子上，戳弄面前的男孩儿，那个男孩儿回身用铅笔敲了一下肯的脑袋。这是我在肯身上看到的第一个真正的“鲜活”的样子。

评论：也许很少有老师会因为看到一个男孩子调皮捣蛋而感到高兴。但这位老师是对的，对肯来说，这意味着进步。他可以表现自己，可以做出积极的行动，哪怕这些行为并不总是具有建设性价值。

10月11日。一连几天，肯什么也没做，也不再说话了，又是以点头或摇头来回应。我反省自己的所作所为。我没有让他站到黑板前当众朗诵。我是故意不点他名，除非他表示自愿，但他没有做出表示。

看来肯若没有得到他想要的额外关注就不会自己想到做贡献。这表明他仍然不能靠自己努力而不再依赖别人的推动。

评论：老师发现学生的表现不够好时，主动反省自身举动，这一点至关重要。孩子表现不佳可能并不是她的错，因为男孩儿还会受到其他人的影响，其中许多可能是有害的、令他沮丧的。但是，分析一下自己是否在无意识情况下做了什么，仍然是很值得做的事情。在这段描述中，显然老师找到了答案。

她决定不再给予肯特别关注，而是等他自愿做出贡献，因为她担心肯过于依赖她的称赞，也担心总让他当第一会使他心气儿变得太高。毫无疑问，这种风险的确存在，她的顾虑是正确的。但是，她发现自己的步伐太快了。这个男孩儿在他能真正“断奶”之前，仍然需要很多特别的关注。当然，老师仍需激励他以建设性的方式来获得关注。她过早“收回关注”可能是前面提到的他调皮捣蛋的原因所在，不过，他大概还没勇气继续以调皮捣蛋的方式来获得特别关注，因此再次缩回他的“蜗牛壳”中。

10月13日。孩子们朗诵了一首万圣节的诗歌。肯举起手，我便点名让他也朗诵一遍。他的朗诵声音呆板单调，但一字不差。等他朗诵完毕后，他没有回到自己的座位上，而是来到教室后面我坐着的地方。显然，他是来寻求我的进一步认可的。

不过，也许他是在抗拒课堂纪律？

评论： 我们可以推想肯不回座位正是为了过来寻求老师的特别关注，不过，老师保持思路的开放并考虑其他的可能性，这种做法也是明智的。而且，此时她没有当即断言肯这是对秩序的抗拒，她只是记在心里，继续观察事情是否有朝这个方向发展的迹象。

10月14日。肯再次不但拿来男生负责的点名表，也拿来女生负责的点名表，而且再次特意让我知道那个女孩儿又忘了她的任务。这又是他在寻求我的认可。

10月15日。今天我没有等肯举手便主动点了他的名让他朗诵。当他意识到我点了他的名时，直接目瞪口呆了，坐在那里看着我，张着嘴，下巴耷拉着，看起来很傻。我不动声色地等着他“回神”。可是，同学们等得不耐烦了，纷纷指向自己的书。他终于意识到是要他朗诵了。他的朗诵仍然一字不差。他知道他应该做什么，可仍希望得到额外的提醒，只不过没能得逞。

评论： 老师没掉进他的“傻样”陷阱里，忍住没张嘴批评或施压。有班级同学们的压力便足够了。当肯意识到老师不会有任何额外关注时，他顺应了同学们的敦促。

10月20日。我在批阅肯的算术作业时，发现他不想答的题目就跳过不答，有些题他也不按照题目的要求做，比如，题目要求他写下2的递进数，可他的答案却是按5递进或者按1递进的。当解答需要用文字表述时，他的字迹有些地方很是潦草。这似乎表达了一种对秩序的反叛，想按他自己的意愿去做。

评论：老师正在继续观察，以确认她之前的推测。她推测的方向很可能是正确的。随着肯有了更多勇气，他可能开始对自己在家中的卑微地位展开反抗。我们必须关注这一点。

今天我和办公室秘书一起，看到肯站在操场边上咬指甲，偶尔过去加入孩子们的游戏，但很快又退出来。办公室秘书评论道："他好像不知道该怎么玩儿。"

在我看来，肯想做一个真正的男孩儿，但又觉得自己还不行。我的感觉是他大概觉得自己被两个哥哥完全打败了。他大哥经营着一个加油服务站，二哥和他父亲都在隔壁的修车铺里修理汽车。

评论：这点很好地表明接受过和未接受过心理培训的两位观察者之间的区别。办公室秘书只能看到肯似乎不知道怎么玩儿，这当然是正确的，但老师却立即开始寻找这种行为背后可能的原因。她想到他也许是觉得自己不像个真正的男子汉，她的思路立即转到他家里的其他三个男人身上，父亲和两个比他大得多的哥哥。肯也是男性，可他不敢与他们比肩。

11月3日。肯昨天没来上学。当我今天问他昨天为何没来时，他说："一晚上，我吵醒了妈妈很多次。我生病了。"

评论：这句话非常有意思，这表明对肯来说，生病是次要的，重要的是他能一再吵醒他的妈妈。这是他通过弱小、无助或生病来确定他在家中的地位的方式。

11月4日。上课时，我和肯简短地交谈了几句。我问他放学后做了什么。"我去店里找妈妈。"我问他是否和邻家男孩儿一起踢踢足球或玩儿游戏什么的，他说不是，他会看着哥哥们干活。我问他和哥哥相处得如何，他说会和他们打架。我问为什么，他说不知道。问他因为什么事情打架，他说不出来。然后到了朗诵时间，这番谈话我并没有什么收获。

体育课后，我早早来到教室门口，等着上课。肯也很早就从体育课回来了，去教室里洗手。我请他和我一起坐在板凳上，说："你上一堂课时跟我说你会跟哥哥们打架。我就一直在想你们到底为什么打架。"他看着我，没有说话。然后，我又问他哥哥们都干些什么活儿（他知道得很清楚），他便详细地告诉我所有关于加油服务站和修车铺子的事。最后他还加了一句："我哥哥都叫我笨蛋。"

评论： 我们不难想象，肯总缠着两个哥哥，而他们却总要撵开他。他宁愿看哥哥们干活，也不愿和邻居男孩儿一起玩儿。尽管他与哥哥们的关系并不融洽，但他接受这种关系，并将其看作是生活中的正常现象。

教育周：肯的妈妈来参加家长会，我终于有机会与她交谈了。她话很少。当我问及肯放学后的活动时，她说街坊里没有可以和肯一起玩儿的孩子。她对我们校报上列出的童子军表现出极大的兴趣，要求我找一个童子军来说服肯加入童子军，还建议有童子军活动时我应该派一个童子军去他家里接肯。（显然，这位妈妈对孩子的态度是过度保护，甚至希望我像她一样地对待肯。）

我请她聊聊肯和哥哥们之间的关系。她抱怨说他们在年龄上的巨大差异。当我提及哥哥们说他是笨蛋时，她流露出怨恨的表情，不过立即说他们只是孩子，并表示她会找他们谈谈，便没了下文。

她对肯作业的主要不满是他的字迹不够好。我向她解释说，这是从印刷体转向手写体写法的过程，孩子还没有掌握好。

评论： 这就是老师报告的她与肯的妈妈谈话的全部内容。有趣的是，这次谈话和她与肯的谈话一样毫无成效。她没有从肯的妈妈那里得到多少信息。但她发现了肯的妈妈对孩子的过度保护。她觉察到肯的妈妈与他哥哥之间有些矛盾，但她没有继续深究这个问题。也许她本来想多问几句，但是，肯的妈妈的态度过于僵硬了，使她无法继续聊下去。

11月16日。今天肯给我看了他的新手表。他没有说话，只是伸出胳膊让我看。我喜欢这只表，打算给我儿子也买一只，因此问他在哪里买的。他的回答是“一家商店”，我追问了好几遍他才告诉我是从哪家店里买的。我让他帮我看看那只表的时间准不准，因为我也想买一块类似的表给我儿子。

评论：给肯安排这样的任务很好，但一再追问他就不太妥当。当他第一次回答说“一家商店”时，老师原本应该对他给出如此简短且含糊回答的原因进行解释，让他理解他为何这么做，这比追问细节更可取。直到现在，我们还没有见到老师向肯做出他为何应答时只说一个词的心理解释。

还有，当男孩儿只是伸出胳膊时，她应该什么也不说，用身体语言回答似乎会更好。如此一来，不但显得有趣，还向他点出了他举动背后的意味，而且不带任何批评的含义。

今天下午，肯用他胳膊上挂着的一件夹克往我身上蹭了蹭。他什么也没说，但他的动作表明他想让我看看他的夹克。那是一件新衣服。此时，我正在和一位老师交谈，因此并没有就此事跟他说话，只是点头表示我看到了。

评论：这是一个更好的回应。

几星期之前，他有了一辆新自行车。我今天问他，为什么他拥有了新礼物，是不是他过生日了。他说不是，然后继续道："我也不知道她（他妈妈）为什么要给我买这些东西。我猜她只是喜欢买吧。"我的猜想是她会不会是因为肯最近的进步给他的奖励。

评论：还有一种可能，是肯的妈妈现在更清楚地知道大儿子们是怎么对待小儿子的，并因此对他们感到不满，可能正试图来弥补对小儿子的亏欠。还有一种可能性，那就是她要把肯牢牢拴在她这边，共同对抗那三个强壮的男人，同时也让肯始终把自己当作离不开她爱护的小宝宝。

11 月 17 日。我请一位高年级的童子军带肯去参加他们的活动。我还给肯一本童子军手册，他饶有兴趣地翻阅起来。

评论：尽管老师为肯做了这件事，但是，我们没有看到能说明她对肯的方式是过度保护的迹象。

11 月 19 日。这几天，我们一直在用面粉、盐和水在玻璃板上制作地图。肯表现出极大的兴趣。他频频走到教室后面，看着其他孩子如何制作面坯，并用植物颜料给面坯上色。他还问可否帮忙搅拌原料，让面坯更加光滑。即便是他在写课堂作业时，也频频地从座位上“偷偷”溜到后面，去看那些坐在后面工作台上忙活的同学们的工作进展。

尽管他很感兴趣，但我一直没吱声，想看看他是否会找我要一块玻璃、面粉和盐来制作自己的地图。可我一连等了几天他都没动静。直到我提到童子军可以拿他们制作的地图来赚取“徽章点数”[1]时，肯才终于宣布说他想要一块玻璃，他也想要“徽章点数”。

评论：我们可以看到老师为激励肯所付出的用心，也看到她等待他主动行为的耐心。即使肯已经很感兴趣了，也没有主动采取行动，仍在等待别人来刺激他、给他奖励。很明显，他心中认定的观念是别人可以去做各种事情，而他能做的就是从别人的成就中获得间接的满足感。

体育老师问肯，既然他已经得到了一块新手表、一件新夹克和一辆新自行车，为什么不能有新运动鞋。他回答说他有运动鞋，但是放在家里，没有带到学校来。肯似乎仍在尽量躲避体育活动，因为这会让人看出他不是一个真正的男孩儿。

11 月底，肯加入了童子军。他带了两个雪茄盒，给他妈妈

1 童子军的“军装”上，会像将军那样挂满各种徽章，这些徽章需要用积累起来的“成就点数”或者“贡献点数”换取。——译注

做了一个镜框。他给镜框涂了色，准备拿它参加下一次童子军的活动，以赚取点数，然后送给他妈妈做圣诞节礼物。他的涂色并不齐整，但我很高兴看到他花费心思四处寻找雪茄盒，并拿到学校来做手工。只不过，到目前为止，他还没有交上用玻璃制作的地图。

评论：老师多么小心地避免批评肯，既没有指出他的涂色不够好，也没有质问他为什么不先做好玻璃地图就去忙活雪茄盒。她不希望这些指责让他更气馁。

肯前十周的成绩表明，他在算术、拼写、阅读、艺术和手工方面的表现令人满意。他需要在自我表达、社交、音乐、科学、表演、演讲和体育方面有所提高。

12 月 1 日。9 月份开学时，肯上学常常迟到，现在他常常是第一个进教室的人。他变得对人很友善，常常到我的桌子旁边，跟我聊聊他和家人。

他最喜欢做的事情是帮我布置好教室后面的大工作台，而且他并非以帮我做事为借口来逃避课堂作业，而是真的喜欢摆弄工作台上的东西。

昨天，四个孩子在忙着剪彩色绉纸，然后用碎绉纸、盐、面粉和水制作彩色黏土。等这四个人的工作告一段落之后，我让他们选择其他人来接替他们的工作。肯高高举起手，并且被其中一个男孩儿选中。

肯在算术方面学得非常好。他和其他几个进度快的孩子得到机会，开始解答四年级算术课本中的简单题目（我们是三年级的班级）。

评论：三个月内，肯从一个完全孤僻的男孩儿，变成算术领先的男孩儿，这是多么大的进步！现在，没人再说他是个笨蛋了。

一次，校长在巡视中注意到，肯在教室后面和一组孩子在一起忙活。她表示，若是肯能整天都在这间教室里就好了，只不过他还需要去别的地方学习其他科目（他每天会在我的教室里花上三小时学习我教授的科目）。

12 月 9 日。大楼里的其他老师也注意到肯更多地参与到小组活动中。事实上，今天他在体育课上打了一架，一场结结实实的、传统的男孩儿之间的扭打。他上周完成了他的玻璃地图，并计划在圣诞节时送给他大哥。他已经跟我说了三遍他要把这东西送给他大哥。显然，肯和他大哥站成一队，共同对抗二哥。

评论：老师认为肯与大哥结盟，这一推测很可能是正确的。若她能联系到肯的大哥，这对帮助肯发展一定很重要。

12 月 17 日。今天天气很冷。肯来上课时情绪饱满，充满活力。和他一起到的还有其他四个男孩儿。肯用十分响亮的声音说:“教室里只有我们五个男孩儿。”这是自9月份开学以来我听到的肯发出的最响亮的声音。

评论: 孩子用什么声音说话，往往具有相当重要的意义，这是孩子的自我认知和生活方式的表达。

他在做一道涉及文字表述的算术题时，找我帮他解读一个字的意思。我让他自己动脑筋。当他回到自己的座位时，在另一个男孩儿的桌子前停了下来，问他那个词是什么。他仍然想要别人为他服务。我没有帮他解读，是因为我知道他来找我只是为了让我为他服务。其实，他在阅读课上解读字词时毫无困难。

评论: 老师这里没有写明肯问另一个男孩儿时，她做了什么或者没有做什么。我们可以推断她没有说任何话，因为此时她小题大做并不会改善情况，而且那样的话肯反而得到了他想要的特别关注。但我的建议是不应让此类事件就这么过去，尤其是肯处于这个发展阶段，老师应该与肯私下谈谈，让他明白他在做什么以及为什么这样做。

12月18日。肯再次过来找我讲解一道算术题的叙述部分。我让他把这段文字读给我听，他照着读了一遍，然后立即给出了这道题的答案。这再次说明，他不需要帮助，只想要别人的服务。

评论：这似乎已经成了一个常见的行为模式了，每当老师拒绝提供帮助时，肯自己也能做到。

今天，肯提前完成了课堂作业，想要找本书来看。我给了他一本我经常在班上读的诗集。当他把那本书还给我时，请我读一首他喜欢的诗。等朗诵时间完毕，课堂作业也收齐之后，我告诉全班说，肯找到他喜欢的一首诗，希望我读给全班听。我问他们是否愿意听，他们都愿意，而且非常喜欢。事实上，他们要我再多读一首。

评论：这是让肯融入班集体的好时机，而且是肯自己挑的头。

肯请求我同意他在圣诞节期间把那本诗集带回家。他给我的圣诞礼物是自己亲手包的，上面到处都贴着透明胶带。他还给了我一张圣诞贺卡，但是卡片上他的字迹，被另一张有成年人署名的贺卡给盖住了。大概是他妈妈觉得他的字不够整齐，所以她把它盖上了，自己写了一段。

评论：这显示出他在家里所接受的教育模式——他所做的一切都是不够好的，他妈妈的做法至今尚未改变。这应该是这位老师需要完成的一项任务。

肯在楼道里从一个班级走到另一个班级时的行为，与9月份刚开学的时候相比，现在12月的他已经完全不同了。他沿着楼梯下来时，把外衣举在头顶上挥舞，迈着很大的、别扭的步子走路，还不肯好好按照现有的行走规则走。我们在地板上画出行走线路，以保持楼道里交通顺畅。肯喜欢踩在界线上走，甚至是稍稍偏向反方向的一侧。他还会在楼道里跟人说话，这是以前从未有过的事情。只要声音不太吵闹，又是课间休息的时间，在楼道里说话是允许的。

1月5日，肯又找我要了那本诗集，归还时再次要求我读其中一首给全班听，然后还要我再给他一本诗集带回家，我给了他一本之前他从未读过的。

肯所在的童子军小队的领队妈妈告诉我，肯喜欢参加童子军的活动，是她的好帮手。有一天，她来找我，肯也走过来站在我旁边。她当着我们全班人的面夸奖了肯，说他是她最好的帮手之一。他看来喜欢她，她还拍了拍他的头。不过，她私下里告诉我，她也需要"推"着他参加活动。

评论：老师再次显示出她的敏锐觉察力，而且是正确的：另一个成年人给了肯无端的压力，而且是有害无益的压力，因为这不仅会阻碍男孩儿依靠自己的力量站起来，还可能让他变得更叛逆、更抗拒。

由于这一学期即将结束，老师对这个案例的进展做了总结。

肯在他的班级中找到了自己的位置。他学会了微笑，喜欢参加集体活动。他不再面无表情地坐着，学会了经常“插嘴”，还愿意随时帮助别人。

他不再等待别人为他做事，虽然偶尔还会回到以前的模式，但即便如此，他也会以更加积极的方式寻求别人的服务。其实，只要有机会，他愿意向别人提供服务。比如，有一天他帮同学们选书，向大家贡献他的服务。他还主动帮忙分发课堂用品。

他对自己的功课表现出极大的兴趣，总是急于在黑板上查看课堂作业时段又留了什么新作业。他总是很快完成课堂作业，而且正确度很高。他喜欢看故事书和诗歌集，并喜欢分享给大家。

他不再害怕在课堂上与我或其他同学说话，他已经交到一些真正的朋友，朋友会选他接任他们的值日生职责。比如，他被指任为 12 月份的书本值日生，每当课堂讨论时段结束时，他就会跳起来去收刚才用过的书本。

童子军的活动也给了肯很大的帮助。

他的书写仍然很糟糕，但是进步很大。他的阅读作业和算术作业都完成得非常好，可见他是个心气儿很高的男孩子。

体育老师报告说肯在体育课上的表现也发生了很大变化，他甚至敢跟他的同学真正在一起打斗了。

语言治疗师告诉我，肯是个焕然一新的孩子。他来诊所接受治疗时不再畏畏缩缩，变得愿意配合。语言治疗师说：“肯完全不一样了，不再是我 9 月份见到的那个孩子了。”显然，她已经不再认为他是一个智力发育滞后的孩子了。

我从肯那里学到了宝贵的一课。当初，我因为一连几星期都没能从他身上看到任何端倪，曾想过把他像个烫手山芋一样甩掉，放弃跟进这个案例。刚开学的两星期，我其实很灰心，因为我实在看不出从哪里入手帮助这个男孩儿。

如今我们成了真正的朋友，而且我认为我们之间的友情也拉近了学校和他的父母之间的关系。

评论：这个案例表明，如果一位老师能了解孩子的动机，并知道如何正确应对孩子带有错误目的的行为，他能取得多么大的成就。

本案结果令人欣慰，同时我必须说她还有更多工作要做。我们不难看出，肯仍然经常设法让老师为他服务。

事例 63

问题：贝蒂是一个聪明且心气儿很高的女孩儿，十六岁半的高中四年级学生。她与同学的相处一直不好，至少在高中的这四年如此。尽管她害怕同学们不喜欢她，但是事实上，她总要做出一些与别人作对的事情，处处给人一种鹤立鸡群的感觉。许多老师都想帮助她，却都无法打开她的心扉，也无法让她知道自己哪里出了问题。由于她是我管辖的荣誉协会的成员，我多次被指派前往与她谈论她的问题，包括上学迟到、在楼道里游逛以及乱发脾气等。我也想帮她学会解决好自己的问题，因为她将来想当一名老师，可她这样很可能会在大学里遇到困难，从而妨碍她继续接受教育。

背景：贝蒂是两个孩子中的老小。哥哥汤姆比她大两岁，去年高中毕业考上大学，还获得了体育奖学金。贝蒂的成绩一向比哥哥要好得多，而且一直是个循规蹈矩的孩子——她是老师的“宠儿”。在高二那年，我曾与她有过一次谈话，贝蒂抱怨说她必须遵守很多规则，比如要练习钢琴，晚上必须在固定时间前回家，而她哥哥却可以“为所欲为”。去年高三，贝蒂每次没拿到A时就会抱怨，但妈妈从不会对她表示同情，第二天她来上学时又会表现得好像什么都没发生过一样。看来，以前似乎是她妈妈可以要求贝蒂俯首帖耳，但现在她妈妈做不到了。每当贝蒂又惹麻烦时，她妈妈就只剩下沮丧了，因为她已经“不知道该怎么办”了。

在低年级时，贝蒂总是主动帮老师做事。同学们对她在办公室里帮忙甚至直接批改作业感到不满。今年的情人节，是她第一次没有得到作为老师“宠儿”应得的待遇。去年，我和她谈过好多次话，她似乎和同学的相处好了很多，年底的时候还曾被选为啦啦队队长。然而，她并不满足，想要在学生俱乐部里担任更多的领导职务。当我们荣誉协会选举干部时，她缺席了，事后却表示没选她令她很失望。她还对一些学生说，他们应该推迟选举会议。后来，有一群女孩子要组织一个商务俱乐部，她急切地想要大家选她当干部。女孩儿们笑了，直接提了其他人的名字。

分析：贝蒂的目的似乎是吸引关注，某些领域里她在与成年人进行权力之争。一些老师认为贝蒂把他们想得过于理想化，而且无法理解高中生活也可以很有趣。她认为要成为杰出人才就必须处处领先于别人，而她在与别人的比拼中又输不起。她经常以为声音足够大或者行为标新立异就能吸引别人的关注。她多次想转学，以为这样就能让她的朋友们高兴起来。她的父亲则坚持让她一直留在本校。

评论：上述分析更多的是在阐述问题。尽管我们了解不少关于贝蒂的事情，但仍然需要知道更多信息。她虽然在学业上胜过哥哥，但是她的社会适应能力显然不足，也许是因为她心气儿太高，渴望在学业上乃至道德上出类拔萃，从而容易被打击。我们难免猜测她哥哥是不是学业上不像她那样给自己过高要求，但社会适应能力却比她更好，更受师生们的喜爱和欢迎，这反过来可能进一步打击贝蒂对自己社会关系的信心。另外，了解她与父母的关系也很重要，我们应该弄明白她站在父母中的哪一方，是谁刺激她心气儿过高。以上面的报告与分析而言，我们还没有看到表明她与成年人陷入权力之争的明确迹象，尽管她的成就和失败可能不仅仅是为了吸引关注那么简单。

行动计划：

1. 赢得她的心。

2. 鼓励她。

3. 试着让她明白，时时处处都领先于别人不但是不必要的，而且是不可能的。

4. 尝试自然后果。

评论：这是一个很好的总纲，但除了第三点都不够具体。女孩儿似乎对在群体中的位置很不自信，否则她不至于花这么大力气缠在老师身边，追求领先地位。是什么原因呢？为什么她如此没有自信？尤其是在社交方面。

2 月 5 日。我在楼道里看到贝蒂正在和一个篮球队的男孩儿说话，可是此时是她上缝纫课的时间。后来，我又在楼上遇到她，便问她为什么会在那里。她说她要去见指导老师。我发现这不是真话，而且许多老师都在抱怨她总是不守规矩，率性而为，还要假装自己没做错什么。于是，我决定和她谈一谈。交谈过后，我发现她在过去的几天里因几件事情而心烦意乱。有几个男孩儿逃学被抓了，大家纷纷谣传说是贝蒂打了小报告。当全班同学开始指责她时，她“大发雷霆”，在钢琴键上砸了十几下。

贝蒂一边向我诉说这件事，一边哭了起来。她说，现在没有人愿意搭理她了，似乎什么坏事都会发生在她身上，她越是努力，同学们越是不喜欢她，连老师都误解她。我告诉她，也许是她太努力了，或许她该停下来，分析一下是做了什么造成了这种“错误的印象”，也许会对她有所帮助。我告诉她，如果她愿意，我很乐意与她讨论。

那天晚上，她情绪很低落，她对父母说，所有的老师都不认同她。第二天早上第一节课她又缺课了。

评论：这是一个良好的开端——恰到好处。这位老师没有说教或责骂，而是提供了一个帮助渠道。此时，这位老师能做的也就这么多。不过，即使女孩儿对这种“探人隐私”感到反感，也是必须说和做的事。

2月8日。贝蒂早早地来了。前两天她参加了一次奖学金考试，我问她这次考得好不好，她点了点头。后来她找我来拿作业纸，顺便停下来看了看我桌上的一些图片，就此聊了几句。这似乎打破了僵局。我给全班安排一份抄写的课堂作业，因为知道贝蒂在这方面做得很好。之后，我点名表扬了几个作业完成得最好的女孩儿，包括贝蒂，说她们都做得很好，因此可以做一份额外的听写作业，而其他人则继续完成刚才布置的抄写作业。贝蒂很高兴，接下来的几天，她的作业越做越好。

评论：就建立良好的关系而言，这很好。但是，到目前为止，仍没有上一次谈话之后的后续行动。也许是因为老师觉察到贝蒂的不情愿。

2月13日。贝蒂迟到了。她拿着迟到条一边跑进来，一边说：“这是最后一次。”

评论：虽然有一些迹象表明女孩儿对这位老师态度友好，但进展仍然缓慢。距离上次谈话已经过去半个月。显然，老师是想等女孩儿主动来找她。

2月25日。毕业班成绩的排名表出来了，贝蒂排名第五。排名第二的人将在毕业典礼上致辞，他不是毕业班的，而是低一年级的高三学生，他利用暑期班加修学分，得到了足够毕业的学分。有人说这不公平，虽然排名第三的女孩儿似乎没有对此表示不满。贝蒂主动为排名第三的女孩儿鸣不平，发起请愿活动，有学生纷纷附和，要求重新考虑。后来，校方召集会议，解释了关于排名的相关规定。贝蒂因此结交了一些新朋友。

评论：与“不公平”做斗争时带来的是朋友，而不是敌人，这是高高在上指斥别人的不是却没有惹人讨厌的一次经历。但是，对贝蒂来说，这一课她并没有学到该学的东西。遗憾的是老师没有向她指出，这次事件的结果虽然挺好，但她不可被其误导。

3月1日。贝蒂在楼道里拦住我，问我是否愿意和简谈谈，她认为是简在散播她和几个男孩儿的谣言。我问她是否害怕别人相信谣传，她说她不在乎。不过很长时间以来，她和简一直是竞争对手，但她没继续跟我说这件事。

评论：这个女孩儿几乎想跟这位老师谈谈了，但显然老师仍然停留在她行动总纲的第一步，即试图赢得贝蒂的心。

3月5日。我把正在上缝纫课的贝蒂叫出来，让她去参加另一次奖学金考试。她走出来，带着疑惑的笑容，问道：“是好事还是坏事？”我笑了，她似乎松了口气。

评论：我们可以看到老师的策略以及她关注的要点——克服贝蒂对所有老师的疑虑。她显然已经成功地与这个女孩儿建立友好的关系，但到目前为止还尚未对此加以利用。

3月13日。贝蒂提前到校，以弥补她之前的迟到时间。当她找我弥补欠缺时间时，我说：“我们现在算是两不相欠了。”她开玩笑地追加一句：“如果我明天不迟到的话。”然后她问我这一单元她有没有可能再得A，她说她想每个单元全都得A，从而向母亲证明她仍然可以得到全优成绩。

评论：老师现在已经成功地赢得女孩儿的配合，但她并没有试图改变女孩儿的自我认知。虽然如此，我们也必须看到，老师暗中不断给予这个女孩儿的鼓励，不断地增强她的自信心。

4月2日。该案例被拿到我们的教师讲堂上进行讨论，这位当事人学员受到大家的称赞，因为她没有像贝蒂其他老师那样指责女孩儿的错误行为，从而打破了她与老师的相处模式。

我们讨论了这个孩子的心理背景。贝蒂虽然在学业上成功地超越了哥哥，也因此变得想要超越任何别人，但现在却正在为此付出代价。她似乎很嫉妒哥哥有能力可以肆意妄为。如果她做不到出类拔萃，不能因此得到老师的认可，那么她也想要肆意妄为的渴望就会在此时显露出来。

她看不起同学和老师。她对成为一名完美老师的幻想，表明她对身边老师的不满。她要别人选她当干部的举动，表明她认为自己才是最好的人。假如别人不这样认为，她就要向他们展示。她不但想处处居于优势地位，还想要高高在上地指责别人的不是。若是成为一名老师的话，这两个目的她都能实现。

这位老师已经成功地赢得了贝蒂的心。她应该继续与贝蒂谈心。老师在我们的讨论会上承认，的确是如果贝蒂没有主动来找她谈心，她就不敢轻举妄动，因为在报告中，她俩第一次谈话后的那天晚上，贝蒂显得格外挫败而灰心。我们向这位老师指出，贝蒂实际上已经取得了很多进步，只是这位老师没能发现。现在，她已经可以放心去找贝蒂谈心，帮助贝蒂明白，其实人不必总是“正确”的。既然当贝蒂觉得自己不是百分之百正确时就会陷入极度灰心，那她必须学会有勇气做个不完美的人。这位老师应做的更明智的举动，是告诉贝蒂自己还没能完全理解她，并承认自己让她提早到校以弥补迟到时间的惩罚或许是没有必要的。最重要的是，即使贝蒂做错了事，老师也必须让贝蒂感到自己仍是被老师喜爱的，仍然在班级群体内有一席之地。她必须懂得即使有人批评了她，也并不意味着对方就不喜欢她。

4月16日。我早上到达时，贝蒂进来说她提前十分钟就来了。她是在提醒我，她又在弥补以前迟到的时间。

这天第二节课时，我去了她正在上的记账课的教室。我和她的任课老师说话时，她走过来，打断了我们的谈话，问我一个关于记账的问题。我假装以为她是在问任课老师，就在一旁静等着，但她却盯着我等着我给出答案。待她离开，那位老师对我说，他之前已经向她解释过这个问题，但她似乎并不认同他的解答。他第一次教这门课，而我以前也上过这门课，贝蒂这是在批评他缺乏经验。过后，我和她谈起这件事时，她似乎意识到他的困境，但并没有意识到，在这件事情上，她伤了他的自尊。

当天下午，我决定和贝蒂谈谈。我问她，是否对我们之前讨论过的事情有了更多的思考，即为什么她与朋友和老师相处得不好。她沉默了良久，然后才说，一切似乎都比那时好多了。她还为此给出了一个理由，即她和简已经不再是朋友了。就连她的母亲也注意到她俩的关系不同于以往，因为她俩很久没在一起玩儿了。

评论：简有可能给她带来了不好的影响，尽管我们没有看到任何证据。然而，与老师关系的改善，才更有可能是贝蒂进步的原因，只是她不知道或是不愿承认这一点。毕竟，承认这一点便意味着她以前曾与老师敌对，意味着她的困境是自己造成的恶果。

我说到我很关心为何她总是一再迟到，尽管她补上了迟到的时间。我还说，我觉得这种弥补的做法似乎没什么效果。她回答说："噢，我觉得挺有效的。我现在已经习惯早起了。上一次是我醒得太早了，等我妈妈去上班，之后我又打了一个盹。"我告诉她说，在我看来，我们只是在对弈，看最后谁会赢。她微微一笑。我向她解释说，像这样常常迟到的事情其实并非偶然，背后总有原因，不知道她能不能看出来。她没有回应。我又说，这可能与她总做些惹恼朋友的事有着相同的原因，值得她好好想想。

"你想当老师已经很久了，我相信你对怎么当老师有自己的想法，正如我在高中时就对此有了自己的想法一样。你可能心里很清楚老师做的事情哪些是对的，哪些是错的。"她笑着说："但我不会说出来。"我接着她的话说："我以前也是这么想的，现在回想起来，我一方面确实避免了一些老师的错误，另一方面我也犯了一些他们没有出过的错。要做到完美无瑕是不可能的。"我告诉她，虽然她没有说出她的想法，但大家都能清晰地感受到她对他们的不满。如果她心里期望老师是完美的，同学是完美的，她就永远不会对他们感到满意，因此也就总让他们觉得她摆出一副高人一等的样子。一个人的态度会影响一个人的行为。她说道："呃，可是我没觉得我高人一等啊。"我说：

“我知道你没这样想，但你给了别人这样的感觉。”

我拿出记账课上的那件事情作为一个例子，跟她谈论了一会儿，但我觉得自己没取得什么效果。于是我赶紧结束话题，告诉她“完美是不可能的，也是不必要的，我们必须接受自己和他人的不完美”。我最后说道，很高兴看到她在结交新朋友方面取得了如此大的进步，她也比以前快乐了很多。我向她保证，她有很大的发展潜力，她的大学生活一定会很有趣。

评论：这次讨论处理得很好，虽然其中仍有少许说教，也没有给女孩儿足够的机会表达自己的意见和想法。当然，很可能即使给了她这个机会，她也不会利用，因为她仍然带有抗拒心理。这也是老师觉得自己没能取得多大效果的原因所在。

谈话中有一个重要时刻，老师没能抓住。贝蒂说她不觉得自己高人一等，老师反驳说她给了别人这种感觉，这是正确的，但是，接下来老师应该继续解释她为什么没觉得自己高人一等。这是一个可以让她理解她没能达到对自己完美要求的好时机。正因为她从来都不确定自己是否足够好，所以她才没有觉得自己真的高人一等，而只是通过压低别人的态度抬高自己。换句话说，女孩儿必须认识到她的自卑，以及她怀疑自己是否足够好。如果找不到问题的根源，也就是她对自己的怀疑，就不能纠正她通过压低别人来抬高自己这种错误的“弥补”方式。

因此，这次谈话的结束方式非常好。老师最后几句话意味着对女孩儿的鼓励和信任。要治愈这个孩子的自我怀疑，首先要提高她的自信心，而不是压制她的不当行为。这位老师在帮助贝蒂的努力中，始终贯穿着对她的不懈鼓励，这恰好也是切实有效的纠正良方。

4月22日。安排荣誉协会典礼彩排计划时，我们的安排与另一个老师的安排时间上发生冲突。贝蒂主张去找那位老师指出他的错误："是我们先约下了这个时间段的，他明明知道，他总是做这样的事。我要去跟他说说。"我阻止了她，说这么做不明智。这件事也告诉我，她仍然会"看低"别人。

评论：老师说得对。既然她已经看明白贝蒂的心态，也许已经把这份领悟告诉了女孩儿。有时，哪怕只是很少的沟通或者轻微暗示，便可胜过一席长谈，前提是两人心有灵犀，我想这两个人无疑已经走到了这一步。

5月7日。公布成绩单的日子，贝蒂迟到了。进门时她说："我知道，我知道，这个日子里真是不该迟到。但你必须原谅我，我已经连续四五星期都没有迟到了。"（我后来查了记录，证实了她的话没错。）我没有答话，只是对她笑了笑。

5月8日。我正在批改昨天的抄写作业，由于我的失误我在他们的卷子上批改错了。贝蒂说道："你开始犯错误了噢，老师。"我回答："只是开始吗？不止吧。"我们继续做别的事情。我试图让她明白和习惯一个道理：每个人都会犯错。

5月12日。贝蒂在国家奖学金考试中取得了排名在前25%的成绩。我告诉她这个成绩之后，她说道："哦，好吧，还有很多人成绩排在我后面。"她似乎没有失望。

5月13日。贝蒂的态度似乎发生了变化。她似乎表现出对他人更多的尊重。我给不出具体的事例，但的确觉得她显得更有亲和力了，她的笑容也更多了。

5月19日。贝蒂今天到得有点早，和我讨论了我之前向她提到的工作。她问我可否在申请书上把我的名字写在推荐人栏目中。[1]

5月28日。结论：我对贝蒂的进步感到非常满意。她还有很多东西要学，但看来已经走在正确的轨道上了。现在不论男生女生，很多同学都喜欢她，而且她也很少再刻意引人关注了。准时上学也再不是问题。她已经制定了暑期就去上大学的计划，但没有再像今年年初她第一次有了这个想法时那般到处宣扬。我觉得我和她的一系列谈话一定程度上对她有所启发。

评论：这一事例的结尾与开头相比较，我们就清楚地看到贝蒂取得的进步。毋庸置疑，正是老师的不懈努力促成了这一显著变化。对照老师最初制定的行动大纲，她赢得了贝蒂的心，成功地鼓励了她，老师也实现了第三个目标，即帮助贝蒂明白

---

1 高中生可以利用业余时间打工，申请时需要老师当推荐人，用人单位会向推荐人询问打工学生的情况。——译注

她不必时时处处领先于别人。我们通过女孩儿对她奖学金考试成绩的反应就能看出这一点。至于使用自然后果，我们似乎没有看到任何描述。除此之外，老师还成功地帮助女孩儿克服了在社交中的自卑感，她的朋友越来越多，与同学的关系越来越好，都证明了这一点。作为一名在高中教导青少年的老师，掌握良好的谈话技巧非常重要，这无疑能大大提高老师的影响力。

事例 64

这是一个由二十五个学生组成的高二的英语班，由于是一天中最后一堂课，老师和学生都很疲惫。除了少数学生会提前预习并在课堂上认真学习之外，整个课堂十分吵闹，每个人的压力都很大。

相较于普通班级学生，该班同学的能力差异较大，既有很优秀的学生，也有几乎不识字的。最糟糕的是，几个落后生还表现出“消极—破坏性”的行为模式。伯尼是个大块头的小伙子，总是大声嚷嚷些无足轻重的评论来吸引众人关注。他父亲为他设定了不可企及的目标，而他则处处证明他的确是个没头没脑之人（这也不完全是他的假想）。另一个扰乱课堂的人是爱丽丝，她头脑聪明但总是魂不守舍。她在家过得很不开心，常常在课堂上走神，时不时地惊呼一声“咦？”或爆发一阵傻笑。她似乎并不在乎其他同学因此责怪她，毕竟有人关注她总比没人理会更好。

我给了爱丽丝以建设性行为寻求关注的机会，比如，让她帮忙往黑板上抄写作业题，因为她写得一手好字（这个想法是看到她利用课间休息时间在黑板上写下大大的“玛丽爱约翰”等字后产生的）。她几乎是可怜兮兮地竭力讨好我，可她仍是这个课堂上的干扰中心之一。

在这个班级里，不但有一群疲惫和沮丧的学生，还有一个同样疲惫和沮丧的老师。双方都需要尽快感受到成就的喜悦。当然，我应该给这些灰心丧气的同学布置他们足以完成的任务，并在完成任务时及时予以表扬。按水平分成几个小组，布置功课时加上可计分的选答题，也许是合适的方式。

评论：这份报告在我们的教师讲堂上被当堂朗读出来。学员们对该报告从不同方面进行了讨论。首先受到批评的，是写报告的学员在描述伯尼时，评论使用了“没头没脑”一词。伯尼课堂上说的话在逻辑上可能是没头没脑的，但从心理学角度来看肯定不是。伯尼的俏皮话应该是以挫败老师，并展示自己的优势地位为目的的。他可能把他在家里与父亲的权力之争延续到教室。他通过表现自己的“无能”来打击他的父亲和老师，这样他们就会对他在不可能取得耀眼成果的学习领域有所要求。他很可能是一个心气儿过高的孩子，只是他这份心思全用在了没有正面价值的地方。因此，大家给这位学员的建议，是安排给伯尼一些可能会给他带来荣耀的任务。在英语这门课中不难找出这样的任务。

然后，我们又讨论了关于分组的问题。大家一致认为，这种做法会影响这个班级形成集体归属感。能力差距大是必须克服的另一个障碍。如果没有整个班级的团结协作，就不可能有令人满意的课堂教学。在这些不利的前提下，继续使用常规做法是行不通的，这时需要发挥所有人的想象力，而这位老师的首要任务是想办法融合整个班级，赢得同学们的兴趣与合作。

这位老师觉得不如直接放弃，因为能赢得学生合作的概率太小了，更不用说激发他们的热情了。而且，这班学生中找不出任何共同点。

他们真的没有任何共同点吗？我把这个问题提出来让学员们讨论。他们经过一番思考后，终于想到了。这个班级当然有一个共同点，老师在前面的叙述中已经提到了，只是她没有意识到，也没有想到她那句话背后的含义。这是这个班级师生每天的最后一堂课。他们的兴趣和水平差距极大，几乎不可能一同上课。尽管如此，他们都在同一时间上课，这就是他们的共同点。因此，他们有一个共同的问题，那就是如何让所有人都尽可能地享受这最后一堂课。这样的说法，应该能一定程度上引起他们的关注，激起他们的热情。毕竟，如果他们不为此做点什么的话，那么所有人都会在这堂课感到痛苦。

最后，我们给这位老师的建议是她与全班学生来一次开诚布公的讨论。她不妨问问同学们是否愿意让这一堂课更令人愉快。如果他们愿意，那么请他们想办法实现这一目标。老师不妨坦诚地告诉学生她对上好这堂课的忐忑，也表达她很理解同学们对上好这堂课可能会感到沮丧。

她不妨先布置一个作业，让孩子们写下他们对这堂课、对这位老师以及其他同学的想法。这应该能激发起一定的兴趣。可能有些学生因为太过灰心而懒得交作业，对于这样的人，老师可以邀请他们进行口头论述。

我们还建议这位老师先把爱丽丝的问题暂时推迟一下，她现在的首要任务应该是创造生动活泼的课堂环境，营造有利于学习的良好氛围。一星期之后，这位学员老师再次提交了以下报告。

我让全班人围坐成一圈，我摘下教师挂牌扔在桌子上。我在发言时总是强调“我们”这个词。我坦诚说了自己对这堂课的沮丧心态，表示理解他们也有同样的感受。班上有几个孩子也是我上一堂执教的西班牙语课的学生，他们也一致认同在那堂课里学生们士气高涨。我要求他们写篇文章，聊聊我们的问题出在哪里，于是便有几个人问我，大家是否必须署上自己的名字。我告诉他们说，这些作业都不评分，所以名字并不重要，但重要的是必须拼写正确，措辞得当，好让我能看明白（我看到一个不习惯用字典的男孩儿拿起了字典）。很多孩子的文章写得相当不错。

第二天我们又围成一圈，昨天三个缺席的学生听我向全班读完一篇篇文章之后，也做了口头发言。意见一致的是对纪律不严的批评：“课堂上太吵闹了”“我们喊叫的声音太大”“我也和别人一样表现糟糕”。有一位写道：“我们花在单词学习上的时间已经足够长了。”还有一句很多人都写的意见是“老师太宽容了”，有的人还会跟上一句“可我喜欢这样”。爱丽丝（我从笔迹上认出了她）极力强调采用惩罚措施的必要性。有好几个男生认为纪律问题的责任应该由女生承担，其中一个还说因为班上的女生居多，制造噪音的人自然主要是女生。有一个男生（以书面形式）建议，学习更好的同学应该帮助像他这样学习不好的人。

我试图让大家明白惩罚的坏处，也明白全班合作的意愿才是唯一真正的出路。我还说，如果他们都同意，那么有人违反纪律时我只需点那人的名字提醒一下就好。当然，如果提醒不起作用，我会采取进一步的行动。

我告诉他们，大家的文章让我对带好这个班级有了希望，并问他们是否也有同感。只有伯尼不认为有改善的希望：“如果每个人都愿意朝这个方向努力那当然好，但问题是不会每个人都这么做的，因此也就不会有好结果。”于是，我们又对此进行了讨论，大家都认为做到自律是有可能的，这也让伯尼看到了一线希望。

评论：尽管这里没有写出班级讨论的详细过程，尽管给人的印象是这位老师在讨论中说了大部分的话，但总体看来效果很好。孩子们得到用文字自由表达自我的好机会，而且老师组织的跟进讨论也很及时。

在寻找让伯尼获得成功体验的任务时，我询问了另一位曾经教过他的老师，她告诉我说，伯尼在去年的狂欢节上担任过一些组织工作，而且表现不错。于是，我请伯尼帮我管理我的“鱼塘”。我告诉他说，我注意到前几天他和阿尔组队玩儿“常见词速选游戏”时做得很棒。“你俩这对水平很高啊。”这时，正好有人路过，听到我这话，调侃道：“他虽然不能干，但他总能挑到很能干的人。”我于是说，有些公司总裁之所以成功，是因为他们可以将职权下放给精心挑选出来的下属，而另一些公司总裁之所以失败，是因为他们缺乏这种对高层来说非常重要的素质。伯尼说他已经答应去“鬼屋”帮忙了，因此，我问他可否帮我挑选一个真正可靠的人，接手“鱼塘”的管理。他真的推荐了一个人，而那个男孩儿也的确做得很好。我夸奖了伯尼“看人”的本事。

评论：这是根据讲堂上学员们提出的建议而展开的一次很好的行动。伯尼真的可以做出一些能给他带来荣耀的事情。他对老师请求的回应，印证了我们认为他心气儿很高的推断。

十天后，我打电话给伯尼的父亲，告诉他伯尼的心态有了很大的转变。父亲说他早料到会有变化，因为他已经和伯尼谈过话，告诉他想要成为一个真正的男人，要顶天立地。我想到读过的一句话，“生活始于你为善的目的已经达成，至于荣耀属于谁则无关紧要。”我便没有再提我做的事情。

评论：老师很大度，伯尼的父亲自以为是他促使孩子做出了改进。然而，谦逊却不见得总是好事情。这位父亲需要有人给他提个醒，他对伯尼施加的压力可能会产生相反的效果。他对儿子的训诫不可能给他带来期待的进步，只能适得其反。必须有人把这话告诉他，否则老师的一番良苦用心，必将因为父亲对儿子的一再施压和羞辱而得不偿失。

第二天，我们围成一圈讨论阅读教材，这时爱丽丝成了唯一扰乱课堂的人。我让她挪了两次座位。她又给另一个女孩儿递字条，我让她把那张字条给我，然后夹到我正拿着的那本书的后面。下课后我看了那张字条，发现里面写的几乎全是有关同性恋的内容，我认为应该去找学校辅导员商谈此事，他和爱丽丝的家人有过接触。他建议我找D医生谈谈此事。和辅导员聊过的当天，爱丽丝在我每天都会去的非正式学习小组中找到我，问我有没有看过“我说了你不许看的那张字条”。我说：“啊？什么字条？”我假装记性不好，因为在得到D医生的意见之前，我不想对此做任何评论、采取任何行动。

评论：第二天，这位老师在教师讲堂上做汇报时说，D医生和校辅导员一致认为，爱丽丝就是想让她看到那张字条。我们向这位老师提出的建议是这样的：她应该去找爱丽丝单独聊聊。谈话时，她须避免让自己表现得像权威人物，而要像一个能理解她、跟她站在同一阵营的朋友。她还要避免说教，避免显得像是在好奇探究，避免会破坏她俩关系的任何举止。她不妨承认她找到了这张字条并仔细读过了，也不妨承认她从这张字条中学到了很多她以前一无所知的事情。她应该肯定爱丽丝在班集体中的重要性，并问她是否想变得更加重要。如果爱丽丝有这样的愿望，那么请她展现自己的能力。像她这么有能力的女孩儿，不需要用这种方式吸引老师的关注。最后，老师还应该问问爱丽丝对这堂课有什么建议。

两天后，我和爱丽丝进行了一次谈话。我告诉她说，我找到了那张字条，她丰富的知识给我留下了深刻的印象，很多术语连我都不懂，不得不去查找资料。我还说，我注意到她有很多朋友，又在其中扮演多么重要的角色，说我猜测她是想用这张字条让我对她印象深刻，想必她认为出人头地是一件非常重要的事情。爱丽丝否认了我的猜测。

我们的谈话勾起了她对许多人的憎恶，包括校长、家访员、辅导员（也是她一门学科的老师）、她母亲、她弟弟。她说，她与父亲相处得挺好，但她后来的话却与此自相矛盾：“我爸觉得他能让我乖乖去上大学。可是没门儿！我是不会去的！”谈到那位兼任她老师的辅导员时，她说：“我恨她，她把我安排到教室最后面，以为那样就能迫使我学习。没门儿！她逼迫不了我。”

我对她说，看来她是讨厌一切掌控她的人，所以如果我们之间也有不同意见，大概她也会厌烦我。我说：“也许你喜欢自己当老大。”并指出在我的那堂英语课上，大家都坐成了一圈时，她是唯一不守规矩的人。她否认有这种心理倾向，不过，当我表示我自己以前也有想要自己当老大的想法时，她似乎很感兴趣。我谈到有意识的心理和无意识的心理，谈到某些心理概念对我个人的启示。她似乎也很感兴趣。

评论：老师表示自己也有和爱丽丝一样的念头，是一个非常好的关键之处。我们不难明白，女孩儿是真的不认同老师的解读，还是只不过不想承认那句话的正确性。老师以自己为例，消除了爱丽丝的骄傲和优越感等心理障碍，帮她认清了自己这种行为的动机。

我建议她把写作能力用在有正面价值的途径上：“我们所有人都要写一篇题为‘美国，机遇之地’的文章，参加美国退伍军人协会的作文大赛，你应该有机会获奖。”她激烈地驳斥道：“没人能逼迫我写什么文章。”

评论：这真是一个很聪明的女孩儿，不肯跳入陷阱。这大概就是她不愿“理解”老师分析的原因。她害怕受到别人的影响，所以，老师之前说她自己想当老大，的确是非常贴切的判断。

我了解到她在本年级的年龄偏小，以前曾有过两次跳级。

她讨厌小孩子，从不喜欢跟小孩子相处，因为她弟弟让她充分认识到“小孩子是多么可怕的家伙”。她不打算结婚，除了想高中一毕业就远走高飞外，对未来没有任何规划。我建议她先从权力之争这个角度思考一下，过几天我还会再找她谈一谈。

评论：不论这次讨论是否取得了其它效果，最有价值的一点是老师让爱丽丝向她敞开了心扉，表达了她的不满。这是建立双方友谊的第一步。很明显，这个女孩儿处于“战争”之中，先是在家里，然后是在学校，最后是对社会的敌意。她的主要敌人似乎是母亲，因为母亲显然站在弟弟那一边。尽管她与父亲有一定的结盟关系，但她同样抗拒他，因为他和她弟弟一样，也是个男性，唯有她自己是个女性。她不愿担当女性角色的心态，表明了她对男性的强烈反感。

当天在西班牙语课上，她的表现非常好。为了不让自己习惯性随意张口说话，她笔直地坐在那里，整堂课都全神贯注地盯着我。接下来就是最后一堂英语课，当时我的助理不在场，她立即表示由她来帮我检查上课人数。我一边等她完成点名，一边把参加作文大赛的消息告诉全班同学，然后说道：“我们班至少有一名同学已经知道了这件事，并且表示不愿参与。我很想知道你们大家对此有什么想法。”我告诉他们，虽然协会给出的作文主题是“美国，机遇之地”，但是，如果他们想在文章中嬉笑怒骂一番，我也可以当作一篇普通的作文，我也会给他们记录学分，只不过我不会送去参赛。我询问了班上每个同学的意见（爱丽丝除外，她一直在忙，我没有问她），所有人都表示愿意参赛，“我会好好用心的”“我会写点儿东西出来”，等等。

后来我让爱丽丝在黑板上写一条通知，她很热忱地接下了任务，至少擦掉又重写了三遍，才对自己的板书感到满意。

评论：老师的整套做法体现出她敏锐的感知力和想象力。不管她是否真的能对爱丽丝感同身受，她至少能像口头上说的那样，觉察到女孩儿的需要并顺从了她的意愿。她让爱丽丝帮忙核查出勤，让她成为唯一知道该次作文大赛消息的特殊一员，不加批评地接受了她不愿参与，不曾强迫她当堂做出回答，甚至允许她在文章中嬉笑怒骂——这很符合爱丽丝总是谴责一切的负面心态。也就是说，她向爱丽丝敞开了所有大门，而女孩儿也对此做出了回应。

到了该交那篇作文的时候，爱丽丝也交了她写的文章，“美国，机遇之地”，内容完全符合传统要求。我之前从未就此事问过她什么。

评论：这显然是一个转折点。老师没有对爱丽丝施加任何压力，而她则顺从了老师的要求，不仅提交了作文，连内容也顺应了传统。

我时不时对全班说："咱们班上的变化是不是很棒？"他们看起来都很开心。我私下里也与伯尼交谈过，表达我对全班以及他个人的变化是如此惊讶和喜悦。顺便提一句，尽管他缺了一个星期的课，但他回来后的补考仍然得到了 C– 的分数。

评论：老师的这种热情——不论真假——是相当具有感染力的。我们相信正是她的真诚付出和热情给班级学生带来了变化，尽管她并没有在报告中写出证明这一切的细节。

大约一星期后，我发现爱丽丝的另一张字条，上面的内容至少表明了她对同性恋和异性恋都相当感兴趣。

评论：这一句就是老师报告原文的内容。我们也想知道她就此对爱丽丝说了什么，还是假装没看见。有些人可能认为这种事情值得老师予以更多的关注，甚至是采取更进一步的行动，但是爱丽丝的主要问题似乎并不与性有关。因此，明智的做法应该是不去强调这方面的事情，而是帮助女孩儿进行整体的适应调整，就像这位老师正在努力做的那样。

成绩单表明全班成绩普遍有所提高。有两个学生——不是前面提到过的那两个问题学生——继续拖延或者拖欠作业，但他们的成绩总体上来了，已经比以前进步了。还有两名知道自己已经进步的学生对他们获得的 C 感到不满，尽管他俩以前的成绩一直徘徊在D和F之间。我对他们说这次获得的C说明他们已经取得了相当大的进步。

评论：成绩的总体提高以及学生对成绩的明显关注，都是进步的标志。有趣的是，之前不在乎成绩是D和F的学生（否则，他们早就做点儿什么了），现在却并不满意他们取得的C。这再次表明，成绩落后的学生常常是心气儿过高的孩子，而且这往往就是导致他们在学业上失败的主要因素之一。

这份报告写到这里时，再次被拿到教师讲堂上做了汇报。这位教师学员因对我们讨论过的原理和技术的出色掌握及运用受到了大家的称赞。我们建议她针对某些具体情况及其处理方式提供更详细的报告。她后来的部分报告如下。

每次测试之后，我会让学生组成两人小组，其中一人是对考试内容掌握得更好的学生，另一个则相反。我与所有“更好”的学生召开了一次“教师培训会”，讲授了一些帮助同学的具体做法。我强调他们必须尊重他们的“学生”，每当对方答对时都必须给出正面评价作为鼓励。学生们的进步相当显著。

评论：这是她在以前的报告中没有详细描述过的内容，更是解决这个班级棘手问题的重要的具体措施之一。她之前曾表示已经放弃了按学生水平来分组的想法，而上文中的描述则详细说明了另一种分组方式，即让水平更高的学生和水平更差的学生组成一对学习小组。这种做法的重要价值怎么强调都不为过，给学生们带来了诸多有益的结果。首先，一个班级内的学生在能力和成绩上的差距，往往导致好学生与坏学生、聪明学生与笨蛋学生之间的对立，从而导致班集体分裂，然而这种差距在这位老师这里却不是坏事，而是一笔财富。学生之间的关系不再是相互竞争，而是相互帮助。成绩领先不再仅仅意味着荣耀，更意味着需要承担的责任。让进度快的人帮助进度慢的人，给双方学生对人际关系的理解都带来了深刻的影响：要尊重同学，即使他在学业上落后；人是需要鼓励的，也需要正确的鼓励方法；两人是在平等的基础上相互扶持，而不是不平等的上下关系。所有这些效果都是因为这位老师想到的好办法带来的“副产品”。由于老师推行了小组互助，使得一个普通且杂乱的课堂变成了一个愉快而高效的学习环境。

我将练习掌握标点使用的句子数量从每组二十一句减少到十四句。这使得班上同学获得成功的概率增加了，并为此大受鼓舞。这样的事情过去对许多人来说都是不可能的。

评论：她给所有学生提供了更多体验成就感的机会，这是一个很有价值的考量因素。

我布置了一份以家庭问题为主题的作文，题目可以是诸如《我家有一个大问题》，或者《我有个讨厌的弟弟》，或者《最让我头痛的事》，等等。只有一个学生说他没有家庭问题，并提交了一篇不同主题的作文。除他之外，所有学生都倾诉了他们在家中的矛盾与怨恨。爱丽丝的文章充满了她弟弟带给她的痛苦。伯尼写了因为家里用车而与他姐姐之间的冲突。一个温婉的孩子（至少我一直认为她是这样的孩子）感叹法律的不公，将她的心上人关进了监狱，如今她必须等他出来之后才能跟他结婚。

这些作文似乎成了学生们宣泄的途径，也让我看到了他们有时候会出问题的部分原因。

评论：接受过心理培训的老师，可以让写作文变成理解每个孩子的途径之一。通过这种方式，老师不仅可以发现和评估孩子的问题，还可以发现和评估他的性格构成以及生活方式。同样，以诸如“童年回忆”“家庭地位”等为主题的作文，也可以为老师提供有价值的信息。老师还应该随即安排以作文内容为主题的班级讨论以及简短的个人谈话，以便进一步跟进。当然，谨慎的必要性无须我在这里再次强调了，因为每位老师都有义务保护学生的隐私。

伯尼在识别复合词的形式方面很吃力。一次我单独辅导他，稍微进行一番讲解后，我写下五个例子，说：“这几个都挺难的，你若是能完成其中两个，就可以过关了。”

他完成了四个句子，然后笑着说道：“我没那么笨呢，对吧？”

“一点儿也不笨。”我回答说，“但是，你把我和你自己都蒙骗了好长一段时间呢。”他眉开眼笑。

评论：这个颇为有趣的例子说明鼓励是需要技巧的，让我们看到老师如何将正确率只有五分之四的答案变成了让学生体验成就感的机会。只有充分意识到自信和勇气的重要性的老师，才能做到把“不完美”的答案也变成让学生体验深刻的“成就感”。对现阶段的伯尼而言，知道所有的正确答案并不重要，重要的是他学着相信自己有能力。

爱丽丝很渴望帮我批阅作业，渴望帮我批改拼写卷子。我跟她聊天，说我发现，即使是很优秀的学生交上来的拼写卷子也难免有出错的地方，并问她能否做到一点也不出差错。她说她认为自己能做到。我便给了她这个机会。

她的确非常准确地完成了这项任务，我答应请她明年继续做我的助手，她似乎对这件事感到十分开心。

评论：请记住，这个女孩儿曾经是扰乱课堂的问题学生之一，喜欢在上课时走神，总是以破坏性的方式来获取关注。老师成功地让她通过为班级做贡献来赢得自己的地位，而不再与班级作对，让她融入这个群体，而不是游离在外。这位老师还做了如下总结。

伯尼现在已经进入了正轨，因为他知道他有能力学好。爱丽丝成了班上的积极分子，非常配合。我们现在不但是一个非常快乐的班级，而且——请相信我——我也成了一名快乐的老师。

良好的班风是我们最重要的成就，除此之外，我认为同学们的成绩单说明我们在学业上取得的进步更加可喜。

评论：然后，这位教师学员向我们展示了每个学生的成绩单，对第一学期和第二学期的成绩进行了比较，哪怕现在离第二学期结束还剩三个星期。

有趣的是，班上前三名学生的成绩略有下降，从A到A–，A–到B+，B+到B。排名其次的学生中，只有一名学生的成绩从B提高到A–，两名从B提高到B+，还有三名原先成绩是B的学生继续保持B。

成绩单另一头的情况则完全不同。第一学期得了D的六名学生全部合格，达到C以上，其中一个甚至从D提高到了B–。六名原来得C的学生，有三名提高到B或B+。这突显了全班在学业成绩方面的重大进步。

这个事例向我们展示了，一名老师在最糟糕的课堂环境下，面对水平参差不齐的学生能取得什么样的成果。她让我们看到了利用集体力量和激发个人动力能给整个班集体和每个学生带来多大的进步。

结束语

Epilogue

在收集本书所需素材的这段时间，我们越来越清晰地看到教育者们在应对青少年问题时存在明显的不足。我们正在目睹当前教育方针的危机，如果不进行重大的教育改革，是不可能消除这种危机的。当今学校体系所遵循的基本原则已经不能满足年轻一代的需求。正因为如此，我们对年轻一代的影响力已经越来越小，由此产生的危机感愈加紧迫。

青少年违法的数量在增加，违法行为的强度也在增加，可这只是冰山一角，尽管在所有引起公众关注的社会问题中，青少年问题已经成了最突出的问题。更严峻的问题是越来越多的儿童如今被归类为“脆弱”的孩子。儿童的情绪障碍已经如此普遍，以至于人们已经对此不以为意了。真正没有任何问题、不需要心理辅导的孩子实在少之又少。根据临床观察数据，精神病患以及疑似病患在过去几年中数量继续攀升。所有这些障碍都是孩子们普遍社会适应不良的一种表现，反映了儿童对社会、权威、秩序和社会要求的抗拒。

老师们该如何应对这些问题呢？坦率地说，他们常常不知如何应对，也不会去应对，因为他们根本就没有做好这方面的准备。可是，人们都以为是老师就会知道应该如何影响孩子。

对于许多当老师的人来说，面对一个个调皮捣蛋或者成绩跟不上的孩子，发现自己真的不知所措，心里必定十分痛苦。

随之而来的挫败感使得老师们和学校管理人员对汹涌而来的批评十分敏感。这些批评大部分是没有根据的，但并非全部如此。我们不难理解备受责难的教育者的反应，以及他想要驳斥并漠视这种责难的倾向，但是，这样的心态无助于识别和纠正学生们的问题。

有明确的迹象表明，越来越多的孩子在读书与写作方面落后，虽然这一事实经常引起争议。老师无力解决课堂纪律上的问题，结果往往阻碍教学过程。老师一边尽心尽力、满腔热情地坚持着本职工作，一边在课堂上艰难地应对无法克服的困难，再遭遇世人对学校的指责，难免会认为那是不公平的，甚至是侮辱性的。

义务教育制度虽然要求孩子们一定要上学，但是，也有不少孩子因为惹是生非、难以管束而被学校开除。这样的孩子通常是智力正常甚至是超常的人，绝不是因为患病而不适合上学。他们躁动不安，不守规矩，到处挑衅，招惹是非。学校必须承担起对这类孩子的责任，并采取适当的教育方式来教导他们。

学校管理者如何看待学校所处的这种困境呢？有些人反对社会把所有的重担都压到学校头上，认为家长、社区机构不应该把该由他们承担的职责都推给学校。他们认为社会对学校的要求太高了，老师们现在已经担起本应该由父母担当的职责。有一位学校管理者是这么说的：“我们怎么能要求老师教导好在课堂上没法安心学习的、正在接受医生和心理师治疗的学生？学校不应该成为一个收容所、一个垃圾场，接下所有人都不愿意干的脏活、累活。学校应该只专注于他们的本职工作——给学生传授家中无法学到的知识。人们不应该指望学校相当于诊所、托儿所和品格培养所。”这位学校管理者的观点得到另一位学校管理者的赞同，他说：“学校想要面面俱到地满足所有要求，结果只能是事事浮于表面，哪一样都做不好。”还有一位学校管理者也表达了类似的不满，说家长们只想把一切责任都推给学校：“他们觉得只要把孩子送进学校就万事大吉了，反正只要是孩子该学的东西学校都会教的。”一位教育工作者也表示：“学校不应该对孩子负有全部的责任。如果真要这样做的话，结果注定只能失败。”

本书所持的观点却与这些人的看法正好相反。诚然，往往是父母首先在孩子教育上陷入失败，然后老师们不得不去面对这些失败的后果。家长终归会意识到传统教育的方法已经过时，他们必须顺应时代文化的需要，学习全新的有利于孩子调整情绪、适应社会的教育方法。但是，老师和学校却不能坐等这一转变的实现，必须首先承担起相应的责任来，毕竟老师如果不能了解孩子，不懂得如何帮助孩子调整和适应，那么他们也无法完成传授知识的本职工作。为了实现这一目的，我们可以展开教师培训。他们不必成为心理治疗师，但接受培训的老师却可以在课堂上熟练地运用心理学知识来帮助学生。

不管是“回归过去”，还是恢复传统的严厉管束，都不可能带来好的结果。专制式的教育措施已经无法在孩子身上奏效了。我们必须率先积极开动脑筋，想办法激发学生们的合作意愿和责任心，帮助他们成长。要做到这一步，老师们就必须懂得如何在课堂上运用心理学知识发挥集体的力量。本书中概述的教育原则应该能帮助诸位读者改善课堂上的环境，打开孩子们的心扉，使学校成为教师和学生都能受益并感到喜悦的地方。